Hilmar Bender

Jared Leto

30 Seconds To Mars und das Leben als Schauspieler

2. Auflage Dezember 2011
Covergestaltung: [d]-ligo
Coverfoto von Theodore Wood / Camera Press / Picture Press

©opyright by Hilmar Bender
Lektorat: Franziska Köhler
Satz: nimatypografik

ISBN: 978-3-939239-30-7

Die Bilder im Innenteil stammen von ddpimages (86 Bilder), davon 20 x SIPA
Press, 20 x AP, 6 x dapd, 2 x Infophoto, 2 x Celebrity Photo, 1 x JPI, 1 x Planet Pho-
to, 1 x Photolink und 33x ddpimages & der Verleiher, und von
Getty Images, davon im Farbteil Seite 12 von Chiaki Nozu, Seite 13 von Michael
Buckner, Seite 14f von Nigel Crane, im Innenteil Seite 10 von Getty Images,
Seite 32 von Time & Life Pictures, Seite 37 von Barry King, Seite 46 von Patrick
McMullan, Seite 84 von Jim Smeal, Seite 108 & 121 von SGranitz, Seite 111 von
Lucky Mat Corp., Seite 112 von Sam Levi, Seite 116 von L. Cohen , Seite 118f & 129
von Soren McCarty, Seite 122 von Randall Michelson, Seite 131 von R. Diamond,
Seite 135 von Scott Harrison, Seite 136 & 247 von Kevin Winter, Seite 140 von
Frank Mullen, Seite 142 von Jason Squires, Seite 152 von J. Shearer, Seite 177 von
David Livingston, Seite 240 von Jordan Strauss, Seite 244 von Kristian Dowling,
Seite 245 von Bill McCay, Seite 252 von Todd Williamson, Seite 253 von Miguel
Garcia, Seite 263 von BuzzFoto.

Hat Dir das Buch gefallen? Schreib uns
Deine Meinung unter: gelesen@ubooks.de

Möchtest Du über Neuheiten bei Ubooks informiert
bleiben? Einfach eine Email mit der Postadresse an:
katalog@ubooks.de

Ubooks-Verlag
U-line UG (haftungsbeschränkt)
Neudorf 6
64756 Mossautal
www.ubooks.de

To the Family – however
dysfunctional it might be

Achtung!

In einigen Filmbeschreibungen dieses Buches sind Spoiler, also entscheidende Hinweise auf den Verlauf der Handlung, enthalten. Sie verraten niemals zu viel, sondern sind als Aufruf gedacht, sämtliche Filme anzusehen. Weil jeder einzelne Jared Leto-Film es wert ist (unless otherwise stated).

Inhalt

Die blauen Augen ... sieht man in s/w natürlich nicht so gut, dafür gibt es ja später im Buch den Farbteil!

Von wegen Hollywood

Hollywood ist eigentlich nur ein Stadtteil im Norden von Los Angeles. Der Sitz einiger Filmstudios in dieser Gegend hat dem kleinen Hollywood einen weltweit bekannten Namen beschert. Aus dem Stadtteil ist ein Standort, aus dem Standort ein Synonym geworden. Im deutschen Sprachgebrauch haften Konnotationen und Klischees wie Kleister an dem Begriff Hollywood. Er wird benutzt, um Begrifflichkeiten zu verdeutlichen (Hollywood-Schauspieler), exaltierte Verhaltensweisen zu betonen (Hollywood-Diva) oder Zustände zu bewerten (FC Hollywood – ein Fußballclub mit überbordender Medienpräsenz). Hollywood bedeutet immer Schönheit und Showbusiness mit einer Spur Arroganz. Hollywood – das ist Gala und Glamour, das sind Stars und Sternchen, und all dem stehen wir mit einer gewissen Ambivalenz gegenüber. Wir wissen nicht genau, ob wir uns Hollywood nur ansehen oder kräftig abfeiern sollen. Dann wiederum machen wir es uns einfach und betiteln begnadete Künstler kurzerhand als Hollywood-Schauspieler. Jared Leto ist so ein Typ. Ein Künstler, der außerordentliches schauspielerisches Talent hat. Der nach zehn Jahren und zahlreichen Erfolgen im Filmgeschäft auch noch eine Karriere als Musiker gestartet hat. Mit noch größeren Erfolgen und weltweiter Anerkennung. Und dann passiert es, dass Leto im Vorübergehen als Hollywood-Schauspieler tituliert oder gar beiläufig als Hollywood-Diva beschimpft wird. Umgekehrt hängt man dem Schauspieler Leto das Attribut Rockstar an. Beides Vereinfachungen, die Jared Leto nicht gerecht werden.

Jared Leto: Schauspieler, Rockstar, Künstler ...

Denn Jared Leto ist nicht nur der Mann mit den blauen Augen und den vielen Gesichtern. Er ist auch ein Künstler, der das wenige Private, das ihm sein Lebenswandel erlaubt, strikt für sich behält. Weil er überdurchschnittlich in der Öffentlichkeit präsent ist, hüllt er sich in geheimnisvolles Schweigen. Dennoch ist es längst überfällig, sich auf die Suche nach dem Künstler Jared Leto zu begeben. Gehen wir auf die Suche nach einem, der weit mehr ist als «Hollywood».

Filmbild RFAD

La Cinéphilie

Der rote Teppich ist lang. Jared Leto ist nicht allein. Landsmann Darren Aronofsky ist an seiner Seite. Das ist dein Applaus, Darren. Umrahmt von Ellen Burstyn und Jennifer Connelly genießt Jared die Zuneigung der Massen. Eigentlich hasst er den roten Teppich. Das Trio strebt mit seinem Regisseur durch das Blitzlichtgewitter der Fotografen. Verflucht sind das viele. Schön tapfer lächeln. Wann immer es irgendwie möglich ist, vermeidet Jared diese Art von Auftritten. Endlich erreichen sie die Stufen. Der Blick geht nach oben. Da steht er. Jetzt steigen sie langsam die Treppen hoch. Es sind jene Treppenstufen, die Festivalpräsident Gilles Jacob eine religiöse Metapher nennt. «Bei den Festivals von Venedig und Berlin ist der Eingang zum Premierenkino ebenerdig, bei der Oscar-Verleihung auch. Nur bei uns in Cannes steigt man auf, immer höher.»
Am Ende der Treppe wartet Monsieur Jacob. Seit zweiundzwanzig Jahren steht er an der Spitze des Filmfestivals von Cannes und jeden Abend wartet er oben auf der Treppe, der vielleicht berühmtesten Treppe der Moderne. Hier, auf der höchsten Stufe der Stiege zum Ruhm empfängt Gilles Jacob jeden einzelnen seiner ausgewählten Gäste ausgesprochen herzlich.

Darren Aronofsky hat *Requiem For A Dream* mit im Gepäck.

Was Jacob dort oben denkt, wenn all diese hoch talentierten Menschen auf ihn zuschreiten? Bei allem Respekt denkt er immer nur daran, pünktlich mit der Vorstellung anfangen zu können: «Wenn Gott einen zu sich ruft, muss man kommen, und zwar sofort. Wenn ich rufe, ist das ein wenig anders», schränkt er ein.

Eintausendvierhundert Menschen wollen heute die Premiere von *Requiem For A Dream* erleben.

Gilles Jacob ist der mächtigste Mann des europäischen Films. Seine Kommission wählt aus den weit mehr als Tausend eingereichten Filmen gerade einmal zwanzig für den Wettbewerb um die Goldene Palme aus.

Requiem For A Dream läuft außerhalb des Wettbewerbes.

Mehrere Tausend akkreditierte Journalisten verfolgen das Festival, Hunderte Fernsehteams versuchen ein paar Sekunden Prominenz einzufangen.

Jared und seine Mitstreiter versuchen zu genießen.

Wim Wenders, Pedro Almodóvar, Lars von Trier und Quentin Tarantino sind neben anderen die Treppen zu Gilles Jacob hinaufgeeilt. Hinauf in höhere Sphären. «Jacob hat mir zehn harte Jahre meines Lebens erspart», sagt Quentin Tarantino und meint damit den steinigen Weg, den er sonst hätte beschreiten müssen, um sich in der Filmwelt durchzusetzen.

Beinahe zehn Jahre steht Jared Leto nun schon vor der Kamera, hat in mehr als zehn namhaften, meist amerikanischen Produktionen mitgewirkt.

Gilles Jacob schuf ein Gegen-Hollywood, einen kinematografisch-industriellen Komplex, der eigene Stars produziert. Die Studiobosse aus Los Angeles waren deshalb selten gut auf ihn zu sprechen. Wenn man sich als Amerikaner nach Süd-Frankreich begibt, hat man besser einen verdammt guten Film zu präsentieren.

Für manche Leute sei es leichter, die Goldene Palme zu gewinnen als das Publikum, schrieb das US-Branchenblatt *Variety*. «Bevor du dich auf das

Festival einlässt, hältst du dir erst einmal eine Knarre an den Kopf und fragst dich: Willst du das wirklich?», so der Sony-Manager Paul Smith. Die Amerikaner konnten nie verstehen, dass Cannes nicht nach den üblichen marktwirtschaftlichen Prinzipien funktioniert, dass es keine Demokratie ist, sondern eine Monarchie, ein repräsentative freilich, mit König Gilles auf dem Thron.

«Die Dreharbeiten liegen anderthalb Jahre zurück», sagt Jared. «Ich habe alles hinter mir gelassen, was der Film verlangt hatte. Ich werde mir

Jared Leto an der Seite seiner Filmpartnerin Jennifer Connelly auf den Filmfestspielen in Cannes

Requiem For A Dream heute zum ersten Mal ansehen. Eigentlich gehe ich nie zu Premieren.»

«Für sperrige Filme», sagt Jacob, «gibt es nur eine überschaubare Anzahl von Zuschauern. Jede größere Ausstellung in Paris hat ein Vielfaches an Zuspruch. Die Cinéphilie, die leidenschaftliche Liebe zum Kino, ist im Gesamtpublikum eine verschwindende Größe.»
Und in der Welt der Cinéphilen geht es nicht um das kommerzielle Potential des Films, sondern um die künstlerische Handschrift des Regisseurs. Cannes ist das Mekka des sogenannten Autorenfilms, des «cinémas des auteurs». Doch was ist ein Autorenfilm?

Die künstlerische Handschrift von Darren Aronofsky wird heute Abend im Mittelpunkt stehen.

«Ein ‹auteur›», so Jacob, «schafft ein eigenes Universum, wie ein Schriftsteller, der Buch um Buch schreibt. Er darf Fehler machen und schlechte Filme drehen [...].

π und *Requiem For A Dream* sind die beiden ersten Filme Aronofskys, schwächere Werke werden erst später folgen.

«Ein ‹auteur›», so Jacob weiter, «ist jemand, der sein Team perfekt zusammenstellt. Insofern wird die künstlerische Einzelleistung des Regisseurs vielleicht doch überschätzt.»

«Selten sieht man einen Film, in dem das Spiel der Mimen, die Musik, die Bilder, die Entwicklung der Geschichte eine derart homogene Einheit bilden», bescheinigt Filmkenner Ulrich Behrens Regisseur Aronofsky genau diese allumfassende Fähigkeit.

«Große Künstler sind oft sehr intelligent», sagt Jacob. «Und sehr intelligente Menschen sind oft verrückt.»

«Nach der Vorstellung hat eine Frau auf den roten Teppich gekotzt – obwohl sie den Film tatsächlich mochte.» Jared ist sichtlich irritiert über die Wirkung des Films.

Wohl an keinem anderen Ort als in Cannes könne man auf der Leinwand so viel Leid ertragen, resümiert Lars-Olav Beier über das, was beim Filmfestival an der Côte d'Azur über die Leinwand flimmert.

Nach der Vorführung erhält *Requiem For A Dream* sagenhafte dreizehn Minuten Standing Ovations.

Was nur hat diesen Film zu einem solchen Triumph werden lassen?

Requiem For A Dream (2000)

directed by Darren Aronofsky

Ob es Darren Aronofsky gefallen würde, «auteur» genannt zu werden oder nicht, spielt keine Rolle. Tatsache ist, dass er bei *Requiem For A Dream* alles richtig gemacht hat. Er hat sein Team perfekt zusammengestellt, und definieren wir «Team» als das Gesamtpaket aller für einen guten Film notwendigen Elemente, sieht das im Folgenden so aus:

Geschichte

Die Geschichte von *Requiem For A Dream* geht in etwa so: Harry Goldfarb hat einen Freund und eine Freundin. Er liebt sie beide. Seinen Buddy Tyrone Love auf der Kumpelebene, seine Freundin Marion Silver ganz klassisch, romantisch. Harry hat eine Mutter, Sara, die er auch liebt, allerdings mit der Einschränkung, dass er und seine Mutter keine Plattform finden, ihre positiven Gefühle füreinander auszutauschen. Was Harry nicht liebt, sind seine Umstände. Da ist zu wenig Geld in seinen Taschen und er sieht keine vernünftige Perspektive, also träumt er von einem besseren Leben. Gemeinsam mit Tyrone beschließt er, in den Drogenhandel einzusteigen, die Dinge gehen schief und die beiden jungen Männer werden selbst zu Konsumenten. Parallel dazu sitzt Mutter Sara in ihrer Wohnung. Sie ist einsam, aber sie liebt ihren Fernseher. TV-Shows sind ihre Welt, und ihr größter Traum geht tatsächlich in Erfüllung. Sie wird in ihre Lieblingssendung eingeladen. Bis es so weit ist, will sie abnehmen, um wieder in ihr schönstes Kleid zu passen.

Thema

Requiem For A Dream ist ein Film über Abhängigkeit. Aronofsky definiert Abhängigkeit als Sucht, ein Akt ständiger Wiederholung, getrieben von Besessenheit. Es geht ihm um den Kampf des Menschen mit Abhängigkeiten, einen Kampf, den die Menschheit seit ewigen Zeiten führt. Aronofsky: «Alle möglichen Dinge eignen sich dazu, um von ihnen high zu werden. Denn sie werden dazu benutzt, eine Leere zu füllen. In *Requiem For A Dream* entfliehen die Personen der Realität, indem sie sich ein Schlupfloch herbeiträumen. Da ihre Träume in der Zukunft verortet sind, entsteht in der Gegenwart ein luftleerer Raum. Um das entstandene Vakuum zu füllen, kann man alles nehmen: Kaffee, Tabak, Fernsehen, Heroin oder Hoffnung. Alles eignet sich, um die Leere zu füllen, doch wenn man die Leere füttert – sogar das Loch in Harrys Arm –, wird sie größer und wächst so lange, bis sie einen aufzehrt.» Aronofsky erklärt diese Metaebene zum Mantra seines Films. Ein Mantra, das alle Elemente des Entstehungsprozesses beinhalten müssen. Aronofskys Mantra ist die unumstößliche Grundlage für diesen Film.

Jared Leto spielt Harry Goldfarb in *Requiem For A Dream*
erschienen 2000
Regisseur: Darren Aronofsky
Autoren: Hubert Selby Jr. (Buch); Hubert Selby Jr. und Darren Aronofsky (Drehbuch)

In den Hauptrollen:
Ellen Burstyn, Jennifer Connelly, Marlon Wayans und Christopher McDonald
Laufzeit: 102 Minuten
Budget (geschätzt): 4,5 Mio. $
gedreht auf 35mm in Brooklyn, New York City
nominiert für den Oscar und 43 weitere Preise
ausgezeichnet mit 22 Preisen
Platz 61 in der Userwertung von Imdb.com
Quelle: Imdb.com

Vorlage

Als Brooklyner stößt Darren Aronofsky zufällig auf *Last Exit Brooklyn* von Hubert Selby jr. und liest es als junger Mann wieder und wieder. Für seinen ersten Kurzfilm an der Filmschule, *Fortune Cookie*, benutzt er eine Kurzgeschichte von Selby als Vorlage. Dann gerät er an *Requiem For A Dream*. Beim Lesen senkt er das Buch und denkt: «Alle Filmideen, die ich

schon mal skizziert habe, kann ich hier bei Selby lesen.» Allerdings muss Aronofsky zugeben, dass Selby die Geschichten viel besser aufgeschrieben hat. Zumal Selby eine ausgeprägte Fähigkeit besitzt, «subjektiv» zu schreiben.

1978 erscheint der Roman *Requiem For A Dream*, eine Geschichte über Liebe, Träume und Abhängigkeit. Selby gliedert seinen Roman in drei Akte und liefert damit die perfekte dramaturgische Vorlage für einen Spielfilm. Aronofsky will die tiefen Gefühle, die Selbys Geschichte bei ihm auslöste, auf die Zuschauer übertragen. Dafür muss er sie an sehr dunkle Orte führen, ohne die Menschlichkeit auszusperren. Denn so

Jared Leto an der Seite der großartigen Ellen Burstyn

interpretiert Aronofsky den Roman: «Selby führt einen in das Herz der Dunkelheit.»

Motivation

Mit dem Erfolg seines vorhergehenden Films π hatte Aronofsky bewiesen, einen guten Independentfilm machen zu können. Jeder riet ihm, als Nächstes einen kommerziellen Studiofilm zu drehen. Aronofsky wehrt sich nicht gegen die Idee eines kommerziellen Films (Hollywood unterscheidet lediglich zwischen Independentfilmen und kommerziellen Filmen, hinter denen dann eines der großen Studios steht), hat aber noch etwas anderes im Hinterkopf. Ein Projekt, dessen Umsetzung ihm persönlich am Herzen liegt – um vor sich selbst bestehen zu können. «Es gab da diese Geschichte, für die ich gebrannt habe und die ich machen wollte, bevor ich mich einem kommerziellen Projekt widme. Wenn man eine Leidenschaft für eine Sache hegt, dann muss man sie umsetzen, denn wenn man sie verschiebt, dann verschwindet die Leidenschaft und man verpasst eine Gelegenheit. Und einer verpassten Gelegenheit weint man später immer hinterher. Ich versuche so zu leben, dass ich nichts bereuen muss. Deshalb wähle ich den Weg, für den ich Leidenschaft empfinde, dann muss ich mir im Nachhinein nicht vorwerfen, die falsche Entscheidung getroffen zu haben. So kann ich immer sagen, ich bin meiner Passion gefolgt. Ich habe allen meinen Ratgebern den Rücken zugewandt und mich entschlossen, *Requiem For A Dream* zu machen. Das war wichtig für mich. So bekam ich es wenigstens aus dem Kopf.»

Drehbuch

Für das Skript arbeitet Aronofsky mit Hubert Selby jr. zusammen. Gemeinsam entwickeln sie das Drehbuch – eine Sache, die Aronofsky nicht immer leicht fällt. Zum Glück kann man Selby bescheinigen, ein ausgeprägtes Vermögen zu haben, sich tief in die Köpfe der unterschiedlichen Charaktere hineinzudenken und die Welt aus einer jeweils sehr subjektiven Sicht zu beschreiben. Eine Fähigkeit, die Aronofsky extrem beeindruckt.

Besetzung

Aronofsky ist unsicher, wie er seinen Film besetzen soll. Die Figuren sind schwierig, aber aufrichtig. Weil er weiß, dass alle Charaktere im Lauf der Geschichte an sehr aufreibende, dunkle Orte gehen werden, ist es sehr wichtig, sie mit Schauspielern zu besetzen, mit denen sich das Publikum identifizieren kann. Schon die Eingangsszene wird sehr wenig Hollywood werden, denn in einem Studiofilm würde man niemals Hauptdarsteller sehen, die zum Auftakt miteinander streiten. «Eine Mutter und ihr Sohn, die nicht miteinander auskommen, sind für die Eröffnungsszene eigentlich zu anstrengend. Das verlangt dem Publikum zu viel ab. Deshalb war es ausgesprochen wichtig, liebenswerte Darsteller zu bekommen.»

Für die Mutter Sara Goldfarb wählt Aronofsky Ellen Burstyn, ist sich aber nicht ganz sicher. Viele TV-Produktionen und eine große Bekanntheit stehen auf ihrer Sedcard, aber ihre letzte beeindruckende Rolle liegt Jahrzehnte zurück. Wird er ihr die bösen Abfahrten zumuten können? Die vielen Auszeichnungen, die sich Ellen Burstyn als Sara Goldfarb erspielte, räumen im Nachhinein alle Zweifel aus. Im Making-of, kurz nach der Fertigstellung des Films aufgezeichnet, schwärmt Aronofsky bereits so von Burstyn, als wäre er in sie verliebt.

Für Tyrone C. Love spricht Marlon Wayans vor. «Ich wusste, dass Marlon ein Star ist (ein gefeierter Komödiant in amerikanischen Sitcoms), aber ich war mir nicht sicher, ob er Tyrone Love würde darstellen können. Wir haben ihn zum Casting eingeladen, weil ich jemanden Lustiges dabeihaben wollte, um eine Spur Leichtigkeit in den Film zu bringen.» Marlon Wayans will den Job und kommt immer wieder zum Vorsprechen. So oft, bis Aronofsky endlich überzeugt ist.

Harrys Freundin Marion Silver wird einiges durchmachen müssen und sollte natürliche Schönheit besitzen. Die Wahl fällt auf Jennifer Connelly, weil sie den Regisseur bereits kennt und versteht, was Aronofsky verlangt. «Wir haben sehr lange über jedes noch so kleine Detail gesprochen, denn sie musste wissen, was sie im dritten Akt durchzumachen hätte. Wir haben gemeinsam hart gearbeitet. Ich bin froh, dass es sich ausgezahlt hat.» Aronofsky könnte vor Stolz platzen, dass das Publikum Connellys Leistung vorbehaltlos anerkannt hat. «Sie war völlig drin in ihrer Rolle.»

Für den Talkshow-Host Tappy Tibbons, eine Figur, die Aronofsky schon seit Jahren in der Schublade liegen hatte, gewinnt er Christopher McDonald, dem er eine eigene Geschichte in der Geschichte widmet. Als Motivationskünstler reißt Christopher McDonald alle auf furiose Weise mit – und seine Filmgeschichte an einem Tag herunter.

Über Jared Leto hatte Darren Aronofsky einiges gehört, war sich aber auch hier nicht sicher. Das Casting wird für Jared zum Home Run, weil er sofort verstand, um was es geht. Aronofsky gibt zu: «Es ist wirklich schwer, bei den Zuhörern eines Castings ernsthaft etwas auszulösen. Jared hatte es sofort drauf.» Für die Rolle selbst hungert er sich in einen hysterischen Zustand. «Jareds *Commitment* an den Film war einfach unglaublich», bescheinigt ihm sein Regisseur.

Jareds Besetzung angehend resümiert Aronofsky: «Es gibt Schauspieler, die berühmt werden möchten. Und es gibt Schauspieler, die in ihre Schauspielkunst vertrauen.»

Ort

Die Eröffnungsszene nutzt der Film für eine ausgiebige Einführung in die Örtlichkeit: Coney Island, New Yorks direktester Zugang zum Atlantischen Ozean. Gerade mal fünf Meilen von Coney Island entfernt ist

Aronofsky aufgewachsen. Es ist ihm eine Herzensangelegenheit, die Orte seiner Jugend im Film zu präsentieren. Da sind die Flugzeuge, die im An- und Abflug auf JFK International permanent über die Köpfe donnern, da ist der Boardwalk, unter dem man früher gerne hockte, die Hochhäuser, die erlauben, Dinge von ihnen hinunterzuwerfen, und die Piers, die in den Ozean hineinreichen. Es gibt die Hotdog-Grills und die Vergnügungsgeschäfte, an denen permanent Kirmes herrscht. Eine Welt voller Spaß und Gefahren, die trotz elterlicher Verbote immer wieder aufgesucht wurde. Coney Island bietet seit Jahrzehnten nicht nur eine wunderschöne Ästhetik, sondern auch eine sehr eigene Magie. Der Genius Loci inspiriert Aronofskys künstlerische Arbeit über Jahre hinweg.

Hubert Selby jr. hatte kein Problem damit, dass der Film seine Geschichte aus der Bronx hinaus ans Meer verlegt. «Das ist okay», sagt er, «weil dort dieselbe Kultur herrscht.»

Requiem For A Dream dokumentiert ganz am Rande auch noch eine traurige Episode in der Geschichte von Coney Island. Neben all den in die Jahre gekommenen, aber immer noch bunten Vergnügungsgeschäften wie dem *Wonder-Wheel*, *Shoot-the-Freak*, dem *Luna Park* und *Cyclone* stand seit ewigen Zeiten auch noch *The Thunderbolt*. Der *Thunderbolt* ist eine hölzerne Achterbahn, die 1925 auf dem Dach des Kensington Hotels, aus heutiger Sicht eher eine Holzbude als ein Hotel, errichtet wurde. Die weltberühmte Achterbahn war bis 1982 in Betrieb und seitdem wucherten vorwitzige Pflanzen auf ihr. Nichtsdestotrotz war *The Thunderbolt* nach wie vor eines der Wahrzeichen von Coney Island, mit dem Status eines kulturellen Denkmals, und als solches von Aronofsky als Hintergrund für den Film genutzt worden. Einen neuen amerikanischen Zeitgeist demonstrierend wurde der *Thunderbolt* kurz danach, ohne die erforderliche Erlaubnis, mitten in der Nacht niedergerissen. Das symbolische Ende eines weiteren Traumes. In *Requiem For A Dream* hat *The Thunderbolt* vermutlich seinen allerletzten Auftritt auf der Leinwand.

Kamera

Ellen Burstyn ist siebenundsechzig Jahre alt und nimmt die Herausforderungen ihrer Rolle mit aller Ernsthaftigkeit an. Ihre Figur Sara verliert im Lauf der Geschichte vierzig Pfund Gewicht, also muss Ellen Burstyn für die Darstellung dieser Veränderung die verschiedensten Fatsuits tragen – um zunächst fülliger zu wirken und dann immer dünner zu werden. Zusätzlich hat sie nicht weniger als neun verschiedene Haarteile.

Aronofsky ist stolz auf die Szene, in der Harry und seine Mutter sehr nahe beieinander sind und dennoch nicht fähig zusammenzukommen. Erst

Die Beziehung zwischen Marion (Jennifer Connelly) und Harry (Jared Leto) wird
auf eine harte Probe gestellt

zeigt Aronofsky die beiden Gesichter von der hellen Seite, alles scheint noch einigermaßen in Ordnung zu sein. «Dann überschreiten wir mithilfe der Kamera die Grenze zur anderen, dunklen Seite.» Der dunklen Seite beider Seelen unterstützt von der Beleuchtungstechnik. Der Dialog ist noch nicht zu Ende und die Kamera bringt Ellen Burstyn wieder zurück auf die hellere, leichtere Seite.

«Normalerweise braucht man eine Zusammenstellung von vielen Einstellungen und mehreren Takes, um so eine Darstellung hinzubekommen, wie sie in *Requiem For A Dream* zu sehen ist», sagt Aronofsky. «Aber Ellen und Jared ziehen das alles aus einem einzigen, zehn Minuten dauernden Take. Sie liefern am Set nicht nur einen guten, sondern drei unglaubliche Takes. Leider sind die drei Takes alle so unterschiedlich und deshalb nicht miteinander kombinierbar, also mussten wir uns für einen entscheiden. Wenn man Ellen zusieht, wie sie an Fahrt gewinnt, in den Flow gerät und die ganze emotionale Achterbahn fährt, wie die Gefühle sie gerade treiben, puh, das war eine bemerkenswerte Erfahrung. Diese meisterhafte Szene veranschaulicht den Übergang von Sara Goldfarb auf die dunkle Seite ab dem Moment, wo sie mit den Zähnen zu knirschen beginnt; sie zeigt uns das, was bei Hubert Selby im Kopf abging. Seinen Text kann man nicht verfilmen, aber wenn man Aufnahmen findet, die Gefühle ausdrücken können, ist man hinterher sehr stolz. Mattie (Kameramann Matthew Libatique) und ich sehen uns in diesen Momenten als Expressionisten. Wir haben einen visuellen Stil gefunden, der aus dem Erzählten heraus geboren ist, denn es geht darum herauszufinden, worum genau sich dein Film dreht, um dann daraus eine Bildsprache zu erschaffen. Am Ende der Einstellung ist Ellen dann nicht mehr exakt im Bild, weil Mattie Tränen in den Augen hatte. ‹Ich bin allein ...›, das hatte ihn so berührt und mitgenommen, dass er die Tränen nicht aufhalten konnte und sein Okular feucht wurde. In dem Moment war Ellen nicht mehr Ellen, sondern komplett im Charakter von Sara. Das sind Situationen, die äußerst selten passieren, ganze drei Mal in diesem Film. Bumm, und dann springt der Kühlschrank wieder an und sie ist doch nicht ganz allein ...»

Sound

Erheblichen Anteil am Erfolg des Films hat nicht zuletzt der Verantwortliche für den Audiopart, Clint Mansell. Bei ihm laufen drei Stränge zusammen: die Musik, der Einsatz von Soundeffekten und die extra erstellten Soundschnipsel, die in detailreicher Kleinarbeit angefertigt wurden, um sich nicht aus den Standardrepertoires und -regalen bedienen zu müssen. Die häufigen Wiederholungen als Sinnbilder für den repetitiven Charakter der Süchte erfordern auch Wiederholungen in der Musik, und damit die nicht langweilig wird, werden Variationen benötigt. Mansell wacht über diesen Teil des Films. Und dann ist da ja auch noch klassische Musik. In einer der ersten Szenen, in der Harry und Tyrone den Fernseher durch die Gegend schieben, wird das Publikum mit der Nachbarschaft, den Charakteren, der Atmosphäre und der Musik bekannt gemacht. Das Kronos Quartet stimmt sich erst hörbar ein und legt dann mit seiner furiosen, den Film tragenden Performance los. Die Streicher werden von elektronischen Elementen unterstützt. Wenn man den Plan hat, ein Requiem zu verfilmen, müsste man eigentlich ein vollständiges Achtzig-Mann-Orchester zur Verfügung haben. Allein bezahlen kann das niemand. So wird *Requiem For A Dream* dank des hervorragenden Einsatzes des Kronos Quartets dennoch ein Film im Sinne einer musikalischen Komposition, die über einen Zeitraum von hundert Minuten in einem Höhepunkt gipfelt.

Licht

Für die drei Akte des Films gelten drei verschiedene Maßgaben für die Beleuchter. Im ersten Akt, der mit *Sommer* betitelt ist, herrscht natürliches Licht. Im zweiten Akt werden die natürlich wirkenden Farbtöne bereits mit künstlichem Licht gemischt, um so den inneren Kampf der Charaktere zu unterstreichen. Im dritten Akt gibt es nur noch kühles, künstliches und fluoreszierendes Licht. Auch wenn sich diese theoretischen Erläuterungen sehr nach Filmhochschule anhören, so tragen sie doch entscheidend zur Gesamtwirkung bei.

Design

Für das Production Design zeichnet sich James Chinlund verantwortlich. Automodelle, Kleidung und Sprache sind im Film nicht stringent, sondern werden durcheinandergemischt, es soll eine nicht näher definierbare Atmosphäre entstehen, angelegt irgendwo in der heutigen Zeit. Deshalb musste für die Fernsehshows, die Sara Goldfarb schaut und an denen man sofort eine Ära hätte ausmachen können, etwas Eigenes, Unabhängiges geschaffen werden: Tappy Tibbons lautet die Lösung – eine Geschichte, die im Roman selbst nicht vorkommt, sondern von Aronofsky hinzuaddiert wurde.

Schnitt

Die Hip-Hop-Montage ist eine Erfindung von Darren Aronofsky. Er übernimmt dabei eine Technik aus dem Hip-Hop, indem er Elemente samplet

Jared Leto als Harry in der Drogenhölle

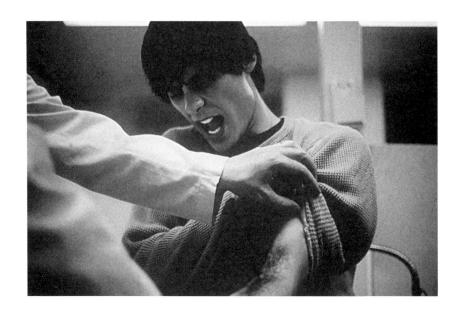

und zusammenschneidet. Im Film bedeutet das eine Montage von Bildern und Ton, schnell hintereinander geschnitten und dazu benutzt, um einen kleinen Abschnitt zu erzählen. In diesem Fall den Konsum der jeweiligen Droge.

Für den Schnitt und die Vertonung des Films zog sich Aronofsky auf die Skywalker Ranch zurück. *Star Wars*-Regisseur und Filmproduzent George Lucas hat in Nicasio, Marin County, einen Rückzugsort für Filmemacher geschaffen, den er nicht nur für eigene Produktionen nutzt, sondern auch anderen Regisseuren zur Verfügung stellt. Mitten im nordkalifornischen Niemandsland steht eine technisch hochgerüstete Ranch mit Tiefgarage und einem Investitionsvolumen von geschätzten hundert Millionen Dollar.

Hier instruiert Aronofsky das Kronos Quartet und führt es zu seiner bahnbrechenden Leistung, hier perfektioniert er die Hip-Hop-Montage, die er schon in π eingesetzt hatte, und eine weitere ungewöhnliche Technik

Für Harry (Jared Leto) entwickeln sich die Dinge nicht nach Plan

wird hier in *Requiem For A Dream* aufgegriffen und eingesetzt. Das unübliche Fading-off-to-white, das Ausblenden ins Weiße anstatt ins Schwarze, stammt auch bereits aus π und wird in *Requiem For A Dream* immer dann benutzt, wenn eine Figur in ihren Traumtunnel eintaucht. Insgesamt sind hundertfünfzig digitale Effekte über die hundert Minuten Film verteilt und Aronofsky ist stolz, dass man sie weitestgehend nicht bemerkt, denn sie sind bewusst sehr dezent eingesetzt.

Fazit
«Musik, Bilder, Production Design und Kostüme sollten sich im Idealfall zu einem vollendeten Requiem ergänzen», so Darren Aronofsky.

«*Requiem For A Dream* ist eine seltene Synthese aus filmischem Experiment und emotional überzeugender Geschichte. Brillant. Das Potential, das in π schon aufblitzte, trifft auf Selbys mächtige Geschichte von Liebe, Träumen und Sucht und macht daraus eine tief greifende Reise in die Abgründe menschlicher Erfahrung. Es gibt kein Element in diesem Film, das nicht überzeugend ausgeführt wurde. Nicht nur jeder einzelne Schauspieler verdient besonderen Applaus für die Verkörperung dieser schwierigen Figuren, sondern auch der Komponist dieses Requiems, der substanzielles Handwerk mit Stil verwoben hat. In *Requiem For A Dream* trifft State-of-the-Art-Filmsprache auf schöne, kraftvolle Bilder und unverstellt ehrliche, menschliche Emotionen, die die Story zu einem einzigartigen Erlebnis machen. Nach dem miserablen, von MTV inspirierten, papierdünnen Filmstil der 90er Jahre ist dieser Film, der eine lebendige, moderne Ästhetik präsentiert, ohne Abstriche im eigentlichen Handwerk zu machen, eine willkommene Erlösung», begeistert sich Rob Larsen auf *DrunkenFist.com* stellvertretend für alle Filmkenner.

Trivia

Wenn Jared Leto für die Recherche mit echten Junkies in New York abgehangen hat, hat er sicherlich auch erfahren, dass man, wenn man sich schon ein «Ei geballert» hat, also eine entzündete Einstichstelle in der Armbeuge hat, es Ausweichstellen gibt. Man kann sich zwischen die Zehen junken oder in den Augapfel und muss nicht wieder und wieder in die offene Entzündung hineinpiksen. Aber es war offensichtlich dem Plot geschuldet, dass am Ende der Knastarzt kurzen Prozess mit dem Arm machen sollte.

Rückblicke

Jeder kennt das Gefühl, Hunger zu haben. Es dauert so lange an, bis man zu einem Imbiss, dem Supermarkt oder nach Hause kommt und etwas essen kann. Hunger ist ein temporäres Gefühl, ein Zustand, der ein, maximal zwei Stunden andauert, bevor er gestillt werden kann. Diesen Zustand über Tage, gar Wochen aufrecht und lebendig zu halten ist anstrengend, schmerzhaft und zermürbend – und wir reden hier nicht über Anorexie. Es geht um den Zustand, in den sich Jared für die Rolle als Harry Goldfarb versetzt hat:

«Ich habe fünfundzwanzig Pfund für die Rolle abgenommen und vierundzwanzig Stunden am Tag diesen Akzent gesprochen. Ich konnte nicht nach Hause gehen und das einfach so ablegen. Ich befand mich in einem konstanten Zustand des Hungerns, genau wie Harry. Ich war unausstehlich. Es war ein schmerzvoller, dunkler Ort, an dem ich war, aber ich wurde belohnt. Wer schon mal gefastet hat, kennt das vielleicht. Ich jedenfalls hatte zum Ende der Dreharbeiten Halluzinationen. Ich habe in den Himmel geschaut und bekam ein Gefühl völlig abgeklärter Ruhe.»

Die Thematik des Films in Jareds Worten: «Es geht nicht um Drogen, sondern um unsere Freude an der Flucht. Wir wollen raus aus unserem Leben. Darum machen wir Party, betrinken uns, fahren Achterbahn, tummeln uns im Internet, kucken Fernsehen und gehen ins Kino. Und hier kommt der Gegenentwurf. Der Film ist für mich eine Reaktion auf die übliche Hollywoodkacke, mit der wir sonst konfrontiert werden. Ich mag auch Popcornkino, und ich sage schon gar nicht, dass ich nicht in solchen Filmen mitspielen würde. Aber es ist wichtig, dass auch Filme wie *Requiem For A Dream* gemacht werden. Ich bin froh, bei diesem Film dabei gewesen zu sein, weil er einen Standpunkt einnimmt und nicht davor zurückschreckt, dir ins Gesicht zu spucken.»

Die Dreharbeiten und der Aufwand, der notwendig war, um diese Rolle zu spielen, haben ihre Spuren hinterlassen: «Ich kann nicht behaupten, dass es Spaß gemacht hat *Requiem For A Dream* zu drehen. Ich werde diese Erfahrung jedenfalls nicht so schnell vergessen. Es hat sich so angefühlt, wie wenn sich dein Fallschirm nicht öffnet – und diese drei, vier Sekunden, bevor du auf dem Boden aufschlägst, waren genau das Gefühl, das uns die Dreharbeiten über im Griff hatte.»

Jareds persönliches Fazit lautet: «*Requiem* ist ein wahrhaft tiefgründiger Film, der eine außerordentliche Erfahrung vermittelt. Man kann sagen, dass es eine Reise durch die Hölle ist. Als wenn man durch Dantes Inferno schlingern würde.»

Commitment
Englisch; steht für: Engagement; persönlicher Einsatz; persönliche Hingabe

Commitment wird im Zusammenhang mit Jared Leto grundsätzlich mit dem Adjektiv unbelievable (unglaublich) verwendet.

Mit *unbelievable commitment* wollen Kollegen, Freunde, Auftraggeber, Regisseure, Kritiker und Journalisten ausdrücken, dass Jared Leto – völlig unabhängig vom Umfang und Stellenwert einer Rolle – mehr als jeder andere sich in die darzustellende Rolle einarbeitet. Zugegeben, das machen viele außergewöhnliche Schauspieler – Jared Leto hat jedoch die Eigenheit, in der Rolle zu bleiben. Sich auch dann noch so zu bewegen, so zu reden und die Macken auszuleben, die seinen jeweiligen Charakter bestimmen, wenn die Kameras schon lange wieder unter den Staubschutzhauben sitzen. Gerne nimmt Jared kauzige, dunkle, unangenehme Rollen an und bleibt dementsprechend für sich, wenn er einen Einzelgänger spielt. Er hält sich willentlich unausgeglichen, solange er ein nervöser Charakter ist. Selbst wenn er nicht am Filmset ist, sondern mit der Band auf der Bühne steht, lebt er im Hier und Jetzt mit der vollkommenen Hingabe für das, was genau in diesem Moment zu tun ist – mit *unbelievable commitment*. Der Fähigkeit, sich selbst dorthin zu pushen, wo andere schon lange vorher abgebremst hätten.

Auf der Suche nach Jared Leto

Wer ist dieser Jared Leto und was hat ihn auf die höchste Stufe am Ende des roten Teppichs in Cannes gebracht? Sind die wenigen zugänglichen biografischen Daten aus den ersten zwanzig Jahren seines Lebens hilfreich bei der Suche nach dem Menschen Jared Joseph Leto? Müsste nicht rein theoretisch sein Geburtsname sogar ein anderer sein, wo doch Bruder Shannon und er, 1970 und 1971 geboren, einen leiblichen Vater namens Tony haben, der Mutter Constance bald nach der Geburt des zweiten Sohnes verließ, um eine andere Frau zu heiraten, und nicht allzu bald darauf verstarb. Denn erst dann heiratet Mutter Constance Carl Leto, der die beiden Jungs adoptiert und sich wenige Jahre später auch scheiden lässt und aus dem Staub macht. Gehen wir von der geografischen Richtigkeit seines Geburtsortes aus, dann war es am 26. Dezember 1971 Bossier City in Louisiana, wo auch Bruder Shannon bereits am 9. März 1970 auf die Welt gekommen war. Bossier City spielte seither nirgendwo und nie wieder eine Rolle außer in einem gleichnamigen Song von David Allan Coe, einem Vertreter der Outlaw-Country-Szene.

«*And it sure smells like snow in Bossier City*
But there ain't no weather quite as cold as you
I'd sooner stand in Mother Nature's anger
Than to spend another lonely night with you», singt Coe wenig erhellend.
Jared hat keinen Bezug zu seinem Geburtsort, außer vielleicht, dass er ihn später des Öfteren in Formularen eintragen muss, denn bald schon beginnt ein Vagabundenleben mit seinem Bruder und seiner Mutter, ein stetes Umziehen, das ihn nach Colorado, Virginia, Wyoming, New York,

Jared Leto bei einem Presseauftritt zur Erfolgsserie Willkommen im Leben.

Kalifornien, Florida, Pennsylvania, Massachusetts, Washington D. C. und mit zwölf sogar für ein Jahr nach Haiti bringt.

«Wir sind eintausend Mal umgezogen, ich war überall und nirgends zuhause und nie lange am selben Ort.» Darin liegt Jareds Schwierigkeit begründet, Freunde zu finden: «Es dauert lange, bis ich mich jemandem öffne. Und Ewigkeiten, bis ich jemandem so sehr vertraue, dass ich ihn als Freund bezeichnen würde.» Für das Vertrauen in andere Menschen hat das Nomadenleben der Letos eine ungünstige Voraussetzung geschaffen, aber es gibt auch einen positiven Effekt: «Ich lerne leicht Leute kennen, nur mich auf andere einzulassen fällt mir schwer.» Das scheint nur allzu logisch. Weil Jared als Kind selten die Gelegenheit bekommt, mit seiner Umgebung warm zu werden, entwickelt er sehr schnell die Fähigkeit, auf andere zuzugehen und Kontakte zu knüpfen. Die Erfahrung lehrt ihn rasch, dass er schlicht nicht die Zeit hat zu warten, bis sich die Dinge von allein entwickeln. Er muss aktiv werden, die Dinge selbst in die Hand nehmen und vorantreiben. Dieser Umstand mag häufig schmerzhaft und deprimierend gewesen sein, doch Jared lernt daraus und wird später viel Gewinn daraus ziehen. Denn sowohl im Rock 'n' Roll-Zirkus als auch in der Welt Hollywoods öffnen ihm eine niedrige Kontaktschwelle und ein offenes Auftreten jede Menge Türen. Türen, die einem introvertierten Menschen verschlossen blieben und so manche Chance verbauen würden. Dies gilt erst recht, wenn man ein Newbie, also neu in einer Szene oder einem Geschäft ist. Jared lernt rasch und macht aus vermeintlichen Hürden Sprungbretter für sein Leben und seine berufliche Entwicklung.

Viele Interviewpartner haben versucht, Jared Letos Kindheit zu ergründen, aber es fiel Jared immer schwer, einen Rückblick auf diese Zeit zu geben. Nur selten ist er bereit, über seine Jugend zu sprechen und tiefer gehende Auskünfte zu erteilen. Weil er ungern über sein Privatleben redet, legt er sich schnell eine Linie zurecht, die nur wenige Details offenbart.

Jareds Mutter war eine Künstlerin mit variierenden Vorlieben. Sie pflegte den unkonventionellen Lebensstil der Boheme, zog ständig um, lebte streckenweise in Kommunen, tat all das, was frei denkende Menschen in den 70er Jahren für sich entdeckten. Dass sie dabei nie wirklich Geld hatte, spielte eine untergeordnete Rolle, denn der Glaube an das Kreative war stärker. Sie hält ihre Söhne Shannon und Jared an, zu malen und zu singen, und gibt damit, neben dem Nomadentum, einen wichtigen Weg für Jareds späteres Leben vor. Denn im Gegensatz zu Jared mussten sich viele seiner Kollegen gegen die konventionellen, traditionell begründeten, ganz gewöhnlichen konservativen Berufsvorstellungen der Eltern erst einmal durchsetzen. Niemand weiß, wie viele kreative Talente an der Supermarktkasse, im Friseursalon, am Sacharbeiterschreibtisch, in der Behörde, beim Finanzamt, in Versicherungskonzernen oder an der Börse gelandet sind, weil sie sich nicht gegen die Vorstellungen der Familie behaupten konnten und somit zwangsläufig dem elterlichen Rat gefolgt sind. Bei den Letos ist das Gegenteil der Fall, der Pfad zur künstlerischen Entfaltung wurde den beiden Söhnen bereitwillig geebnet, ja, er wurde ihnen sogar nahegelegt. Shannon interessiert sich für das Visuelle. Er greift wie Mutter Constance zur Kamera und fotografiert. Jared probiert etwas anderes und versucht sich als Maler. Allerdings gibt er zu, dass er seine Ergebnisse auf diesem Feld nicht wirklich befriedigend findet. Nun hat er als Malender aber auch wenig Chance auf direkte Rückmeldung. Nicht wirklich überraschend zieht sich Jared, der mehr oder minder vaterlos aufwächst, in seine eigene Welt zurück, mit der Folge, dass er immer verschlagener wird. In der Schule träumt er, anstatt aufzupassen, in der Freizeit macht er Unsinn. Er bildet mit seinem Bruder Shannon eine schlagkräftige Einheit, eine Verbindung, die sie bis heute zusammenschweißt. Beliebt machen sich die Leto-Brüder mit ihrem Verhalten nirgendwo – nicht bei ihren Mitschülern, nicht bei ihren Lehrern und auch nicht bei den Einheimischen. Ständig wechseln die Gruppen von Gleichaltrigen und potentiellen Weggefährten, zu denen sie nie wirklich dazugehören, weil sie, kaum dass sie Freundschaft geschlossen haben, auch schon wieder weiterziehen müssen. Erneut gilt es, alle Zelte und Beziehungen abzubrechen und sich wieder ganz auf sich selbst zu verlassen. Das immerhin schaffen die Letos hervorragend. Denn auch wenn ihre Bindung zu anderen Jugendlichen immer nur flüchtig ist, so schweißt das Nomadenleben Jared und Shannon dauerhaft zusammen.

Sie verstehen sich blind, ergänzen sich, unterstützen sich gegenseitig und halten fest zusammen. An diesem Duo kommt keiner so schnell vorbei.

Es ist Jareds Auffassungsgabe und Intelligenz geschuldet, dass er über alle schulischen Hürden hinwegkommt. Nach der Flint Hill Preparatory School in Oakton, Virginia, und der Newton North Highschool in Newton, Massachusetts, macht er 1989 seinen Schulabschluss an der Emerson Preparatory School im Nordwesten von Washington, D. C.

Die kleine Private High, Washingtons älteste Co-Educating College Preparatory School, ermöglicht seit 1937 in einem historischen Gebäude in der Nähe des Dupont Circle ihren Schülern eine vierjährige Highschool-Ausbildung bereits nach drei Jahren abzuschließen. Mit Stolz verweist die Schule im Zeichen der Eule, die Weisheit symbolisiert, darauf, dass sie nennenswerten Graduates wie Science-Fiction-Autor William F. Gibson (1970), Musiker Brian Bahr (1983), Schauspieler Jared Leto, aber auch Miss District of Columbia, Kate Grinold (2003), den Weg auf die Universität ermöglicht hat.

Jared schreibt sich an der University of the Arts in Philadelphia, PA, in Malerei ein und zieht bald darauf weiter an die School of Visual Arts in New York City. Um Geld für das Studium zu verdienen, wäscht Jared Teller in New York. Im dritten Jahr bricht er die Uni ab, weil ihm der Inhalt des Studiums zu trocken ist. Er lässt die Theorie beiseite, um sich endlich in der Praxis zu üben. Eine nachvollziehbare Entwicklung für einen jungen Menschen, der schnell lernt und immer schon für sich selbst Entscheidungen treffen musste.

Der Weg soll ihn schließlich zum Ziel der Träume eines jeden Schauspielers führen – nach Los Angeles. Aber Jared nimmt einen kleinen Umweg über Indiana, wo sich Bruder Shannon als Stock-Car-Fahrer in Demolition Derbys etabliert hat. Jared und Shannon hängen, nachdem sich ihre Wege vorübergehend getrennt hatten, wieder gemeinsam ab. Wenn das Auto-Crash-Business zeitweise nicht genug zum Leben abwirft, klauen sie sich, was sie brauchen. Sie werden auch ab und an erwischt und landen

Auf der Premiere von «Cool As Ice» mit Soleil Moon Frye und Cuba Gooding Jr.

kurzzeitig im Gefängnis. «Nichts Wildes», wie Jared in der Rückschau abwiegelt, «das Übliche.» Was auch immer das im Lebenslauf eines jungen Amerikaners abseits der Metropolen bedeuten mag. Es ist gut möglich, dass in der von ihm eingestandenen Crack-Pfeife, die er in einem Interview erwähnte, vielleicht doch nur Marihuana qualmte – weil sich Crack einfach viel dramatischer anhört, und ein bisschen was Spannendes muss man liefern, wenn man in Interviews ständig zu Dingen gefragt wird, über die man nicht sprechen möchte.

Jahre später allerdings, überwältigt vom «Heimat-Blues», im Hochgefühl bühnenbedingten Adrenalins, plappert Jared inmitten einer Show in Norfolk, VA, auf der Balustrade des Konzertsaales über seine Zeit in Virginia, um sich einen kleinen Moment später wieder zu besinnen: «Ich liebe es, hier oben zu sein, zu schwitzen, einen Song zu spielen ... Wisst ihr, ich wohnte mal in Virginia, ja wirklich. Ich wurde in Virginia verhaftet. Es gab mal 'ne Zeit, da war ich ein ziemlich böser Junge. Also gebt gut auf eure Geldbörsen acht, behaltet eure Taschen immer nah bei euch und eure Autoschlüssel sicher in euren Schuhen versteckt, denn wenn ich sie nicht stehle, macht es mein Bruder. Ohhh, was für ein verrückter Ort sich gerade jetzt daran zu erinnern ... Wie wär's mit noch 'nem Song? Irgendwelche Wünsche, Leute?», ruft er in die Menge. Man kann Jared ansehen, wie ihm die Erinnerung schelmenhaft über das Gesicht huscht, bis er sich besinnt und schnell zurückkehrt ins Hier und Jetzt.

Zugegebenermaßen ist nur sehr wenig aus den ersten zwanzig Jahren von Jared Letos Leben bekannt. Seine Verhaltensweisen von heute lassen dennoch einige Rückschlüsse auf die prägende Phase des Heranwachsens und der Adoleszenz zu. Wie hat es Winston Churchill so schön formuliert: «Es ist ein großer Vorteil im Leben, die Fehler, aus denen man lernen kann, möglichst früh zu begehen.»

Daran, dass der Großteil von Jareds Erfahrungen dort bleibt, wo er sie hinverbannt hat – nämlich unter den Mantel des Schweigens –, wird sich so bald nichts ändern. «Ich denke, je erfolgreicher ich werde, um so schweigsamer wird es um mein Privatleben werden», sagt Jared dazu. Eine konsequente Haltung, die man respektieren muss.

Der Legende nach kommt Jared schließlich mit einem Bündel Hab und Gut in der Hand und wenigen Dollar in der Tasche nach Los Angeles. Die erste Nacht schläft er am Strand von Venice Beach, dann in einem Stundenhotel. Mit Beharrlichkeit und Nachdruck schafft er es, einen Agenten zu engagieren und auf diese Weise tatsächlich die ersten Vorsprechtermine zu ergattern.

In der Folge gibt es erste, vernachlässigenswerte Auftritte als Darsteller in *Camp Wilder* (*Ein verrückter Haufen*, 1992) und *Almost Home* (*Alle meine Kinder*, 1993), bis es endlich zurück in die Schule geht: *My So-Called Life – Willkommen im Leben* ist Jareds erstes erwähnenswertes Engagement. Und was für eins.

My So-Called Life
(Willkommen im Leben 1994–1995)

directed by Mark Piznarski, Scott Winant,
Todd Holland et alii

Winnie Holzman ist diejenige Person in einem weit gefächerten Geflecht, der am meisten Respekt für die neunzehnteilige Fernsehserie *My So-Called Life* gebührt. Winnie ist die Autorin der Serie. Mit viel Einfühlungsvermögen hat Holzman einen intensiven und lange nachhallenden Einblick in das Leben junger Mädchen in den 90er Jahren geschaffen. Aus der Perspektive der fünfzehnjährigen Angela Chase erzählt sie mit bittersüßem Humor und großer Aufrichtigkeit von den Veränderungen und Erfahrungen, die ein Teenager durchzustehen hat, wenn sich das bisherige Leben völlig auf den Kopf stellt und man auf dem Weg vom Kind zur Erwachsenen ist.

Ein entscheidender Punkt dafür, dass Holzmans Arbeit so intensiv und treffend ist, war eine ganz persönliche Erfahrung, die sie während der Dreharbeiten für den Pilot-Film machte. Winnies Bruder Ernest ist der Kameramann des Piloten und der Umstand, sich mit ihm zusammen in den Gängen einer Highschool wiederzufinden (gedreht wurde im Flügel einer echten Schule während des normalen Schulbetriebes), war eine tief berührende Situation für Winnie Holzman.

Der Vater der Geschwister war gerade gestorben, beide fühlten sich ihm eng verbunden und die Konstellation brachte bei Winnie eine sehr lebendige Erinnerung an die eigene Teenagerzeit an die Oberfläche. Für die kommenden Folgen war sie emotional wieder tief in diese Zeit eingetaucht und schrieb sich mit Fantasie und Einfühlungsvermögen buchstäblich die Seele aus dem Leib. Dabei hatte sie schon für den Pilot-Film ganze Arbeit geleistet. Obwohl es eine gefühlte Ewigkeit gedauert hatte, bis nach dem Schreiben des Drehbuchs und dem folgenden Casting die Dreharbeiten beginnen konnten.

Apropos Casting. Für die zentrale Figur der Angela Chase war nach dem Vorsprechen Alicia Silverstone der erste Vorschlag. Silverstone hinterließ beachtlichen Eindruck, schien sich als Fünfzehnjährige aber zu sehr ihrer Ausstrahlung bewusst und wirkte damit eine Spur zu selbstsicher für die Figur der Angela. Als Nächstes kam die erst dreizehnjährige Claire Danes zum Casting und hatte sofort die Entscheider auf ihrer Seite. Im Vergleich mit Alicia Silverstone überzeugte etwas Besonderes in ihrer Persönlichkeit das Team. Es war eine gewisse innere Unfertigkeit, die beim Vorsprechen durchschien und die genau das zum Ausdruck brachte, was Winnie Holzman transportieren wollte. Nun gab

Jared Leto spielt Jordan Catalano in *My So-Called Life*
(TV-Serie von 1994–1995)
Regisseur: Mark Piznarski, Scott Winant, Todd Holland
Autoren: Winnie Holzman mit Jill Gordon, Jason Katims, Ellen Herman

In den Hauptrollen:
Bess Armstrong, Wilson Cruz, Claire Danes, Devon Gummersall und A. J. Langer
Laufzeit: 19 mal 60 Minuten
Budget: k. A.
gedreht in South Pasadena und Los Angeles
nominiert für 7 Auszeichnungen
ausgezeichnet mit dem Golden Globe und 6 weiteren Preisen
Quelle: Imdb.com

es zwei Möglichkeiten: Hunderte weiterer junger Mädchen zu casten, um eine altersgerechte, zweite Claire zu finden, oder mit der perfekt passenden dreizehnjährigen Claire Danes zu arbeiten, mit all den Nachteilen, die damit verbunden waren. Das geringe Alter von Danes bedeutete nämlich erhebliche Einschränkungen für die Dreharbeiten, da Darsteller in diesem Alter nur eine kurze Zeit vor der Kamera stehen dürfen. Aber alle Bedenken flogen über Bord und Claire Danes bekam die Rolle. Abgesehen davon, dass diese Entscheidung die richtige war, bedeutete sie für Holzman auch, dass sie den anderen Charakteren auf dem Schulhof mehr Platz einzuräumen und mehr Tiefe zu geben hatte. Ein Umstand, der dem Gesamtprodukt nicht geschadet hat.
Schnell mutiert der Arbeitstitel der Serie *Someone Like Me* zu dem wesentlich passenderen Namen *My So-Called Life*, der die Zerrissenheit zwischen

Gedankenwelt und tatsächlichem Verhalten im Teenager-Alltag treffender zum Ausdruck bringt.

Nach dem Pilot-Film dauerte es ungewöhnlich lange, bis das amerikanische Fernsehnetzwerk ABC die ersten sechs Folgen orderte, dann weitere sechs und noch einmal sechs. Aus zweierlei Gründen kam es relativ schnell zu einem etwas abrupten Ende der Serie. Zum einen fühlte sich Claire Danes mit fünfzehn reif für Spielfilmprojekte und ihrer Rolle als Angela ein wenig entwachsen. Zum anderen war ABC die Tatsache, dass das Format nur junge Menschen, vornehmlich Mädchen, erreichte, nicht ausreichend, um die Serie fortzusetzen. Ironischerweise bekam wenige Jahre darauf eben diese Zielgruppe bei den Verantwortlichen im TV-Geschäft eine hervorgehobene Bedeutung und wurde dann erst zu dem Publikum, das man unbedingt erreichen wollte. *My So-Called Life* kam zu seinem eigenen Leidwesen zu früh. Ohne richtigen Abschluss ging *My So-Called Life* plötzlich und unerwartet zu Ende und blieb für immer unvollendet. MTV kaufte die Rechte und strahlte die Serie drei Jahre lang ununterbrochen aus. Da erst entwickelte *My So-Called Life* wahre Schlagkraft und sammelte eine große Menge Fans. Die begeisterten Anhänger wollten sich nicht mit dem abrupten Ende zufriedengeben und schrieben gemeinsam in weit über eintausend Einsendungen zweihundert fortführende Geschichten und Episoden. Im Internet kann man mit diesen sogenannten Fanfictions mitfiebern, wenngleich sie natürlich nie gedreht wurden. Es blieb bei neunzehn Folgen *My So-Called Life*, bis andere Serien und Sendungen die Thematik zwar wieder aufnahmen, aber nie so tief greifend und eindrucksvoll umzusetzen vermochten. Was unter Umständen auch an der gelungenen Besetzung gelegen haben mag, die allerhand Identifikationspotential mit sich brachte.

Jared Leto beispielsweise war ursprünglich nur für den Pilot-Film vorgesehen, eine Handvoll heranwachsender Schulmädchen sollte ihn im Schauspiel-Leben willkommen heißen. Doch manchmal kommt es anderes als gedacht. Jared überzeugt am Set und seine Figur Jordan Catalano wird von Holzman ausgebaut. Die Serie selbst sollte für Jared zum großen Sprungbrett werden.

Jordan Catalano ist als Junge per se und Schmachtobjekt im Speziellen nicht viel mehr als eine Nebenrolle, aber Jared als Jordan ist durchweg präsent, weil er ständiges Gesprächs-, Streit- und Wunschthema der jungen Frauen ist, die eigentlich die Serie tragen. Jared ist der vermeintlich unerreichbare Highschoolschönling mit dem magischen, bezaubernden Blick, sanft lächelnd, leicht verwirrt, aber immer spannend, der alle, aus den unterschiedlichsten Gründen, in den Wahnsinn treibt – entweder weil er so süß ist oder weil er so trottelig scheint. Anfangs irritieren seine abwesenden Träumereien und seine Wortkargheit, aber dann wird seine Figur zunehmend komplexer, vielschichtiger. Obwohl Jordan offensichtlich eine Lese-Rechtschreib-Schwäche hat, besitzt er doch eine poetische Seite. Was ihn eben noch gefühlskalt wirken ließ, scheint im nächsten Moment von romantischer Natur zu sein. Nur vermeintlich leicht debil oder schwer von Begriff und doch herzzerreißend sinnlich spielt sich Jared in Holzfällerhemd, Pelzkragenjacke und weiten Hosen in die Herzen der jungen Frauen – auf und vor dem Bildschirm. Das Publikum honoriert die Serie, weil sie witzig, aber nicht albern, ehrlich und doch ironisch ist. Weil Jared einen verplanten, notorischen Sitzenbleiber mit einem Schönling und verschlossenen Einzelgänger überzeugend vereint. In zwei Folgen steht Jareds Bruder Shannon als sein Kumpel Shane mit vor der Kamera. Claire Danes, die mit einem Golden Globe für ihre Rolle als Angela Chase ausgezeichnet wird, kommt in Interviews nicht aus dem Schwärmen heraus: «Diese Augen haben einen magnetischen Effekt auf Frauen. Ich will nicht sagen, er starrt dich an, aber er ist ein mysteriöser Typ im Wortsinne.»

Schon bald ist klar, dass Jordan Catalano nur eine Rolle ist, denn Jared gibt sich in Abwesenheit der Kamera scheu und verkrümelt sich die meiste Zeit am Set in seinen Trailer. Jordan beschreibt er selbst als «Jungen mit wenigen Worten, aber vielen Gedanken». Die Mädels stehen drauf. Claire Danes lacht: «Man kam nicht umhin, ihn schön zu finden. Und wir haben ihn damit aufgezogen.»

Als junger Mensch kann man enorm darunter leiden, auf sein Äußeres reduziert zu werden. Das trifft für schöne Menschen ebenso zu wie für hässliche und alle, deren körperliche Attribute zwischen diesen Polen einzuordnen sind. Jedes Individuum wird vor die Aufgabe gestellt, mit dieser Situation umzugehen. Mit der Besetzung Letos traf das Produktionsteam in dieser Hinsicht eine clevere Entscheidung. Denn Jared verkörpert den Konflikt von innerer und äußerer Gegensätzlichkeit nur zu gut. Und er hat auch im Privaten bereits eine Methode entwickelt damit umzugehen. Der ausführende Produzent Marshall Herskovitz erinnert sich: «Es war einfach zu glauben, dass jemand, der so gut aussieht, nicht auch noch besonders helle ist. Aber Jared ist nicht nur smart, sondern auch lustig.» Winnie Holzman fügt hinzu: «Ein furchtloser Typ, er hat sich niemals auf seine Außenwirkung verlassen, wollte immer ein guter Schauspieler sein. Und das Schöne ist: Er weiß, dass er mehr draufhat, als nur ein hübsches Gesicht zu besitzen.» Es ist Jareds eigener Humor, verbunden mit seiner Idee, in Rollen tief einzutauchen, was ihn am Set eine Weile lang unentdeckt genauso stieselig herumlaufen lässt, wie es Jordan Catalano tun würde, wäre er real. Jared gelingt es ziemlich lange, alle am Set damit zu foppen. Der Typ mag gut aussehen, alle zwölf beieinanderhat er scheinbar nicht.

Jareds Eigenarten fallen bald allen auf: Er redet viel und dazu schnell wie ein Wasserfall, ist aber tatsächlich doch eher ein schüchterner Typ. Ist das seine Strategie? So viel zu reden, dass andere erst gar nicht die Chance bekommen, Fragen zu stellen. Einen Redefluss als Schutzwall aufzubauen, ganz nach dem Motto, wer am lautesten schreit, hat recht?

«Ach, so spannend bin ich nicht», wiegelt Jared in seinen ersten Interviews ab, «die Rolle war ein wichtiger Schritt für mich und ich bin dankbar dafür, aber ehrlich gesagt fühlte ich mich als Schauspieler unterfordert.» Jared ist bereit für größere Aufgaben. Wollte man an dieser Stelle einen Vergleich mit deutschen Serien und deren schauspielerischem Potential ziehen, das diese in die große Filmwelt entlassen haben, könnte man dort ähnliche Namen und Karrieren finden? Til Schweiger, out of Lindenstraße? Sonst noch jemand? Nun gut, klappen wir dieses Buch ganz schnell wieder zu und kommen zurück zu Jared Leto. Dass er sich, mit dreiundzwanzig auch schon nicht mehr der Jüngste, unterfordert fühlte, klingt nur vordergründig abwertend. Es ist schlussendlich nur der Beweis für sein Selbstbewusstsein und ein vorausschauendes Vertrauen in seine Schauspielkunst. Anders ausgedrückt: Seine Aussagen sind ein Bekenntnis seines flammenden Eifers, den nur er selbst kannte und den er wohlwissend hinter einer Fassade verborgen hielt.

«Claire Danes war der Star der Serie», gibt Jared zu Protokoll. Und wenn es hieß, sie wäre «zu groß für den kleinen Bildschirm», dann galt das ganz bestimmt auch für Leto.

«Ach was. Das war eine nette Sache für einen Anfänger wie mich. Aber ich war nicht gut. Ich war sogar mies», wiegelt Jared im Rückblick selbstlos ab. Millionen Fans sehen das anders. Selbst *Spiegel online* kommt nicht umhin, Jared mit einem Augenzwinkern ein Kompliment zu machen: Als schweigsamer Schulhofrebell Jordan Catalano sei er ein wahrer Meister in der Kunst, sich sexy und verloren zugleich an einen Spind zu lehnen.

Von wahrer Meisterschaft im Filmgeschäft ist Jared tatsächlich noch weit entfernt. Aber es bietet sich ihm bald eine Chance, den richtigen Weg einzuschlagen.

The Cool And The Crazy
(Cool and Crazy, 1994)

directed by Ralph Bakshi

Irgendwann in einer Drehpause von *My So-Called Life* ist es so weit: Jared Leto bekommt die Möglichkeit, an seinem ersten abendfüllenden Spielfilm mitzuwirken. Um ganz genau zu sein, ist das Projekt aber nur ein Beinahe-Spielfilm. *The Cool And The Crazy* ist Part einer zehnteilige Serie, in der in sich abgeschlossene Episoden unter dem Begriff «Rebel Highway» zusammengefasst sind. Namhafte Regisseure wie William Friedkin, Uli Edel, Jonathan Kaplan und Joe Dante haben jeweils ihren Teil zur Serie beigetragen. Die Liste der Darsteller kann sich ebenfalls sehen lassen: Unter anderem finden sich darunter René Zellweger, David Arquette, Salma Hayek, Anne Heche, Alyssa Milano, Shannen Doherty und Adrien Brody. Produziert von American International Pictures (AIP) holt sich «Rebel Highway» Inspiration von den B-Movies der späten 50er und frühen 60er Jahre, die ebenfalls von AIP produziert worden waren. Denen wurden auch die Filmtitel entliehen.

In *The Cool And The Crazy* trifft Jared als junger Familienvater auf Alicia Silverstone, sie heiraten, bekommen sogleich ein Baby und alle damit verbundenen Probleme. Beide Partner empfinden sehr rasch, dass sie in eine Art Liebesfalle gestolpert sind. Die von Regisseur Ralph Bakshi zu verantwortende Episode zeigt tarantinoeske, Surf-Beat getriebene Gewalt – nur scheint sie in diesem Fall noch wesentlich sinnfreier auf die Charaktere hereinzubrechen. Die den Sex vorbereitenden Anmachsprüche der Männer sind unterirdisch schlecht, die sorgsam ausgewählten, schönen Autos und Kostüme können das nicht wettmachen. Es wurde noch sehr viel geraucht im TV jener Tage und urplötzlich taucht eine geheimnisvolle Schöne in Schwarz auf. Sie scheint einem französischen Film entsprungen und sorgt,

Jared Leto mit einem Schimpansen

Jared Leto spielt Michael
in
Cool And The Crazy
erschienen 1994
Regisseur: Ralph Bakshi
Autor: Ralph Bakshi

In den Hauptrollen:
Jennifer Blanc, Matthew Flint, Alicia
 Silverstone, Bradford Tatum

Laufzeit: 84 Minuten
Budget: k.A.
gedreht auf 35mm in Venice, Los Angeles
Quelle: Imdb.com

ziemlich fehl am Platz wirkend, für einige Irritationen. Freiheit ist das Thema, das den Zuschauer in jeder Sekunde der Episode nur so anschreit. Es manifestiert sich darin, dass eine junge Frau in jenen Tagen nicht notwendigerweise einen BH tragen muss. Die Arbeitsethik des viel zu gut aussehenden Rebellen (Matthew Flint) lautet dagegen: Ich arbeite, wenn ich Bock habe. Die Schwangerschaft seiner Freundin löst bei ihm unbändigen Hass aus. Der folgende Machtkampf mit ihr wird über den Befehl «Schenk mir 'n Kaffee ein!» ausgetragen. Und verloren. Des Weiteren wird übermäßig viel getrunken und mit dem Namen der Ehefrau auf den Lippen in fremden Betten aufgewacht. Es gibt Kokain zur Kunst, dazu Schmutz und Manierismen. Der vermeintlich starke Schwächling erzählt seinen Buddys, dass er jetzt nach Hause geht, um seiner Ollen eine Lektion zu erteilen. Die anschließende Verfolgungsjagd endet im Nichts, und man ist froh, wenn dieser hysterische Blödsinn zu Ende ist. Es hat wenig Sinn, Jared Letos Auftritt in diesem Zusammenhang zu analysieren, zu versuchen Potential zu entdecken oder Rückschlüsse auf seine Zukunft zu ziehen. Der Mantel des Schweigens ist die einzig angemessene Reaktion auf dieses Machwerk. Jared kann sich keinen Vorwurf machen, darin mitgespielt zu haben. Als junger aufstrebender Schauspieler muss er jede sich bietende Chance ergreifen, um voranzukommen. In *The Cool And The Crazy* gibt er das, was die Rolle verlangt. Das Gesamtergebnis hat der Regisseur verbockt – und ganz allein zu verantworten.

In seiner Position braucht Jared vor allem Glück und gute Verbindungen, um zum Casting für geeignete Produktionen eingeladen zu werden. Der nächste Film kann dies zum Teil erfüllen.

How To Make An American Quilt
(Ein amerikanischer Quilt, 1995)

directed by Jocelyn Moorhouse

Von ganz anderer Qualität ist die Australierin Jocelyn Moorhouse. Sie führt Regie in Jareds erstem ernsthaften Kinofilm. Da *How To Make An American Quilt* in erster Linie ein Film über Frauen ist, bleibt für Jared nur eine kleine Rolle, in der er sich nicht groß hervortun kann. Schließlich spielen «alle Männer in diesem Film nur eine Nebenrolle, denn es geht um das Verhältnis von Frauen zu Frauen», sagt Jared mit einer entschuldigenden Geste.

Jared Leto als Beck in How To Make An American Quilt (Ein amerikanischer Quilt)

Jared Leto spielt Beck
in
How To Make An American Quilt
erschienen 1995
Regisseur: Jocelyn Moorhouse
Autoren: Whitney Otto (Buch); Jane
   Anderson (Drehbuch)

In den Hauptrollen
Winona Ryder, Anne Bancroft, Ellen
   Burstyn, Kate Nelligan und Alfre
   Woodard
Laufzeit: 109 Minuten
Budget: k.A.
gedreht in den Universal Studios, Los
   Angeles sowie Kalifornien
nominiert für 4 Preise
Quelle: Imdb.com

Merken wir uns Schauspielerinnen wie Winona Ryder und Ellen Burstyn, mit denen Jared später wieder vor der Kamera stehen sollte. Claire Danes ist für Jared jedoch keine Unbekannte, und er freut sich, mit ihr in einer weiteren gemeinsamen Produktion spielen zu dürfen. Sogar für zwei Nominierungen kommt *How To Make An American Quilt* infrage: den *Screen Actors Guild Award* für die Beste Leistung einer Filmbesetzung und beim *Image Award* werden Maya Angelou und Alfre Woodard für Herausragende Leistungen einer Darstellerin nominiert. Das ist nicht viel Zählbares für Jareds Karriere, aber immerhin ein aufmerksamkeitsschaffender Nebeneffekt. «Hey, das war mein erster Kinofilm, und ich war stolz, neben Winona Ryder stehen zu dürfen!», bemerkt er und bemüht sich um die nächste Rolle, die ihn weiterbringen soll.

Schon bald wird Jared fündig und kann in Irland andocken.

Summer Fling
(Last Of The High Kings, 1996)

directed by David Keating

Endlich, mit fünfundzwanzig, ein Coming-of-Age-Drama! Eigentlich unvermeidlich, dass ein junger, ambitionierter Schauspieler früher oder später in die nie verschwindende Thematik der «Aus der Jugend in was auch immer Neues»-Geschichten hineinrutscht. Aber man tut *Summer Fling* unrecht, ihn in die Reihe der «Raus aus der Gesellschaft rein in den Rock»- oder «Autor verarbeitet Jahre später seine ach so eigenwillige Jugend»-Geschichten einzusortieren. Denn mit Witz und Hintergrundwissen wird hier nichts weniger als das irische Drama, der Konflikt zwischen Katholiken und Protestanten sowie der Stolz einstiger Könige, miteinander verwoben – unter Verzicht auf die spätestens hier unvermeidlichen Bomben und Gewalt. Der Film spielt 1977 in Dublin und vermischt den Beginn der Punk-Bewegung mit dem Tod von Elvis Presley, untermalt das Ganze allerdings nicht ganz stilecht mit der Musik von Thin Lizzy.

«Am 16.8.1977 war ich noch nicht einmal fünf Jahre alt», kommentiert Jared Leto seinen persönlichen Bezug zum Todestag des Kings. So ist Jared in seiner Rolle als siebzehnjähriger Frankie in erster Linie damit beschäftigt, nervös auf das noch ein paar Wochen ausstehende Ergebnis seiner Highschool-Abschlussprüfung zu warten. Zaghaft macht er erste Erfahrungen mit Liebe und Sexualität, doch schon bald wird deutlich, dass Frankie daraus nicht als großer Gewinner hervorgeht. Zwangsläufig bleibt er seiner Fantasiewelt verhaftet. «Ich hab mein Leben ruiniert, bevor es richtig anfängt», stößt Frankie aus, als *Jailbreak* von Thin Lizzy losbollert. In Ermangelung von Mädchen rauchen die Jungs auf ihrer Party und pogen zu Thin Lizzy. Sie wollen Elvis Aron Presley nach Irland einladen, weil sie, ihrer jugendlichen Dummheit geschuldet, denken, dass er Elvis Erin Presley heißt, somit ein echter Ire ist. Der Unterschied

Jared an der Seite von Christina Ricci, die mit ihrer Rolle als Wednesday Addams Berühmtheit erlangte

zwischen Aron und Erin, einer alten Bezeichnung für Irland, bleibt ihnen zunächst verborgen. Aber von Punk aus London haben sie gehört, wenn auch nicht genug, um den Terminus und die damit verbundenen Gepflogenheiten vernünftig einordnen zu können. So nehmen sie mit Thin Lizzy vorlieb, einer Band, die über alle Zweifel erhaben, leider aber auch null Prozent Punkrock ist. Zumindest so lange, bis – diese Randnotiz sei hier erlaubt – die deutsch-amerikanische Hardcore-Band Jingo de Lunch die beiden besten Thin Lizzy-Songs *The Boys are back in Town* und *Cowboy Song* Jahre später für ihr Hardcore Punk-Publikum aufbereiten und damit voll ins Herz ihrer Anhänger treffen. Bis dahin sollten aber noch fünfzehn Jahre ins Land ziehen.

Jared Leto spielt Frankie Griffin
in
The Last Of The High Kings aka Summer Fling (Video Titel)

erschienen 1996
Regisseur: David Keating
Autoren: Ferdia MacAnna (Buch); David Keating, Gabriel Byrne (Drehbuch)

In den Hauptrollen:
Catherine O'Hara, Christina Ricci, Gabriel Byrne, Stephen Rea

Laufzeit: 104 Minuten
Budget: k.A.
gedreht in Neuschottland, CA und Dublin
ausgezeichnet mit 1 Preis
Quelle: Imdb.com

Ganze neunundvierzig Tage wartet Frankie unterdessen in Begleitung seiner wilden Jungs auf die Prüfungsergebnisse und malt sich unterdessen aus, wie es wäre, ein Rebell zu sein. Einstweilen ist Filmvater Jack, gespielt von Gabriel Byrne, wie so häufig unterwegs. Sollte er tatsächlich einmal zuhause sein, ist er nicht notwendigerweise nützlich für das Familienleben, und doch fehlt er allen, wenn er wieder unterwegs ist. Jack versucht als in die Jahre gekommener Schauspieler immer noch den Durchbruch zu schaffen – selbst wenn es wiederholt nur das eigene Gartentor ist, das er zu durchstoßen in der Lage ist.

Der heranwachsende Frankie wünscht sich seit seiner Kindheit nichts weniger, als eine normale Familie zu haben; was ihm bleibt, ist die Erkenntnis, dass sich niemand die eigene Familie aussuchen kann. Jared

sagt in diesem Zusammenhang: «Es war wichtig für mich, die Rolle, die ich spiele, auch nachfühlen zu können.» Eine Bilderbuchfamilie hatte Jared nie gekannt. Eine Vaterfigur musste auch er stets suchen oder anderweitig ersetzen.

Film-Mutter Cathleen meistert das Familienleben mit den Kindern nicht ohne Weiteres, hält aber an ihrer Überzeugung fest, dass ihr Ältester, Frankie, ein Nachfahre der irischen Könige ist – der letzte der High Kings. Im Hier und Jetzt nützt Frankie sein vermeintlicher Adel leidlich wenig und so bleiben ihm und seiner Gang Pogohüpfbälle – an beiden Enden gleichzeitig brennende Joints –, kein Geld, keine Mädchen und kein Weg raus aus der Nummer, die sich Erwachsenwerden nennt. Es gibt eine Menge leiser Verwirrungen und smarter Absurditäten in seinem jungen Leben, doch Frankie trägt alles mit Fassung, soweit es ihm unter diesen Umständen möglich ist. Er ist ein Beobachter, leidet leise und melancholisch bei allem, was er vom anderen Geschlecht ertragen muss. Da ist zum einen seine Knallcharge von Mutter, die gerne krawallhaft wie Al Bundys

Szenenfoto aus Summer Fling (Last Of The High Kings)

Ehefrau Peg daherkommt, da ist zum anderen die Amerikanerin Erin, dargestellt von Christina Ricci in brünett, von der er sich Verhaltensweisen erklären lassen muss. Frankie ist nun mal eher verschlossen, zurückhaltend, freundlich, emotional und intuitiv. Um seinen behinderten Bruder kümmert er sich vorbildlich. Er spielt auf Befehl Gitarre, muss illegal wählen gehen und entscheidet sich für ein *Fuck You* auf dem Wahlzettel. Als Jugendlicher, der in der Welt der Erwachsenen noch nicht angekommen ist und ihre Regeln nicht versteht, versucht er, die Regeln zu missachten, und rebelliert, indem er «ungültig» stimmt. Frankie geht in der weiteren Handlung des Films buchstäblich durchs Feuer, spielt mit dem konfessionell falschen Mädchen und zeigt dem geneigten Kinopublikum seinen nackten Hintern auf der Leinwand. Er unterhält und bricht gängige Klischees, wenn er uns glauben macht, dass ihm beim Poppen der Kopf explodiert, und anschließend ist Elvis Presley tot.
Frankie zeigt über die Länge des Films eine Haltung, die versöhnlich stimmt und nachhaltig wirkt: Beweise Weisheit und Coolness gegenüber

Jared an der Seite von Gabriel Byrne

anderen und trage nicht die Last, die man versucht dir aufzubürden. Oder wie es der heimkehrende Vater dem Taxifahrer beibringt: «Los weiter, brich durch, es ist nur ein Tor.»

Das Schöne an *Summer Fling* ist, dass viele Aspekte eines künstlerischen und/oder unangepassten Lebens angeschnitten, dabei aber nicht mit dem Holzhammer serviert werden. Ein beinahe tiefgründiger Film, nicht zuletzt dank Jared Letos schauspielerisch bereits ausgereifter Leistung. Selbst der englische *Telegraph* lässt seine Skepsis beiseite und bescheinigt der dänisch-irisch-englischen Produktion eben nicht eine oirische (spöttisch für irisch) Spleennummer zu sein – sondern Substanz zu haben.

Das Drehbuch des Films beruht auf dem gleichnamigen Bestsellerroman von Ferdia MacAnna, den Gabriel Byrne und David Keating in die Filmfassung umgearbeitet haben. Byrne selbst mimt den Familienvater der leicht verkorksten Griffin-Familie, in der Mutter Cathleen Griffin, gespielt von Catherine O'Hara, gehörig Gas gibt. Für die Rolle des Frankie hat Regisseur Keating sehr viele Castings in England, Irland und den USA durchführen lassen und erst im letzten Moment war das Drehbuch bei Jared gelandet, der sich gerade wegen eines anderen Projektes in Kanada aufhielt. Jared ist vom Skript begeistert und überzeugt schon beim Casting mit seiner Präsenz. Seine Wirkung ist den Verantwortlichen mehr wert als seine schauspielerische Erfahrung oder die Länge seiner Referenzliste. Jared widmet dem Projekt im Gegenzug mehr als das Erforderliche, indem er nicht nur sehr viel Zeitgenössisches über Irland um das Jahr 1977 liest, sondern parallel dazu mit derart vielen Menschen in Dublin spricht, bis er ihren Akzent dermaßen gut draufhat, dass er unbedarfte Dubliner damit täuschen kann. Für eine Rolle zu recherchieren bedeutet für Jared mehr als das Lesen von Sekundärliteratur und den Einsatz der eigenen Vorstellungskraft. Recherche heißt für ihn, soweit es möglich ist, in die Welt des darzustellenden Charakters einzutauchen. Jared Leto hat diese Schauspiel-Methodik nicht erfunden, aber er ist von Anfang an einer, der sie bereitwillig annimmt und über die Jahre perfektioniert. Wenn er sich einer Rolle verschreibt, dann mit Haut und Haaren. Jared macht weit mehr als die erforderlichen Zugeständnisse, er zieht alle denkbaren Register seiner Kunst. Nicht in die Sonne zu gehen, um einen möglichst blassen Teint zu bewahren, ist dabei noch eine seiner leichteren Übungen. Dass Jared bereits eigene Fans hat, streitet er höflich ab: «Die sind wegen Gabriel Byrne hier.»

Summer Fling ist ein Film, der Jared im Lauf der Dreharbeiten mitreißt und zu guter Leistung antreibt. Das war ihm nicht von Anfang an bewusst: «Das ist ein spaßiger Film, viel lustiger, als ich gedacht habe, als ich das Drehbuch las. Ich bin doch immer so ernst, bin keine sehr lustige Person. Ich will nur schauspielern, kreativ sein und Filme drehen. Aber das hier hat mir gezeigt, dass lustige Szenen herauskommen, wenn ich spiele.»

Denn es braucht tatsächliche keine Komödie, um Humor auf die Leinwand zu bringen, und Jared arbeitet weiter erfolgreich daran, sein gutes Aussehen mit ehrlicher Schauspielkunst zu einer unwiderstehlichen Kombination zu verbinden.

Nun sollte es Schlag auf Schlag gehen, und die nächste Hauptrolle wartete bereits auf ihn.

Prefontaine (Steve Prefontaine – Der Langstreckenläufer, 1997)

directed by Steve James

Eben noch Blässe und dunkelbrauner Kurzhaarschnitt, nun mittellanges, blondes Haar, Koteletten, Schnurrbart und die pazifischen Witterungs-einflüsse des Bieberstaates Oregon deutlich im Gesicht. Wenn man einen Leichtathleten mimt, einen Langstreckenläufer noch dazu, ist man zwangsläufig ständig an der frischen Luft. Um das kurze, erfolgreiche Leben eines amerikanischen Sporthelden der 70er Jahre nachzustellen, nähert sich Jared beängstigend dicht an Steve Prefontaine an. Es ist eine «verblüffende Verwandlung», wie die *Bravo* bemerkt. *Prefontaine* ist Letos bis dato männlichster Film und wird sein maskulinster Film bleiben. Aus dem schnuckeligen Twen, der orientierungssuchende Teenager verkörpert, ist ein junger Mann geworden, der beim Sport kämpft und sich im Leben behaupten muss, der Konflikte austrägt und Niederlagen hinnehmen muss, der nach vorne strebt und seine Kraft einzusetzen weiß. Jared nimmt als Steve Prefontaine seine Karriere in Angriff und läuft sich, be-rufsbedingt leicht bekleidet, in die Herzen von Männern und Frauen. Er beweist Ausdauer und Sprintvermögen, Angriffslust und taktisches Ver-halten, kurz: Er ist ein Kerl von Format geworden.

Die überragende Ästhetik des Films reißt jeden, der sich auch nur ansatz-weise einmal für Leichtathletik begeistert hat, sofort mit. Dramatik musste das Drehbuch nicht erst konstruieren, denn Dramatik liefert das Leben des echten Steve Prefontaine zur Genüge. Steve Prefontaine ist als Kind kein Siegertyp, setzt sich erst später durch. Er kämpft mit dem Material, den Amateurverbandsbestimmungen, gegen sportliche Kontrahenten und erlebt bei den Olympischen Spielen 1972 seinen größten Albtraum. Prefontaines Trainer sind Bill Delling, gespielt von Ed O'Neill, bestens bekannt als Schuhverkäufer Al Bundy, und der knorrige Bill Bowerman (R. Lee Ermey), der selbst eine Ikone der amerikanischen Sportwelt ist.

Bowerman ist es, der Steve via Brief nach Oregon in seinen Track Club beordert. Mit nicht weniger als dem Versprechen, aus dem jungen Steve den weltbesten Läufer zu machen. Im Rückblick bescheinigt er seinem größten Talent: «Steve hat aus dem Langstreckenlauf einen blutigen Sport gemacht», drastisch und deutlich, wie Bowerman nun einmal war. Bowerman experimentiert abseits der Tartanbahn nicht nur mit dem Waffeleisen seiner Frau an neuartigen Laufschuhsohlen herum – weil er der Meinung ist, dass Steve ohne vernünftige Schuhe nicht laufen kann –, nein, er weiß auch ganz

Jared Leto spielt Steve Prefontaine in *Prefontaine*

erschienen 1997
Regisseur: Steve James
Autoren: Steve James, Eugene Corr

In den Hauptrollen:
R. Lee Ermey, Ed O'Neill, Breckin Meyer, Lindsay Crouse, Amy Locane

Laufzeit: 106 Minuten
Budget (geschätzt): 8 Mio. $
gedreht auf 16mm in Seattle, Washington
Quelle: Imdb.com

genau, was ein Trainer nicht kann: einem Sportler den Siegeswillen antrainieren.

Bowerman hat mit seinen Waffelsohlen nicht nur die Grundlagen für seine Schuhschmiede *Blue Ribbon Sports* gelegt, aus der schon bald der Hersteller *Nike* werden sollte, er zeichnet sich auch mitverantwortlich für ein Buch, dessen titelgebender, neu geschaffener Ausdruck einen Triumphzug um die Welt hinlegt: Jogging. Bowerman und sein bester Schüler Prefontaine gehören damit zu den Vorreitern der modernen Fitness- und Laufkultur. Der Film wirft so ganz beiläufig noch einen Blick auf die Wurzeln dieser heute allgegenwärtigen Bewegung.

Bill Bowerman lockt Prefontaine zu Beginn seiner sportlichen Karriere nach Oregon, um aus ihm den nächsten Jim Ryun zu machen. Jared strahlt unwiderstehliche Sportlichkeit aus und versteht es, viel Freude zu verbreiten, wenn er in sexy Lauftops in stimmigem Racing-Grün, kombiniert mit sonnigem Gelb, über die Leinwand federt. Steve rennt vorneweg und hat im Anschluss immer so viel Zeit wie nötig, wenn er Autogramme

schreibt. «Ich bin so weit, wenn ich fertig bin», erklärt er seinen ungeduldigen Begleitern, die nicht verstehen wollen, dass Fans eben kein lästiges Übel sind, sondern jeder einzelne ein Individuum mit einem eigenen Bedürfnis. Steve geht mit menschlicher Wärme und einer positiven Grundhaltung auf jeden Menschen zu und belehrt seine Entourage über die Dos & Don'ts im Leben. Anschließend tanzt er mit der Presse und lässt in der Kneipe auch einmal fünfe gerade sein. Nach der nationalen Qualifikation für die Olympischen Spiele ist er am Ziel. Mit den unfassbarsten Teamkrawatten aller Zeiten reitet die amerikanische Equipe 1972 in das unfertige Olympische Dorf in München ein. Die Gipskartonwände

Selbst mit Schnauzbart ist Jared Leto ein Hingucker

der Sportlerunterkünfte sind zwar bereits verfugt, für eine Tapete oder einen Anstrich hat es allerdings nicht mehr gereicht. Der Film macht an dieser Stelle einen historischen Ausflug zu den Spielen, die so prägend für die Stadt München und die deutsche Geschichte waren. Hitlers Olympische Spiele 1936 in Berlin hatten auf der deutschen Olympia-Seele einen Schatten hinterlassen, der für immer verdrängt werden sollte. Die Münchener Spiele sollten erklärtermaßen «die heiteren Spiele» werden. Beeindruckende Sportstätten mit atemberaubender Architektur wurden errichtet, von Otl Aicher wurde ein wegweisendes Piktogramm-System entworfen, das bis heute unerreicht ist, und ungeachtet dessen, dass vieles noch unvollendet war, konnten die fröhlichen, heiteren Spiele beginnen. Sie begeisterten das Publikum, indem sie einen sportlichen Höhepunkt nach dem anderen lieferten. Der amerikanische Schwimmer Mark Spitz holt das sechste Gold mit Rekord im sechsten Wettkampf. Die amerikanischen Basketballer fühlen sich bereits als Sieger, als in der Schlusssekunde ein Sowjetrusse einen 55-Meter-Pass ins Ziel bringt und mit dem Gong der Sieg an die UdSSR geht. Bis dann plötzlich die Welt den Atem anhält, weil ein palästinensischer Terrortrupp nachts auf das ungesicherte Olympia-Gelände vordringt und israelische Sportler als Geiseln nimmt. Gleich zu Beginn gibt es tote Israelis und damit kaum mehr eine vertretbare Lösung des Dilemmas. Die Münchener Polizei, die Bundespolizei und die verantwortlichen Politiker sind vollkommen überfordert mit der Situation, die kurz darauf zwangsläufig eskaliert und viele Opfer fordert. Die heiteren Spiele werden zu tragischen, kurzzeitig ausgesetzt und dann doch weiter veranstaltet. Fassungslos steht Steve Prefontaine inmitten seiner Mitstreiter und muss sichtlich beeindruckt doch noch sein 10.000-Meter-Rennen antreten. Er will unbedingt gewinnen, um seine bisherige Laufbahn zu krönen. Aber das Rennen verläuft leider überhaupt nicht nach seinem Geschmack. Es ist viel zu langsam, entspricht nicht seinem auf Attacken angelegten Stil und Olympia '72 endet für Steve Prefontaine tragisch. Auf der Zielgeraden bricht er ein, muss seinem großen finnischen Kontrahenten Lasse Viren die Gold-Medaille überlassen und wird sogar noch von dem Engländer Stewart eingeholt. Prefontaine wird Vierter und anstatt auf dem Siegertreppchen steht er in München mit leeren Händen da.

Zurück in Oregon legt der Kämpfer Prefontaine nun seine ganze Hoffnung in die kommenden Spiele von Montreal. Auf dem Weg dorthin läuft er wieder siegreich, aber auch in eine Menge Komplikationen. Er widersteht dem Angebot eines Ausrüsters sagenhafte 200.000 Dollar anzunehmen. Auf der einen Seite ist das Angebot höchst verlockend, weil selbst Rekordhalter wie er so gut wie kein Geld mit ihrem Beruf verdienen, auf der anderen Seite würde die Hinwendung zum Kommerz seinen Amateurstatus eliminieren und damit die Chance vernichten, bei den nächsten Olympischen Spielen teilnehmen zu dürfen. Steve kämpft gegen die strikten Regeln der Funktionäre, die den Sportlern damals das heute bis in die untersten Jugendligen übliche *Endorsement*, sprich die Ausstattung mit kostenloser Kleidung, als Bezahlung auslegen. So lebt er von Essensmarken in einem Wohnwagen für seinen Traum und muss einsehen, dass er gegen die mächtigen Verbände nichts ausrichten kann. Sehr wohl hat er den folgenden Generationen mit seinem Engagement den Weg geebnet. Mit seinen Sportkollegen organisiert Prefontaine eigene Lauf-Meetings und schafft es beinahe, seinen großen finnischen Kontrahenten zu stellen. Er ist glücklich, etwas zu bewegen und die Kontrolle über die eigenen Wünsche und Ziele zu bekommen. Am Abend nach dem Finnland-Meeting fährt er nach Hause, überschlägt sich in seinem offenen MG und stirbt noch am Unfallort. Seine letzte Ehrenrunde fährt er im Leichenwagen durch sein heimisches Stadion.

Jared Leto erntet für seine Rolle als Pre, wie ihn die Fans rufen, höchsten Respekt. Wie das mental starke und schwierig zu trainierende Original verspürt Leto schnell den Anspruch, sich Achtung durch Leistung zu verdienen. Die Reaktionen geben ihm recht. «Anspruchsvoll und künstlerisch» agiere Leto, bescheinigt *HOT*, der *Biograph* schreibt: «Vielleicht war der Film kein Verkaufsschlager, aber er bot die Möglichkeit, eine Rolle dreidimensional auszufüllen. Das hier ist Letos schauspielerischer Durchbruch: eine Rolle voller kraftvoller Emotionen mit einer sichtbaren

Sensibilität.» Jared schafft es auf imponierende Weise dieses Biopic – eine Story, die sich eng an das Leben einer echten Person halten muss und nur begrenzt schauspielerische Interpretationen zulassen kann – mit ähnlichen Erfahrungen aus seinem eigenen Leben derart aufzuladen und anzureichern, dass eine große Geschichte entsteht. Im Gegenzug lernt Jared vom verstorbenen Steve Prefontaine Verhaltensweisen, die er im weiteren Verlauf seiner Karriere kultivieren wird. Beispielsweise ein achtungsvoller Umgang mit seinen Fans.

Der legendäre Langstreckenläufer Steve Prefontaine hielt zu seiner Zeit sämtliche US-Rekorde der Distanzen von 2.000 bis 10.000 Metern, inklusive

Jared an der Seite von Amy Locane

der Meilen-Strecken. Vierzehnmal steigerte er seine eigenen Rekordbest-zeiten, zwei seiner Rekorde haben bis heute Bestand. Mit neunzehn schon landet er auf dem Cover der *Sports Illustrated* und ist bis heute ein unverges-sener Nationalheld Amerikas. Die Art seines Todes und die Parallelen mit dem des großen Schauspielers James Dean (mit gerade mal vierundzwanzig in einem offenen Sportwagen zu sterben) hat ihm sogar den zweifelhaften Titel des «James Dean der Leichtathletik» eingebracht.

Für die große Herausforderung – in sportlicher und schauspielerischer Hinsicht – hat Jared Leto viel trainiert.

In zahlreichen Gesprächen mit der Familie Prefontaine hat Jared sich der Person Steve Prefontaine so nahe gebracht, dass Linda Prefontaine, Steves Schwester, sich ihrer Tränen beim Ansehen des fertigen Films nicht erweh-ren konnte. Sie war überzeugt, ihren Bruder auf der Leinwand zu sehen. Mehr Zuspruch konnte Jared Leto nicht erwarten. «Ich bin wirklich stolz auf diesen Film», sagte er im Nachhinein.

Spätestens wenn man Pre eines seiner letzten Rennen in dem schicken, schwarzen Norditalia-Trikot laufen sieht, einem Geschenk eines Mailän-der Laufclubs, hat einen der Film so gepackt, dass man beginnt, im Keller nach den eingestaubten Waffelsohlen-Schuhen zu suchen, um selber ein paar schweißtreibende Gedächtnisrunden zu drehen. Nach dem Duschen scannt man die Prefontaine-DVD noch einmal im Schnelldurchlauf und versucht die Stelle zu finden, für die Shannon Leto im Abspann einen Credit als Bar Patron bekommen hat. Wer Shannon unzweifelhaft identi-fiziert, gewinnt übrigens ein Waffeleisen.

Im gleichen Jahr wie *Prefontaine* kam dazu noch ein Thriller auf den Markt, in dem Jared Leto die Rolle des Lane Dixon spielt.

Jared Leto als Steve Prefontaine

Switchback (Gnadenlose Flucht, 1997)

directed by Jeb Stuart

Ein raffinierter Serienkiller versetzt die Vereinigten Staaten in Angst und Schrecken und liefert sich über Jahre ein trickreiches Katz-und-Maus-Spiel mit dem FBI-Agenten Frank LaCrosse. Als der Killer den Sohn

Jared Leto als Lane Dixon im Thriller Switchback - Gnadenlose Flucht an der Seite von Danny Glover

des Agenten entführt, wird dem wegen Befangenheit der Fall entzogen. LaCrosse quittiert den Dienst und beginnt, den Kidnapper auf eigene Faust zu jagen.

Switchback ist solide Fernsehunterhaltung. Spannend, schnell und kurzweilig, wenngleich bezogen auf den Serienkiller allzu deutlich mit dem Zaunpfahl gewunken wird. Ein Paradoxon, denn die verschachtelte Geschichte mutet anfangs komplizierter an, als sie ist. Originalität und wohldosierte Action gemixt mit der trotz allem clever durchdachten Story kompensieren die offensichtlichen Mängel.

Jared Leto spielt Lane Dixon
in
Switchback

erschienen 1997
Regisseur: Jeb Stuart
Autor: Jeb Stuart

In den Hauptrollen:
Claudia Stedelin, Ian Blake Nelson, Brent Hinkley, R. Lee Ermey

Laufzeit: 118 Minuten
Budget (geschätzt): 37 Mio. $
gedreht auf 35mm in Colorado, Los Angeles, Oakland
Quelle: Imdb.com

Dennis Quaid bewegt sich griesgrämig durch das Szenario, was angesichts des Schicksals, das sein Charakter zu tragen hat, nicht weiter verwunderlich ist. Dennoch, würde er die Mundwinkel nicht ganz so weit runterziehen, würde er trotzdem noch glaubwürdig rüberkommen, denn Mangel an Authentizität kann man ihm nicht vorwerfen. Und Leto? Die Kamera liebt Jared Leto, keine Frage. Der Mann dahinter, Oliver Wood, offensichtlich nicht minder, und so wird Letos Talent mit wenigen Worten viel sagen zu können als zusätzlicher Bonus auch noch ins rechte Licht gerückt. Auf ihrer Jared-Leto-Fansite *Jaredleto-germany.de* schließt Petra Machulla-Meier ihre Zusammenfassung mit einem ambivalenten Fazit: nicht das Non-Plus-Ultra, aber dennoch gelungen.

Der nächste Auftrag jedoch sollte nicht aus Hollywood kommen, sondern aus einer vollkommen anderen Richtung. Er sollte spannend werden und auf Jareds Leben ganz besonders Einfluss nehmen.

Alaska's Bush Pilots (1998)

Als Jared einen Anruf von *National Geographic* erhält und eine kleine Reise angeboten bekommt, sagt er selbstverständlich nicht Nein. Seit mehr als einhundert Jahren gibt es die altehrwürdige National Geographic Society in Amerika, die sich mit einer monatlichen Zeitschrift an die Allgemeinheit wendet. Das renommierte *National Geographic Magazine* befasst sich mit allen nur denkbaren wissenschaftlichen, soziologischen, zoologischen und antropologischen Vorkommnissen auf der Erde oder, besser gesagt, im gesamten Universum. Seit einiger Zeit produziert *National Geographic* auch Dokumentationen in Bild und Ton. Für eine Story über den Wrangell-St.-Elias-Nationalpark in Alaska und die dort operierenden Buschpiloten wird Jared Leto eingeladen. Jareds Freude ist groß. Was für eine Ehre, dass man ausgerechnet ihn für diesen Trip auserkoren hat. Um seine bis dahin «faszinierendste und gefährlichste» Rolle anzunehmen, muss er nicht lange nachdenken. Neben Anorak, warmer Unterwäsche und wetterfesten Schuhen klemmt er sich sein Snowboard unter den Arm und macht sich auf nach Alaska. Die Reise wird sein erster Trip zur «letzten Grenze». Wenn abenteuerlustige Amerikaner, wie Jared Leto es unbestritten einer ist, von «last frontier» sprechen, meinen sie niemals das begrenzende Element des Ausdrucks, sondern ganz selbstverständlich den sich dahinter befindlichen Raum: all das, was es hinter der Grenze zu entdecken oder zu erobern gilt. Tief in der amerikanischen Pionierseele verankert ist eine Grenze nicht das Ende eines Territoriums, sondern der Anfang des noch Unentdeckten, das dahinter liegt. *Provehito in altum* könnte eine lateinische Übersetzung dieser mutigen Geisteshaltung lauten.

Jared macht sich freudig auf, um die Spuren der waghalsigen Piloten zu suchen, die vor hundert Jahren mit einfachen, kleinen Flugzeugen begonnen haben die Wildnis im Norden Amerikas zu erobern. Eine bis heute

Jared Leto ist bereit für die Kälte

nahezu unberührte Landschaft, deren Größe und Schönheit weit jenseits unserer Vorstellungskraft liegt. Um nur einen winzigen Ausschnitt dieser schwer greifbaren, schieren Grenzenlosigkeit mit der Kamera einzufangen, fliegen Jared und *National Geographic* dort hin.

Im Wrangell-St.-Elias-Nationalpark, dem größten Nationalpark Amerikas, trifft Jared auf drei-, vier-, fünftausend Meter hohe Berge, Eis, Schnee, Gletscher, Sümpfe und Tundra. Vor seinen Augen öffnet sich eine beeindruckende Naturkulisse. Jared darf einen Ort erleben, dessen überwältigende Ausstrahlung nur wenige Menschen jemals erfahren werden – obwohl dieser Flecken Erde selbstverständlich jedermann offen steht. Dennoch bleibt der Besuch der Weiten des Wrangell-St.-Elias-Nationalparks ein Privileg für Jared, weil dies ein Ort ist, den sonst kaum jemand so erleben wird. Uns bleiben bedauerlicherweise die Eindrücke verwehrt, die Jared für sich selbst aus dieser Szenerie mit in sein Leben nehmen kann.

Die frühen Buschpiloten Alaskas waren Männer, die einen Schritt weiter gingen als andere und diesen Ort aufsuchten, an den vor Jahrzehnten andere gar nicht hinwollten. Mit ein wenig durchaus erlaubtem Pathos heißt es «Willkommen im Land Gottes» und die Flieger sagen, dass Alaska dort beginnt, wo die Straßen aufhören. Im Gegensatz zu Autos bewegen sich Flugzeuge aber nicht auf festem Grund. Dies beinhaltet die Möglichkeit, dass sie auch schon einmal herunterfallen können. Jareds Gastgeber, der erfahrene Pilot Paul, lacht und sagt, dass die größten Gefahren für einen Buschpiloten Unerfahrenheit, Arroganz und Wetterwechsel sind. Er versucht die ersten beiden auszuschalten, denn dann kann eigentlich nur noch Mutter Natur ihn aus der Luft auf den Boden zwingen. Von den unter Fliegern gefürchteten Motorausfällen hat Paul in Jahrzehnten nur einen einzigen gehabt. Humorvoll zieht er sein Fazit: «Fliegerei ist zu neunundneunzig Prozent temperamentlose Eintönigkeit und zu einem Prozent schierer Terror.»

Nachdem Jared von den Einheimischen eingenordet wurde, beginnt die Landschaft auf ihn zu wirken. Beinahe sprachlos ist der sonst so Eloquente in den Berghöhen, findet dann aber passende Worte, um seine Gefühle zu beschreiben: «An so einem Ort kann man sich selbst nachdenken hören.» Lediglich mit einer Dose Pfefferspray bewaffnet verbringt Jared die Nacht ohne Pilot Paul in einem Zelt in der Wildnis. Am nächsten Morgen ist er sichtlich beeindruckt von dem tief gehenden Erlebnis. Das Gefühl fern jeglicher Zivilisation mutterseelenallein im vollkommenen Nichts zu übernachten definiert den Begriff Geborgenheit neu.

Jareds Reise mit *National Geographic* erlaubt dem Zuschauer ganz nebenbei einen Jared Leto zu beobachten, der trotz der Anwesenheit einer Kamera keine Rolle einnimmt, einfach er selbst sein kann unter dem Einfluss der Natur.

Nach ein paar Späßen mit seinen Gastgebern – einem Gleitflug mit abgeschaltetem Motor, der in der Luft nicht wieder zu aktivieren ist, und dem Klettern auf einen zwanzig Meter hohen Baum – kommt Jared gegen Ende der Reise tatsächlich noch zum Snowboarden. Vergiss Heliskiing, hier kommt Planeboarding, und zwar über klischeehaft unberührte Hänge. Plätze, an denen noch nie jemand geboarded ist und auch danach nie wieder jemand durch das Weiß jagen wird, um es mit den Kanten des Bretts zu rippen. Wahnsinnige Hormonausschüttungen rufen Allmachtsfantasien hervor, wenn man die Chance hat, ganz alleine in der Einsamkeit seine Spuren zu ziehen. Jubelschreie verhallen ungehört in der Weite, nicht mal die Tiere nehmen davon Notiz. Die Männer, die Jared hier getroffen hat, haben recht: Man nimmt immer ein bisschen Alaska mit, wenn man wieder verschwindet. Jared hatte ein kleines Abenteuer gesucht, aber den Himmel gefunden. Aus der Suche nach der Wildnis, die Alaska ausmacht, ist eine Suche nach dem Wilden im Inneren der Seele geworden. Die unberührte Natur liefert Eindrücke, die sich bei Jared einbrennen. Es bleiben Erinnerungen, die spätere Ideen prägen werden.

Aber zurück zur Kunst, zurück zum Schauspiel, wartet doch die nächste Hauptrolle für Jared abermals auf den britischen Inseln.

Basil (Basils Liebe, 1998)

directed by Radha Bharadwaj

Die namensgebende Hauptfigur Basil blickt in diesem Film auf die letzten dreißig Jahre seines Lebens als Sohn eines englischen Adeligen zurück. Basil hatte es nicht leicht. Das Leben zwang ihn, große Hürden zu nehmen.

«Basil sehnt sich einfach nur nach Liebe. Er wächst in einer Epoche auf, in der man Gefühle zurückhält, alles ist steif und konventionell. Kreativität war in dieser Zeit nicht gefragt, und das versucht sein Vater ihm schon im Kindesalter auszutreiben, indem er keine Gelegenheit versäumt, ihm immer wieder klarzumachen, wo sein Platz zu sein hat und welche Verantwortung als Sohn eines Aristokraten auf seinen Schultern lastet», fasst Jared Leto die Geschichte seines Basil zusammen, und es verlangt einem eine gehörige Portion Einfühlungsvermögen ab, die Rolle des Vaters so zu akzeptieren, wie Darsteller Derek Jacobi sie beschreibt: «Oberflächlich betrachtet ist Frederick das Urbild des unterdrückenden, viktorianischen Vaters. Aber er ist nichts davon, denn er hat dunkle Geheimnisse. Er hat sich schuldig gemacht, und der Beweis dafür ist das Verhalten seiner Söhne.

Er ist sehr verklemmt. Man sieht es an seiner Kleidung, alles ist steif und förmlich, zurückhaltend und bedeckend. Aber darunter versteckt liegt eine tiefe Menschlichkeit. Der Vater will, dass Basil alles ist, nur nicht er selbst. Zum Schluss sagt er: ‹Wer von uns kann es schon ertragen, seine Seele so widergespiegelt zu sehen?› Und er sieht seine Seele widergespiegelt im Verhalten seiner Söhne und dieses Spiegelbild gefällt ihm überhaupt nicht. Er liebt sich nicht. Er verabscheut sich. Das macht ihm Probleme.»

Jared Leto ergatterte die Hauptrolle als Basil in diesem romantischen Drama

Jared Leto spielt Basil

in

Basil

erschienen 1998
Regisseur: Radha Bharadwaj
Autoren: Wilkie Collins (Buch); Radha
  Bharadwaj (Drehbuch)

In den Hauptrollen:
Christian Slater, Claire Forlani, Derek
  Jacobi, David Ross

Laufzeit: 113 Minuten
Budget (geschätzt): 10 Mio. $
gedreht auf 35mm in England und Wales
Quelle: Imdb.com

In der ersten Viertelstunde des Films sehen wir den kindlichen Basil mit Bürden, Betrug und dem Tod der Mutter konfrontiert. Dann klettert Jared als jugendlicher Basil ungeschickt zu seiner Einführung in die Handlung und geht in langen Hosen baden. Jareds Basil hat Koteletten, keine Freunde, kein soziales Umfeld und große Sehnsucht nach einem Kumpel. So ist es nicht verwunderlich, dass Basil auf den ersten Typen hereinfällt, der sich ihm als Freund anbietet. «Alles ist nur ein Spiel», ist das Motto des zwielichtigen John Mannion, der sich in Basils Leben schleicht. Neben dem zauberhaft aussehenden Jared wirkt Christian Slater wie ein Schlachter im Sonntagsstaat, selbst wenn er Pluderhosen trägt. Der scheue, unerfahrene Basil wählt eine überstürzte Hochzeit als steinigen Weg der Befreiung aus dem Regime seines Vaters. Unvermeidlich, dass er mit dieser hastigen Entscheidung einem Betrug aufsitzt, der in Gewalt endet. Fäuste fliegen und ein dauerhaft zerschlagenes Gesicht bleibt zurück. Basil muss seinen Weg durch die unteren Klassen antreten, das heißt, sich einige Gesellschaftsschichten weiter unten durcharbeiten, bis er nach Jahren sagen kann, dass es kein größeres Glück für einen Menschen geben kann, als ein eigenes Kind zu haben. Auf der langen Suche nach einem Zuhause und seiner lebenslangen Auflehnung gegen den Vater finden beide am Ende in einem kurzen Moment wieder zusammen. Hier endet die über weite Strecken bedrückende Familiengeschichte, die der Film ansprechend schildert.

«Verlierer-Rollen gefallen mir am besten», gesteht Jared Leto im Gespräch mit der Presse, und die Aufgabe, einen jungen Gentleman mit Zylinder und zeitgenössischer Kleidung zu verkörpern, meistert er spielend. Er-

staunlich, wenn man bedenkt, dass er sich parallel dazu als Sänger einer namenlosen Band durch kleine Clubs der kalifornischen Provinz rockt. Allein für seine spätere Rolle als Familienvater ist die Maskenbildnerin nicht radikal genug gewesen. Das hat zur Folge, dass Jareds glatte Züge unter dem falschen Vollbart schlicht zu jung wirken.

«Ich war überrascht, die Rolle in einem romantischen Drama angeboten zu bekommen», erinnert sich Jared, «aber ich war vom England des 19. Jahrhunderts fasziniert: eine andere Zeit, ein anderes Milieu.» Zu Antagonist Slater fällt ihm ein: «Christian ist ein netter Typ mit viel Erfahrung. Wir haben gemeinsam in der Garderobe viel an unseren Rollen optimiert.»

Wie in allen europäischen Produktionen, in denen er mitspielt, bekommt Jared in dem Drama von Radha Bharadwaj die Möglichkeit, sich von seiner überraschenden Seite zu zeigen. *Basil* ist vielleicht nicht der Film, der seine Karriere nach vorne gepeitscht hat, aber sehenswert ist er allemal.

Doch zurück ins zivilisierte Amerika und hinein in das zu dieser Zeit populäre Teenie-Horror-Genre des Popcornkinos.

Die zweite männliche Hauptrolle übernahm Christian Slater

Urban Legends (Düstere Legenden, 1998)

directed by Jamie Blanks

Pure Unterhaltung und ein kleines bisschen Nervenkitzel warten. Von hier an darf gekreischt werden.

Schon auf dem Weg zum College regnet es fürchterlich und der erste Horror beginnt bereits an der Tankstelle – oder kurz davor mit Bonnie Tyler aus dem Autoradio. Der Tankwart ist ein Angst einjagender Freak, und weil die Kommunikation mit ihm gestört ist, wird das kleine Intermezzo zum ersten blutigen Slasher des Films. Jared betritt kurz darauf als College-Zeitungsreporter Paul Gardener die Szene und meint als Cliquen-Schlauberger die beginnende Mordserie zu durchschauen. Mit kurzen Haaren, Hemd, Umhängetasche, T-Shirt und Jeans wirkt er hübsch, clean, nahezu konturenlos – also absolut authentisch in seiner Rolle als Otto-Normal-Student. Paul nimmt die ganze Zeit über an den vermeintlichen Ermittlungen teil, knutscht mit der Hauptdarstellerin rum und wird fast als Einziger vom Killer verschont. Als es doch einmal knapp wird, zeigt er unnatürlich wenig Furcht. Paul Gardener ist weich, bemüht, ein bisschen lahm, etwas zu hübsch, unauffällig, kein besonderer Charakter und als solcher nimmt er auch keine Entwicklung.

Urban Legends funktioniert über die Schiene der zur Realität werdenden Horrorgeschichtchen, die man sich erzählt, wenn es darum geht, gruselige Scherze als wahre Geschichten zu verkaufen. Während man in den deutschen Legenden eher die Spinne in der Yucca-Palme, das mit Lippenstift nach dem One-Night-Stand an den Spiegel geschriebene «Willkommen im Club» oder vielleicht noch die frische Narbe auf dem Rücken als Folge einer unfreiwilligen Nierenspende kennt, sind die amerikanischen Versionen dieser zeitgenössischen Folklore allesamt über kurz oder lang todbringend.

Urban Legends wird aufgrund gewisser Mängel leider zur x-ten Variation des Teenie-Horrorfilms, den es so schon Hunderte Male vor ihm gegeben hat. Bedauernswerterweise kann der Film auch keine neue Art von Humor ins Genre einführen. Auf dem Gebiet der nicht vorhersehbaren Spannung kann er ebenso kaum punkten und verpasst die Gelegenheit, in diesen beiden genrespezifischen Paradedisziplinen für Furore zu sorgen.

Jared gehört in der Runde der jungen, gut aussehenden Collegestudenten definitiv zu den besseren Schauspielern und verdient sich damit das Prädikat «okay».

Legt man die Messlatte nicht allzu hoch an, kommt der Film ebenfalls noch mit «okay» davon, denn es stecken eine ganze Menge an liebevollen Details in der Produktion.

Regisseur Jamie Blanks kann nicht

Jared Leto spielt Paul Gardener
in
Urban Legends

erschienen 1998
Regisseur: Jamie Blanks
Autor: Silvio Horta

In den Hauptrollen:
Alicia Witt, Rebecca Gayheart, Michael Rosenbaum, Loretta Devine

Laufzeit: 99 Minuten
Budget (geschätzt): 14 Mio. $
gedreht auf 35mm in Toronto, Ontario
nominiert für einen Preis
Quelle: Imdb.com

verbergen, dass *Urban Legends* seine Debutarbeit ist, und so kommt es, dass der Australier viel Wert darauf legt, sein eigenes Horror-Nerd-Wissen zu verarbeiten und auszuleben. Da ist zum einen Brad Dourif, von der Maske hergerichtet wie Ferris MC auf Pillen und bekannt aus Milos Formans *Einer flog übers Kuckucksnest*, den Jamie Blanks dazu bringt, nach zwanzig Jahren wieder eine stotternde Figur zu spielen. Und da ist Robert Englund, zweifellos einer der Größten des Genres, der überhaupt nicht hergerichtet ist. Das bedeutet, Englund hat seine Freddy-Krüger-Klingenhand, seinen Strohhut und sein Pizzagesicht in der Maske gelassen und spielt den Professor, der über all die Legenden doziert, die parallel zum Geschehen am College Realität werden. Es gibt einige schön inszenierte Tode zu sehen, die genreüblichen Irritationen, Verdächtigungen, falsch gelegten Fährten und sogar eine Spur von Suspense. Produzent Neal Moritz (*Ich weiß was du letzten Sommer getan hast …*) meint: «*Urban Legends* ist kein Slasher, weil Horror nicht bedeutet, dass man viel Blut sehen muss. Spannung bedeutet Horror.»

Zu seiner Rolle fällt Jared Leto nicht viel mehr ein, als zu sagen: «Paul ist ein ehrgeiziger Collegejournalist, der mit der Veröffentlichung einer Story über jemanden, der gestorben ist, auf dem Campus ein wenig Aufmerksamkeit erregen möchte.»

Regisseur Blanks nennt seinen Film einen «zeitgemäßen Thriller in klassischem Stil», und gibt zu: «Wir haben die Leute so gecastet, wie sie sind, weniger als Darsteller.» Unterm Strich kann man *Urban Legends* in zwei Fächern einordnen: Oberflächlich betrachtet als Me-too-Teenie-Shocker oder auf dem Insider-Level als detaildurchdachtes Nerdwerk, dem es leider an Schwung und Durchschlagkraft fehlt.

Der auf der DVD enthaltene Kommentar des Regisseurs zum Film ist für junge Filmemacher sehr lehrreich, weil er ein ungeschminktes Making-of ist. Er zeigt anstandslos alle Probleme, verworfenen Ideen, weggeschnittenen Szenen und dokumentiert den Prozess des Filmemachens als solchen – mit allen später sichtbaren Mängeln – im Detail. Während normalerweise in Audiokommentaren stolze Regisseure spontane Assoziationen loslassen und angeschnittene Themen nie zu Ende bringen, sprechen die Filmschulabsolventen Blanks und Co. ganz offen über die Mängel und Schwierigkeiten, die sie beim Dreh hatten, da sie fast ohne Geld und Zeit haben auskommen müssen, und dokumentieren nicht ihr Scheitern, aber die Unzulänglichkeiten dieses Films unfreiwillig schonungslos. Auch aus den Fehlern anderer kann man lernen. Jared registriert das alles, behält es aber für sich und fasst für die Medien professionell zusammen: «Bei einem Horrorfilm geht es doch einzig und allein darum, Wege zu finden, um das Publikum trickreich zu schocken. Es geht doch nicht darum, tiefer gehende Züge der Charaktere herauszuarbeiten.»

Nach einem bunten Strauß an wechselnden Genres, Haupt- und Nebenrollen ist Jared Leto also kein Unbekannter in den Medien und den Casting-Agenturen mehr. So werden schließlich große Filmemacher auf ihn aufmerksam.

Oben: Paul Gardener (Leto)
und Natalie Simon (Alicia
Witt, bekannt als schnippische
Tochter in der Sitcom Cybill) unter-
halten sich
Links: Jared Leto am Set von Urban
Legends (Düstere Legenden)

The Thin Red Line
(Der schmale Grat, 1998)

directed by Terrence Malick

Die United States Army ruft. Sean Penn, George Clooney, John Travolta, John Cusack, Nick Nolte und Adrien Brody stehen alle stramm und treten an. Ben Chaplin, Elias Koteas, John Savage, James Caviezel, John C. Reilly, Stephen Spacek und auch du, Jared Leto, – reih dich ein, wenn das Vaterland ruft in den Krieg zu ziehen – unter der Regie von Terrence Malick. Eine Schlacht zu schlagen für den Oscar. Sieben Nominierungen für den Academy Award sind herauszukämpfen: Bester Film; Beste Regie; Beste Drehbuch-Adaption; Beste Kamera; Bester Ton; Bester Schnitt; Beste Originalmusik Drama. Gewonnen wird nichts davon. Niemand siegt im Krieg. Oscar-Nominierungen, bei denen es bleibt, werden von Filmen und ihren Machern noch Jahre später stolz wie Narben auf der Haut oder wie Verdienstorden auf der Brust getragen. Aber *The Thin Red Line* hat nicht nur Nominierungen ans Revers gesteckt bekommen, am Ende sind zwei Hände voll Auszeichnungen für den Film herausgesprungen. Zum Beispiel der Goldene Bär der Berliner Filmfestspiele für das beste Drama und die beste Regie.

Wir merken gleich: *Der schmale Grat* ist großes Kino. Groß im Sinne von Bombast, im Sinne von weit ausgeholt, im Sinne von «mach es extragroß». Hier kommt der Achthundert-Pfund-Gorilla. Aber großes Kino wird nicht für die Preisverleihungen gemacht, sondern erst einmal nur für sich selbst. Wer ist da eigenbrötlerischer als Regisseur Terrence Malick? Einer, der kämpft, sich verweigert, mit Produzenten im Clinch liegt, keine Interviews gibt. Fotos sind schon gar nicht erwünscht. Malick ist jemand, der wichtige Feierlichkeiten der Branche absagt, sich umstimmen lässt, um dann doch nicht zu erscheinen. Einer, der mit Geldgebern zu verhandeln und sie zu besänftigen hat – 45 Millionen Dollar sind aufzubringen. Jemand, der Ärger hat beim Schnitt, beim Casting, mit der Prominenz. Einer, der es niemandem leicht macht, erst recht nicht sich selbst. Kurz: Terrence ist eine Marke für sich.

Terrence Malick ist aufgewachsen im Mittleren Westen der USA, hat in Harvard und Oxford Philosophie studiert, sich durch Heidegger und Wittgenstein gearbeitet, um dann beim Film zu landen. 1973 dreht er seinen ersten Spielfilm *Badlands*, in dem ein junges Liebespaar mordend durch Amerika zieht und sich so in der Geschichte des Kinos verewigt. Oliver Stone wird die Story später in *Natural Born Killers* aufgreifen und auf seine Weise erzählen, brutaler, moderner, aber ohne den eigensinnigen Charme von Malick. 1978 folgt die *Glut des Südens*; Malick hat seine Themen gefunden: Schuld und Verrat, Gewalt und Zerstörungssucht.

Jared Leto spielt 2nd Lt. Whyte in **The Thin Red Line**

erschienen 1998
Regisseur: Terrence Malick
Autoren: James Jones (Buch); Terrence Malick (Drehbuch)

In den Hauptrollen:
Nick Nolte, Jim Caviezel, Sean Penn, Elias Koteas, Ben Chaplin

Laufzeit: 170 Minuten
Budget (geschätzt): 52 Mio. $
gedreht auf 35mm in Queensland, Australien und den Salomonen
nominiert für 7 Oscars und 19 weitere Preise
ausgezeichnet mit 18 Preisen
Quelle: Imdb.com

Nach einer zwanzigjährigen Pause meldet er sich mit *The Thin Red Line* zurück. Minutenlange Naturaufnahmen gehören in seinen Geschichten, die er über die Menschen erzählt, unbedingt zwischen das Böse, das den Hauptteil seiner Arbeiten ausmacht.

So beginnt *The Thin Red Line* mit der absoluten Schönheit der Inselwelt der Salomonen, die ohne menschliche Invasion so friedvoll wäre, pazifisch wie der Ozean, der sie umschlingt. Beinahe zehn Minuten nimmt seine ergebene, naturbeschreibende Einführung ein. Durch hundertvierundsechzig Minuten muss sich der Zuschauer insgesamt kämpfen (eine erste Fassung des Films dauerte sagenhafte fünf Stunden). Dann heißt es: Auf in den Kampf! Die amerikanischen Soldaten rasen in Landungsbooten dem Inselufer und ihrem Auftrag entgegen: Es gilt einen strategisch wichtigen Hügel

auf der Insel Guadalcanal von den Japanern zurückzuerobern, da diese Erhebung die Kontrolle über ein weites Umfeld ermöglicht. James Jones Roman *Insel der Verdammten* liefert die Vorlage, die 1964 bereits verfilmt wurde. Mit viel Pathos wird die Landung erzählt und doch ist die Spannung, die Wortlosigkeit, die Nervosität der Männer bestens gefilmt. Anders als die Landungstruppen in der Normandie rennen die Soldaten hier nicht in infernalisches Sperrfeuer hinein, werden nicht niedergemäht und verrecken nicht auf der Stelle, sondern schaffen es unbehelligt auf die Insel. Dann erst gibt es die ersten Opfer. Malick zeigt zuerst die Verwundeten, dann den Kampf. Der Film – wenngleich vom Pentagon abgelehnt, weil die amerikanischen Soldaten nicht integer und nicht heroisch genug dargestellt sind – gibt eine Idee davon, warum amerikanische Kriegsführung seit dem Zweiten Weltkrieg technischer und weniger menschenintensiv geworden ist: zu viel Angst und Nerven, zu viel Kummer, zu viele Leben kostet das Hineinrennen in fremde Kugeln und Granaten. Für die marschierenden Männer gilt, so

Terence Malick ruft und alle kommen. The thin red line (Der schmale Grat)
ist hochkarätig besetzt.

viele Feinde mitzunehmen, wie es nur eben geht, oder ohne jeden «Gegen-wert» zu sterben. Der Dienst für die Truppe schlägt um in einen kollekti-ven und doch individuellen Überlebenskampf. Die schiere Überzahl, das Mehr an Männern bestimmt am Ende den Ausgang der Schlacht, bei der sehr viele auf der Strecke bleiben. Wer überlebt, ist ebenso kaputt und zer-stört. Jared Leto ist 2nd Lieutenant Whyte, der beim Erstürmen des Hügels zeigen soll, wo es langgeht. Wortlos, fies auf seinem Kaugummi kauend trifft 2nd Lieutenant Whyte eine Entscheidung, bereut, trifft eine weitere und bezahlt sie mit dem Leben. Ein kurzes Leben für Whyte, ein kurzer Auftritt für Leto. Immerhin ist Jared mittendrin gewesen in einem Blutbad namens Krieg, inmitten eines Casts, das Platz zwölf in der Top-Ten-Liste der größten Movie-Casts ever einnimmt. Wie ironisch.

Nach einigen wichtigen und Hauptrollen tritt Jared für *The Thin Red Line* ehrfürchtig hinter den etablierten Hollywood-Größen in die zweite Rei-he – die selbstverständlich ihr eigenes Gewicht hat, in jeder filmischen Gesamtkomposition: «Andrew, der Regieassistent hat mit mir über 2nd Lieutenant Whyte gesprochen. Er meinte, das Whyte das Gewissen des Films, besser gesagt, das Herz des Films verkörpert.»
Ein Herz, das nicht übermäßig lange schlagen darf. Für Jared ist nunmehr der Zeitpunkt gekommen, mehr Zeit in eine ganz persönliche Herzens-angelegenheit zu investieren. Seit Jahren brennt eine verborgene Leiden-schaft in seinem Inneren. Nach vielen Grübeleien, wie er es richtig anstel-len soll, wagt er einen ersten Schritt in eine neue Welt. Eine Welt, die ihn von nun an dauerhaft beschäftigen wird, die mächtig und zeitraubend werden wird. Die ihm als Doppelbelastung neben der Schauspielerei im-mer wieder die Grenzen des Machbaren aufzeigen wird. Die aber auch eine unfassbare Menge an Liebe und Begeisterung auf ihn zurückschleu-dern wird.
Jared greift mit der Linken den Hals seiner Gitarre, schlingt den rechten Arm um den kräftigen Nacken seines Bruders und so betreten die beiden furchtlos lachend eine neue Bühne. Willkommen in der Musik.

Zwei Leben für die Kunst

An der Kunsthochschule bekommt man Fertigkeiten gelehrt und Techniken mit auf den Weg. Neben allen Inspirationen hat man sich jedoch auf einen Weg zu konzentrieren. Jared ist das zu wenig.

The ever so name changing Band (in Zeiten um 1998 herum)

Musik und Instrumente waren bei den Letos immer zugegen. Von Anfang an. Es ist weder Zufall noch ungewöhnlich, dass Jared auf dem Kinderfoto, das im *Closer To The Edge*-Video eingebaut ist, an einer Gitarre rumspielt. Musik gab es in den permanent wechselnden Häusern der Letos immer, Kunst und Kultur hat Mutter Constance immer wie selbstverständlich gefördert. Nicht im Sinne von Unterricht, sondern schlicht als Ermutigung: Kinder, malt, baut, bastelt und morgen Abend gehen wir zu Led Zeppelin. In den unterschiedlichen Kommunen, in denen Constance Leto mit ihren Söhnen lebt, spielt das Kreative immer eine wichtige Rolle, und so ist der Zugang zu Gitarren, Klavieren oder Gerätschaften, auf denen man trommeln kann, den Brüdern jederzeit möglich. Shannon hat das Talent und den inneren Antrieb zu trommeln und spielt, seit er denken

Die Leto-Brüder: Shannon und Jared

kann, mit jedem, der sich für eine Session einfindet, ein paar Evergreens oder eine Cover-Version. Jared greift sich eine Gitarre oder setzt sich ans Klavier, aber es sollte erst eine wilde Jugend mit anderen Vorlieben vorüberziehen, bis die beiden sich in einer halbwegs ernst gemeinten Band wieder zusammenschließen. Nun gibt es in Amerika keine überflüssigen Bunker aus dem Zweiten Weltkrieg, die sich bestens als Sammelort für Proberäume anbieten und womöglich noch von kulturellen städtischen Initiativen gefördert werden. In Amerika einen Übungsraum zu haben ist ein Privileg, zumindest aber eine Frage des Geldes. Jared und Shannon mieten sich also ein Loch mit Verstärkern und Gesangsanlage und fühlen in sich hinein, wie weit sie sind, was sie als Band schon können und ob sie bereits ansatzweise ernst zunehmende Songs haben. Um Mitstreiter zu suchen, hängen sie Zettel in Plattenläden auf und laden Kandidaten zum Vorspielen ein. Shannon erinnert sich: «Alles, was wir fanden, war ein Haufen Irrer. Punkrocker, Gitarrenfrickler, Musikschulabsolventen, da war alles dabei.»

«Die große Herausforderung lag darin, jemanden zu finden, den du magst», erläutert Jared die schwierige Suche nach musikalisch Ähnlichdenkenden. «Jemand, mit dem du auskommen konntest, der aber auch fähig war, auf dem schmalen Grat zu bestehen, um den es uns ging. Wir fanden Headbanger, die nur ihre Soli runterreißen, oder solche, die nur eine Richtung spielen wollten. Hairmetal-Typen wurden angeschwemmt, es war grausam. Wir konnten einfach niemanden finden, der unsere Vision teilte, etwas Melodisches, Atmosphärisches und manchmal auch Dunkles und Dynamisches zu kreieren.»

Schließlich finden sich wechselnde Mitmusiker und Jareds *Band ohne Namen* sammelt erste Bühnenerfahrung, schafft es, die ersten Gigs zu ergattern. Doch trotz aller theoretischer Gedankenspiele im Vorfeld steht Jared vor einem weiteren Problem: Wenngleich er noch lange nicht auf jeder Straße erkannt wird, so ist dennoch nie auszuschließen, dass Leute bemerken, dass das doch der Typ aus Hollywood ist, ein Schauspieler, ein «Jemand». Jemand aus einer anderen Branche. Schon sehr früh legt sich Jared darauf fest, diese beiden Welten strikt voneinander zu trennen.

Er verfährt ganz ähnlich wie bei seiner Strategie, das Private von der mit seiner Schauspielkunst verbundenen Öffentlichkeit abzutrennen. Hier ist mein künstlerischer Output – was in meiner Jugend passiert ist und mit welchen Mädchen ich ausgehe, hat niemanden zu interessieren. Für die Musik soll gelten: Hier sind wir, hier ist eine kleine neue Band – was der Sänger sonst schon im Leben gemacht hat, interessiert nicht. Alles, was zählt, ist das, was die Band auf der Bühne zu leisten vermag. Besagte Band hat nicht einmal einen festen Namen, sondern tritt, um die Verschleierung möglichst lange aufrechtzuerhalten, unter permanent wechselnden Bezeichnungen auf. Ähnlich, wie wenn Die Ärzte oder Die Toten Hosen mal wieder Lust auf eine Clubshow haben und sich einen Tarnnamen überlegen, verwenden Jared und Shannon eine ständig wechselnde Benennung, nur aus umgekehrt-reziproken Beweggründen. Nicht um Hardcore-Fans vor einem Event-Publikum zu bewahren, sondern um sich selbst vor falschen Erwartungen und bösen Zungen zu schützen. Eine absurde Situation, die allerdings für ein gesundes Wachstum ohne jeden Hype sorgt und beiden die innere Bestätigung liefert, sich alles selbst erarbeitet zu haben. Es geht die ganze Westküste rauf und runter. Dabei ist Touren als kleine Band, die noch nicht mal einer bestimmten Szene oder Richtung zuzuordnen ist, sich also nicht in die Arme einer sich via Fanzines oder Dresscodes definierenden Community begeben kann, ein hartes Stück Brot. Und das geht so: Du kennst jemanden, der kennt jemanden, der Konzerte veranstaltet, und am Telefon brummt dieser lokale Promoter, dass ihm gerade eine Combo abgesprungen wäre, also noch ein Slot für deine Band frei wäre. Du spielst also als erste von drei, später als zweite von vier oder als dritte von fünf Bands, wenn du es schaffst, rechtzeitig anzukommen. Besorg dir irgendwo einen Van, tank ihn voll, hol den Bassisten ab, pack dein Equipment ein, aber überleg dir gut, ob du heute wieder eine andere Band damit spielen lassen willst. Jag über den Highway und versuche den abgeratzten Club zu finden. Es ist also doch die Bretterbude, an der du schon dreimal vorbeigefahren bist? Aber warum stehen keine Leute davor, ist dort überhaupt Licht an und verflucht, wer hat dir denn dieses

Drecksloch gebucht. Ach, das warst du ja selbst. Schlepp deinen Kram auf die Bühne, während das letzte Feedback der ersten Band noch nicht ganz ausgeklungen ist, denn jetzt kommen deine dreißig Minuten – inklusive Aufbauzeit –, für die du das alles machst. Spiele, schwitze, trinke dein selbst mitgebrachtes Bier, singe, lache, bedanke dich artig und räume dein Equipment zügig wieder weg. Stehe der nächsten Band dabei nicht im Weg, sie hat auch nur dreißig Minuten inklusive Aufbauzeit. Gage gibt es heute leider nicht, Motel sowieso nicht, vielleicht triffst du auf dem Parkplatz noch zwei, drei Leute, die sich freuen, begeistert sind und dir mit Alkohol schwangerem Atem ein wenig zu nahe kommen. Freu dich trotzdem, besonders wenn es am nächsten Tag schon fünf mehr sind, denn in der Woche darauf mag dich vielleicht niemand. Sieh zu, dass sich auf dem Heimweg noch Zeit und Gelegenheit findet, etwas zu essen. Klemm die Knie hinter den Vordersitz, zieh dir die Kapuze über die Ohren und nimm eine Mütze Schlaf, bis dich der Van zu nachtschlafender Zeit wieder zuhause ausspuckt. Equipment schleppst du bald locker im Halbschlaf, aber daran gewöhnen kannst du dich nicht. Glaube an das, was du tust, denn es schweißt euch zusammen, und jeder Auftritt macht euch besser und härter. Beim nächsten Mal gibt es vielleicht schon eine Gage oder etwas zu trinken und jemanden, der von euch gehört hat, oder jemand anderen, der mit beiden Händen applaudiert. Weil du weiter an dich glaubst, macht ein guter Abend die drei letzten miesen wett und die hundert Extra-Meilen waren es wert, gefahren zu werden, weil du dort, wo du eigentlich Feindseligkeit erwartet hattest, weil irgendjemand schlecht über diesen Club geredet hatte, auf offene Arme und freundlichen Empfang triffst. Ein Publikum, das du ins Herz schließen möchtest. Später auf dem Parkplatz versprichst du, ganz sicher wiederzukommen, obwohl du genau weißt, dass es völlig ungewiss ist; nur was macht das schon, wenn du im Überschwang der Gefühle bist, weil du erkennst, dass deine Musik etwas bewirken kann. Jared will das alles auf die buchstäblich harte Tour und geht ganz bewusst den Weg, den er sich überlegt hat.

The ever so name changing Band nimmt ein paar Songs für ein Demo auf und verschickt das *My so-called*-Demotape an ein paar Labels. Tatsächlich verschicken Jared und Shannon ihr Tape ohne jede Bandinfo und auch ohne Titel: Sie lassen die Musik sprechen und verhindern auf allen Ebenen, die sie beeinflussen können, die gefürchteten Vorurteile. Eine Handvoll interessierter Label-Macher werden von ihnen auf ein Showcase eingeladen und am Ende ist es Happy Walters von Immortal Records, der meint, in den Jungs ausreichend Potential zu erkennen, und der Jared die Nummer abnimmt, den harten Weg gehen zu wollen und nicht sein Teenie-Stardom einzusetzen. Happys Label hat bereits Korn und Incubus unter Vertrag. Er hat mit Faith No More, The Urge und Marylin Manson gearbeitet und hin und wieder Crossover-Projekte mit namhaften Hip Hoppern lanciert. Ganz nebenbei produziert Happy Walters Soundtracks für Kinofilme, das bedeutet, Hollywood und seine Gepflogenheiten sind ihm nicht fremd. Im Gegenteil. Er bietet den Brüdern einen Plattenvertrag an und lässt sie erstmal machen, wie sie es sich ausbedungen haben.

«Im Film hast du ein Drehbuch und eine Story, der du zu folgen hast. Du sprichst die Worte eines anderen, du bist dann wirklich nur ein kleiner Teil einer riesigen Gemeinschaft. Wenn du einen Film drehst, lebst du für kurze Zeit in der Welt eines fremden Charakters. Bei der Musik bist du sehr viel mehr du selbst. In der Musik diktieren wir die Story. Ich bin ich, wenn ich auf die Bühne gehe. Das sind meine Worte und das sind meine Taten. Wir kreieren die Story, statt sie bloß zu unterstützen.» Das ist der Antrieb für Jared in sein neues, zweites Leben alles zu investieren, was immer es verlangt. Kompromisslos. Mit Ausnahme des Terminkalenders, denn als Schauspieler läuft es für Jared gerade gut, um nicht zu sagen immer besser, und weil Jared auch dieses Leben mit uneingeschränkter Passion leben will, muss er trennen – zwischen Zeit für die Band und Zeit für den Film. Zeitpläne für Filme sind strikt und bestimmen den Rhythmus. Wann immer die Filme Zeit lassen, zählt die Band. Denn bei einem Label untergekommen zu sein, dient nicht vordergründig dazu, verbesserte Auftrittsmöglichkeiten zu bekommen und ein, zwei verlässliche Kümmerer im Rücken zu haben, sondern eines Tages will jedes Label auch eine Veröffentlichung sehen. «Wohlan», ruft Happy, «bringt mir die Songs und ich bring euch groß raus.»

In der Musik hat Jared bis hierhin einiges in die Wege geleitet, und auch beim Film ist er bereit, sich auf neue Abenteuer einzulassen.

Black And White (1999)

directed by James Toback

Es heißt auf zu etwas komplett Neuem. Auf zu einem rohen, unbehauenen Etwas, das eher ein gefilmtes Mix-Tape als ein gemischter Film ist. Gestehen wir ihm zu, ein Experiment zu sein. Eine bizarre Mischung aus Darstellern bildet den Cast. Da sind Robert Downey jr., Brooke Shields, Elijah Wood, Bijou Phillips, Claudia Schiffer, Ben Stiller und Jared Leto auf der weißen Seite und Mike Tyson, Oliver ‚Power' Grant, Kidada Jones und der halbe Wu-Tang Clan auf der schwarzen Seite. Der weiße Regisseur James Toback hat sie alle zusammengebracht, um einen Film zu drehen. Nennen wir es weiterhin Experiment. Jared Leto ist ein junger Lehrer und führt seine Klasse in das Thema ein: die Frage nach der eigenen Identität. Ist Rasse ein Faktor für die eigene Identität, spielt der Übergang von der Jugend in das Erwachsenenalter eine Rolle? Jared als Casey White konfrontiert die Klasse mit Jago aus Shakespeares *Othello*: «Ich bin nicht, der ich bin.» Dann hört er aufmerksam zu. Die Rolle steht Jared ausgesprochen gut. Wieder einmal lässt er keinen Zweifel daran aufkommen, dass er nicht schon sein Leben lang Lehrer ist.

Black And White ist ein New York City-Portfolio, das bei allen Bemühungen oberflächlich bleibt und bis zum Ende seine seltsame Anmutung behält. Wir sehen Claudia Schiffer, die als Anthropologin Rasse erläutert, wir sehen Rapper fern vom Mikro, sehen Machos, Waffen, Geflüche und Testosteron aus jeder Ritze triefen. Wir sehen Ben Stiller in einer ernsten Rolle überzeugen und Brooke Shields mit verfilztem Haar und Nasenschmuck. Wir fahren mit der Staten Island Ferry an Lady Liberty vorbei auf den fünften, oft vernachlässigten Bezirk New Yorks zu. Wäre hier nicht der Wu-Tang Clan zuhause, wäre Staten Island garantiert auch dieses Mal unbeachtet geblieben. Die Dialoge sind von der Straße, es herrscht die große Unverbindlichkeit. Nichts ist so, wie es gerade noch gesagt wurde. Die Dialoge sind New York City, so wie sie Richard Price in seinen New York

Jared Leto spielt Casey

in

Black And White

erschienen 1999
Regisseur: James Toback
Autor: James Toback

In den Hauptrollen:
Scott Caan, Robert Downey Jr., Stacy
	Edwards, Allan Houston

Laufzeit: 98 Minuten
Budget (geschätzt): 10 Mio. $
gedreht auf 35mm in Manhattan,
	New York City
Quelle: Imdb.com

City-Romanen ausarbeitet: Ein New Yorker sagt etwas, der Gesprächspartner wiederholt als Erstes das Gesagte. Um Zeit zu gewinnen? Um Unsicherheiten zu überspielen? Um Sprachlosigkeit zu umgehen? Verliefen alle Gespräche der Welt auf diese Weise, käme die Menschheit nie auf den Punkt. Zumindest nicht in angemessener Zeit. Toback lässt seine Darsteller improvisieren, einfach reden und schaut, was passiert. Mike Tyson offenbart eine sympathische Stimme, philosophiert über das Gefängnis, das er gerade verlassen durfte, berichtet davon, wie man dort untenrum kontrolliert wird, und schildert, wie ein Mann seine Probleme löst, bis er von Robert Downey jr. angeschwult wird und ihm kurzerhand eine klatscht. Das geht so schnell, dass man sich eine Zeitlupe wünscht. Die Szene ist Gold wert für ein Improvisationstheater, das nur wenige vorgegebene Dialoge enthält. Zum Beispiel wenn die Schöne und das Biest, also Schiffer und Tyson, Martinis schlürfen und über die historische Rolle der Frau diskutieren. Dieses Thema ist allerdings gescripted, aufdiktiert, von außen hereingebracht. Einmal losgelassen ist die Filmstudie *Black And White* eher eine niemals umfassend sein wollende Einsicht in die treibenden Kräfte des Machoverhaltens. Es gibt einige eingestreute Spielfilmstränge und zum Schluss – sechs Monate später – verlassen Leto und Downey jr. Hand in Hand die Szenerie. Zwei weiße Männer haben sich gefunden und hinterlassen uns mit einem großen Fragezeichen im Gesicht.

James Toback sagt: «Der Film führt den Zuschauer auf sich selbst zurück. Er ist ein Rorschachtest für die Frage, wie man der Hip-Hop-Kultur begegnet. Welche Einstellung hat man zum Sex, insbesondere dem zwischen den Rassen, welche zur Musik, zu der Kleidung, zu der Sprache. Dazu, wie geredet wird, gedacht und gelebt: nämlich laut, direkt und intensiv. Am Ende des Tages ist Identität flexibel, flüssig, verschwimmend.» Okay, wir haben verstanden Mister Toback. Operation gelungen, Patient tot.

Einen großen Pluspunkt bekommen die Extras auf der DVD, denn unter den gelöschten Szenen bekommt man nicht, wie sonst üblich, eine Szene hingeworfen, die den finalen Cut nicht überlebt hat, sondern mehr als fünf Takes einer Szene, in der Jared Leto und die kleine weiße «Schlampe» Bijou Phillips die verschiedensten Varianten einer Ausgangssituation durchprobieren. Sehenswert, wenn man so hautnah hinter dem Regiesessel stehen darf, um zu beobachten, wie einerseits Szenen in die Hose gehen, andererseits zwei Schauspieler ein Feuerwerk möglicher Variationen abbrennen. Ein kurzer Moment, der Jareds Schauspielvermögen demonstriert.

Kurz nach dem schwarz-weißen Abenteuer kommt für Jared die Zeit, einen großen Moment seines schauspielerischen Könnens zu zeigen. Jener Disziplin, die im Ensemble ihre Wirkung am besten entfaltet.

Fight Club (1999)

directed by David Fincher

Streng genommen bestreiten Edward Norton und Brad Pitt *Fight Club* alleine. Sie haben ihn erfunden, sie beherrschen ihn. Ein wenig Hilfe, um durch die zwei Stunden zu kommen, leisten ihnen Helena Bonham Carter, Meat Loaf und Jared Leto. Denn es reicht, bei *Fight Club* einfach dabei gewesen zu sein.

Mit *Fight Club* inszeniert Regisseur David Fincher ein Stück Popgeschichte, ein kulturelles Meisterwerk, an dem niemand so einfach vorbeikommt. Fincher setzt das Buch des verrückten Chuck Palahniuk als Bombe mit Ausrufezeichen um. Das ist eines der letzten Statements des zu Ende gehenden Jahrhunderts. Das ist nicht weniger als Kunst. Und Gewalt. Und Verachtung. Verwoben mit einer gehörigen Portion Humor.

Nach einer unpassenden Marketing-Kampagne, die einen Underground-Box-Film versprach, waren Kritiker und Kinopublikum zunächst enttäuscht von dem Film. Erst mit der Veröffentlichung auf DVD begann der Siegeszug von *Fight Club.* Edward Norton als Erzähler, der nicht einmal einen Namen hat, leidet an Schlaflosigkeit, unter seinem Bürojob und der Welt, in der er lebt. Er besucht auf Anraten seines Arztes Selbsthilfegruppen, wird von den Besuchen zwar abhängig, verachtet aber auch diese Welt, die den Menschen falsche Hoffnungen macht. Hier begegnet er erstmals Marla, die aus ebenso vorgeschobenen Gründen die Kurse besucht. Kurze Zeit später lernt er Tyler Durden kennen, der nicht lange zögert, Nortons Leben via Kofferraub und Gasanschlag auf null zu setzen und es zu übernehmen. Tyler Durdens Figur wird von David Fincher via Subliminals eingeführt. Das sind einzelne unterschwellige Bilder, die beim Betrachten eines Films kaum wahrnehmbar sind. Wenn das Auge vierundzwanzig oder fünfundzwanzig Einzelbilder pro Filmsekunde verarbeitet, erscheinen Subliminals wie ein kurzes Flackern. Fakt ist aber, dass das Gehirn sie registriert. Als ehemaliger Werbefilmer spielt Fincher mit der Behauptung, Werbung würde generell unterschwellige, also sublime Botschaften verbreiten. Er setzt die

Technik ein, indem er das Alter Ego des Hauptdarstellers und kleine Boshaftigkeiten in den laufenden Film hineinschneidet. Im weiteren Verlauf der Geschichte lässt er Brad Pitt sogar die Technik in der Handlung selbst anwenden.

Der plötzlich obdachlose Norton sucht und findet Unterschlupf bei Pitt, und noch bevor die beiden sich auf den Weg machen, starten sie eine erste Prügelei: Mann gegen Mann, denn wie kann man wissen, wer man ist, wenn man nie im Leben gekämpft, sich nie geprügelt hat. Bald finden sich Anhänger ihrer Idee und die Schweiß und Blut treibenden Kämpfe formen die Männer zu einem Bund, der immer intensiver wird. Tyler Durden stellt Regeln auf, die zu befolgen eine Ehre ist,

Jared Leto spielt Angel Face
in
Fight Club

erschienen 1999
Regisseur: David Fincher
Autoren: Chuck Palahniuk (Buch);
Jim Uhls (Drehbuch)

In den Hauptrollen:
Edward Norton, Brad Pitt, Helena Bonham Carter, Meat Loaf

Laufzeit: 139 Minuten
Budget (geschätzt): 63 Mio. $
gedreht auf 35mm in Los Angeles
nominiert für einen Oscar und
14 weitere Preise
ausgezeichnet mit 4 Preisen
Platz 14 in der Userwertung von
Imdb.com
Quelle: Imdb.com

dann übernimmt er das Regime und baut sich eine Armee auf, die anarchische Anschläge verübt und mehr und mehr zu einer straffen Organisation wird. Zwischendrin überraschen Pitt und Norton immer wieder mit exzellenten Dialogen und nihilistischen, philosophischen Statements. «Welche Berühmtheit würdest du gerne mal boxen?» – «Hemingway.» – «Okay, welche historische Figur?» – «Ich würde mit Gandhi kämpfen.» Nach jedem Kampf fühlt sich Norton stark genug, es mit allem anderen aufzunehmen. Permanent fallen Erleuchtungen und Erkenntnisse wie: Nach einem Kampf war nichts gelöst, aber nichts war mehr wichtig. Oder: Only when we've lost everything, we are free to do anything.

Die beiden Schelme stehlen abgesaugtes menschliches Fett aus einer Schönheitsklinik, machen daraus Seife und verkaufen den reichen Frauen

ihre dicken Hintern für viel Geld wieder zurück. Dann erhöht Tyler den
Einsatz und verlangt, dass die Männer im Alltag einen Unbekannten zu
einem Kampf herausfordern, den sie verlieren müssen. Herrliche Szenen
entstehen. Die Geschichte nimmt konstant Fahrt auf, Tylers Aussagen
werden radikaler, doch weil er nie doziert, sondern sie häppchenweise
vorträgt, scheint jede einzelne logisch und auch nachvollziehbar. Tyler
Durdens Charisma lässt einen unweigerlich zum Gefolgsmann werden.
Das Faszinierende an *Fight Club* liegt im Sog der Ereignisse begründet, im
immer schneller fahrenden Zug der Geschichte. Und selbst wenn Fincher

Auch Angel Face (Leto) hält sich an die Regeln des Fight Clubs

alle Register des Filmemachens zieht, ist jeder Gedanke an Licht, Ort, Kameratechnik und Einstellungen plötzlich obsolet, weil die Story stimmt und die beiden Hauptdarsteller einen mitreißen. Wann hat es das schon gegeben, dass zwei Schauspieler eine Person spielen?

Heute gibt es Fanclubs in der ganzen Welt, organisierte Feierlichkeiten zum zehnjährigen Jubiläum, Tyler Durden-Ratgeber-Websites, Menschen, die das komplette Drehbuch nachgeschrieben haben, und sogar Fans, die sich für nichts anderes interessieren als die verschiedenen Sonnenbrillen-Modelle, die im Film getragen werden. Eine Art Kult ist um diesen Film entstanden, der Männlichkeit, Selbstfindung, Befreiung und Schizophrenie zum Thema hat. David Fincher liefert eine von vielen verschiedenen Erklärungsmöglichkeiten: «Tyler hilft ihm, sich zu befreien: von den Eltern, von seinem Gott, von seinem Lehrer. Tyler hilft Jack (so heißt der namenlose Erzähler im Drehbuch) vom Wertesystem seiner Eltern loszukommen, und am Ende muss er von seinem Lehrer, Tyler, loskommen. Tyler hilft ihm bei den ersten Schritten zur Befreiung, aber am Ende muss er sich von Tyler lösen.»

Im Film wird immer wieder versucht, Grenzen auszutesten. Ein Antrieb, ein Charakterzug, der Jared nicht fremd ist und ihn deshalb mit vollem Eifer in diesem Film mitspielen lässt. In *Fight Club* ist er der blonde Schöne namens Angel Face. Als er kämpft, wird ihm das Engelsgesicht von Jack zermantscht; er will noch das Stoppzeichen rufen, aber wie von Sinnen schlägt Jack weiter zu. Auf seine psychopathische Entgleisung angesprochen weiß der nur «Ich hatte Lust, etwas Schönes zu zerstören» als Antwort. Jareds Angel Face ist tatsächlich zerstört, eine Tatsache, die ihn aber nicht davon abhält, weiterhin Tylers Ideen zu folgen und treu zu bleiben. Erstaunlicherweise ist Jared der einzige Kämpfer, der deutlich sichtbare, dauerhafte Spuren davonträgt. Es ist anschließend nicht mal mehr schön, ihm in die Augen zu sehen. (Im Vergleich dazu auch eine Szene aus *Basil*, in der Jared allerdings der Täter ist, der seinem Gegenüber das Gesicht entstellt.) Als die Pixies nach dem Showdown ihre Gitarren anschlagen und «Where is my mind, where is my mind …» fragen, blitzt noch ein letztes Subliminal auf und der Zuschauer sitzt unter Garantie noch ein paar nachdenkliche Momente lang im Sessel.

«Die meisten Filme machen ihre Botschaft sehr deutlich, man kann aber auch damit spielen, dass man die Leute so entlässt, dass sie darüber nachdenken, was sie nun mochten und was nicht. Man kann es sich erlauben, sie mit diesen gemischten Gefühlen zurückzulassen, auch wenn sie es nicht mögen», schließt David Fincher seinen persönlichen Kommentar. Selbst wenn *Fight Club* vordergründig ein männliches Publikum anspricht, so kann die Damenwelt sich an einem Brad Pitt in Höchstform erfreuen, einer Menge raufender Kerle und einem Jared Leto, der bis zu den Augenbrauen sehr blond ist. Ehrlich gesagt ist er tatsächlich «zu blond».

In einer seiner Reden im Keller des Clubs erlaubt sich Brad Pitt noch einen Scherz. «Wir sind alle mit dem Fernsehen groß geworden, das uns glauben macht, wir könnten alle Millionäre sein und Filmgötter oder Rockstars.» Wobei er bei «Rockstars» explizit Jared ins Visier nimmt. Norton, Pitt, Fincher und Leto betonen ausdrücklich, dass sie am Set viel Spaß hatten, und die gute Atmosphäre ist im Film definitiv zu spüren. Und als angehender «Rockstar» muss Jared diesen Spaß auf seine Kosten hinnehmen.

Direkt aus dem Testosteron geschwängerten Kampfclub verschlägt es Jared danach in eine fragile Mädchenwelt.

Girl, Interrupted (Durchgeknallt, 1999)

directed by James Mangold

Sowohl im Original – *Girl, Interrupted* – als auch auf Deutsch – *Durchge-knallt* – ist dieser Film in der Filmografie Jared Letos derjenige mit dem abschreckendsten Titel. Man assoziiert, insbesondere wenn man den eng-lisch-deutschen Zweiklang vor Augen hat, eine flippige Jugendliche, deren Telefongespräch unterbrochen wurde? Ein Mädchen, das ganz bestimmt wegen einer Jungsgeschichte rumspinnt? Silvesterböller am Branden-burger Tor? Coitus interruptus und dann weiter gemacht? – Hilfe, nein, nichts von alledem ist wahr. Nicht einmal, dass dies ein Jared Leto-Film ist. Selbstverständlich ist Jared im Film vertreten, aber an keiner anderen Stelle ist die klassifizierende Umschreibung Nebenrolle besser angebracht als in *Girl, Interrupted*.

Dem Film liegen die Lebenserfahrungen der jungen Susanna Kaysen zugrunde. Als erwachsene Frau findet Kaysen Kraft und Mut, ihre Er-fahrungen mit dem Borderlinesyndrom in ihrer Biografie, die 1993 als Buch erscheint, niederzuschreiben. Mit noch nicht mal achtzehn geht sie mehr oder minder freiwillig für vierzehn Tage in eine Nervenklinik, um sich nach einem vermeintlichen Selbstmordversuch zu erholen. Sie kann selbst nicht richtig einordnen, was passiert ist und was sie von sich selbst halten soll. Die Wahrnehmung verschwimmt. Susanna ist heute noch selbstbewusst und gesund, aber morgen schon wieder verschüchtert und ängstlich. Neue Unsicherheiten addieren sich hinzu, als sie beobach-tet, welche Beschädigungen an Körper und Geist die anderen Mädchen in der Anstalt zeigen. Diejenigen, die die freiwillige Vierzehntagefrist schon lange überschritten haben. Es kommt so weit, dass auch Susanna ihre Zeit bei den Ärzten «verlängert». Für diese Entscheidung gibt es ver-schiedene Gründe. Zum einen ist da eine neu gefundene Freundin namens Lisa – unzählmbar, wild, frech und mitreißend -, zum anderen sind da die Verlässlichkeit und der Schutz, den die Anstalt bietet, auch wenn sie den Zuschauer immer wieder an die beklemmenden Vorkommnisse in *Einer*

flog übers Kuckucksnest erinnern. Nicht mal Jared als Susannas Freund Tobias Jacobs, ein offener Typ mit Schnurrbart, der viel lacht, schafft es, sie aus dem Griff der Anstalt loszueisen. Später, nun bereits mit Vollbart, muss Jared in die Army. Vietnam ruft, und spätestens jetzt ist Susannas letzter Anker nach draußen, ihre letzte Unterstützung von außerhalb außer Reichweite und sie steht vor der Aufgabe, weiterhin ihre Erfahrungen zu machen. Unterm Strich ist *Girl, Interrupted* die solide Umsetzung

Jared Leto an der Seite von Winona Ryder in Girl, Interrupted (Durchgeknallt)

eines sensiblen Themas, gefühlvoll inszeniert und ansehnlich ausgestattet. Whoopi Goldberg regiert als Schwester Valerie die Station, Vanessa Redgrave ist Dr. Sonia Wick und Jared kommt dieses Mal Winona Ryder im Vergleich zu *How To Make An American Quilt* schon viel, viel näher. Sie landen gemeinsam im Bett. Angelina Jolie räumt für ihre Rolle als Lisa einen Oscar, einen Golden Globe und eine Einkaufstasche voll weiterer Preise ab. Jared packt in der Zwischenzeit wieder seinen Gitarrenkoffer und beackert weiterhin die Clubs der Westcoast.

Für Filmarbeiten geht es parallel dazu aber an die Eastcoast nach New York.

Jared Leto spielt Toby Jacobs
in
Girl, Interrupted

erschienen 1999
Regisseur: James Mangold
Autoren: Susanna Kaysen (Buch);
   Lisa Loomer, James Mangold, Anna
   Hamilton Phelan (Drehbuch)

In den Hauptrollen:
Winona Ryder, Angelina Jolie, Whoopi
   Goldberg, Brittany Murphy

Laufzeit: 127 Minuten
Budget (geschätzt): 40 Mio. $
gedreht auf 35mm in Pennsylvania
nominiert für 10 Preise
ausgezeichnet mit einem Oscar
   und 4 weiteren Preisen
Quelle: Imdb.com

American Psycho (2000)

directed by Mary Harron

American Psycho hat wie *Fight Club* einen Ruf wie Donnerhall. Ist *American Psycho* dann etwa eines der ersten popkulturellen Statements des neuen Jahrhunderts, gar Jahrtausends? Kontrovers, viel diskutiert, geliebt und gehasst ist *American Psycho* auf jeden Fall, denn *American Psycho* ist ein polarisierender Film, der es seinen Zuschauern nicht leicht macht. Gewiss hat er den ein oder anderen Besucher schon lange vor dem Abspann aus dem Kino gejagt. Das Unbehagen fängt mit dem billigen Ketchup-Intro bereits an. Mit käsiger Musik geht es gleich weiter, und obwohl man 1987 nicht reich sein musste, um sich ein Paar zeitgemäße In-Ear-Kopfhörer zum Walkman zu besorgen, tritt Christian Bale als Hauptfigur Patrick Bateman zur Einführung mit einem albernen Headset auf, das zu seinem fehlerlosen Outfit besonders lächerlich wirkt.

Regisseurin Mary Harron sagt: «Bret Easton Ellis' gleichnamiger Roman ist falsch verstanden worden, es ist eine Satire. Deshalb habe ich den Film genau als solche umgesetzt.»

Jared Leto spielt Paul Allen, einen erfolgreichen, schnöseligen Business-partner und -rivalen von Patrick Bateman. Wie Bateman ist Paul Allen ein Yuppie. Er trägt das Haar akkurat gegelt, grinst überlegen in die Runde und reiht sich im feinen Zwirn nahtlos in die Riege der New Yorker Wall-Street-Schnösel ein. Wie alle anderen ist Paul ehrgeizig, aalglatt, arrogant und unsympathisch.

Dann wird es schnell blutig. Der erste Mord Batemans an einem Obdach-losen erscheint dem Zuschauer bereits sinnlos. Er geschieht weder aus einem Gefühl zu demonstrierender Überlegenheit noch aus der Lust am Töten, sondern macht schlicht und einfach stutzig. Die Schizophrenie des Psychos kommt dabei nicht annähernd ans Licht. Durch Paul Allen lernt man das vermeintliche Tötungsritual des Hauptdarstellers dann besser kennen: Eben noch lächelnd wird Allen von Bateman hinterrücks umge-bracht, während er die Tat begleitend über schmierigste Mainstream-Popmusik doziert. Huey Lewis, Chris de Burgh, Phil Collins und Whitney Houston gehören zum Grauen dazu. Rein physisch erscheint Jared nur zu Beginn des Films auf der Leinwand, bleibt aber während der gesamten Handlung dauerhaft präsent. Als einziges namentlich genanntes Opfer ist Paul Allen zentraler Punkt der Ermittlungen von Detective Donald Kimball (Willem Dafoe). In der Bedeutung vergleichbar mit *My So-Called Life* hat Leto eine tragende Nebenrolle, denn auch wenn er nur selten in die Handlung eingreift, ist er stets präsent, da seine Figur immer wieder genannt wird. Paul Allen besitzt das Apartment mit dem besseren Ausblick, er kann aus dem Fenster in den Park sehen, und deshalb muss er sterben. Absurder, zwischenzeitlicher Höhepunkt sind die fürchterlichen Posen, die Bateman vor seiner Videokamera mit zwei Prostituierten abzieht. Die Atmosphäre des Films ist haarlos, steril, ekelerregend und rückt dem Betrachter unangenehm nah auf die Pelle. Warum mordet Bateman? – Weil er es kann.

Die Ironie des Films ist derart gut versteckt, dass man sie kaum entdeckt. *American Psycho* ist eine brutale, absurde Fabel, eine Symphonie des Ekels, voller titanischer Abscheulichkeit bar jeder Katharsis. Mary Harron erklärt: «Die Musik steht für die Oberflächlichkeit des herrschenden Zeitgeistes. Und doch findet Bateman profunde Wahrheiten in den Texten, weil sie sein Innenleben reflektieren.» Ein Innenleben, das, wie Hauptdarsteller Christian Bale konstatiert, «ein einziges Vakuum ist».

Obwohl die Beweggründe Batemans nie schlüssig dargelegt werden, ist doch sein Verhalten faszinierend zu beobachten, weil Bale hervorragend

---

Jared Leto spielt Paul Allen
in
American Psycho

erschienen 2000
Regisseur: Mary Harron
Autoren: Bret Easton Ellis (Buch); Guinevere Turner, Mary Harron (Drehbuch)

In den Hauptrollen:
Christian Bale, Justin Theroux, Josh Lucas, Bill Sage

Laufzeit: 102 Minuten
Budget (geschätzt): 8 Mio. $
gedreht auf 35mm in Toronto, Ontario
nominiert für 9 Preise
ausgezeichnet mit 4 Preisen
Quelle: Imdb.com

spielt. Ihm zuzusehen, mit welcher Kälte und intuitiven Kraft er sich aus jeder schwierigen Situation herausredet, sich windet, in seiner Selbstbesessenheit suhlt, hat einen phänomenalen Sog. Bales Auftritt rettet den Film, der sehr kontroverse Reaktionen hervorgerufen hat.

Mary Harron über ihren Hauptdarsteller Bale: «Christian arbeitete so hart an sich, dass er schon am ersten Tag mit einer vollkommenen Interpretation am Set erschien. Er brauchte meine Regieanweisungen nicht. Schließlich nannten wir ihn Robo-Actor, da er nie eine Textstelle vergaß und seine schauspielerische Kontinuität makellos war.» Harrons Bilder, das muss man ihr lassen, sind klar, real, dreidimensional und gestochen scharf. Die

Paul Allen (Jared Leto) weiß, wo es langgeht

Atmosphäre, die die Herren kreieren, bietet allerdings zu wenige Ecken, an denen man seine Sympathie aufhängen möchte.

Jared sagt über seine Figur Paul Allen: «Paul Allen ist ein dummes, angeberisches Großmaul. Ein Alptraum von einem Yuppie, der voll auf Leistung programmiert und in sein eigenes Gesicht verliebt ist.» Diese Darstellung gelingt Jared. In sein Portfolio wandert der nächste große Filmtitel. Eines der Werke, die um die Jahrtausendwende für Furore und nachhaltigen Gesprächsstoff sorgten.

Jareds Ausflug an den heimischen Sunset Strip bleibt diese Achtung verwehrt. Zwar gibt es erneut ironische Parallelen zu seinen musikalischen Ambitionen, doch bleibt sein nächster Film weitgehend unbeachtet.

Jared Leto spielt Glen Walker

in

Sunset Strip

Sunset Strip (2000)

directed by Adam Collis

erschienen 2000

Regisseur: Adam Collis

Autoren: Randall Jahnson (Story); Russell DeGrazier, Randall Jahnson (Drehbuch)

In den Hauptrollen:

Simon Baker, Anna Friel, Nick Stahl, Rory Cochrane, Adam Goldberg

Laufzeit: 90 Minuten

Budget: k. A.

gedreht auf 35mm in Los Angeles

Quelle: Imdb.com

Sunset Strip erzählt die Geschichte von sechs jungen Leuten, die 1972 am Sunset Strip, der damals schon berüchtigten Party-Meile des Sunset-Boulevards in Los Angeles, aufeinandertreffen, um herauszufinden, was es benötigt, um hier groß rauszukommen. Zack hat eine Show im heute noch existierenden *Whisky a Go-Go* und muss auf die Bühne. Felix ist ein nicht ganz gesellschaftsfähiger Songwriter, Tammy eine junge Modedesignerin, die einer schnellen Nummer mit einem potentiellen Rockstar nie abgeneigt ist. Adam Goldberg spielt Marty von der Plattenfirma, ein plappernder Springinsfeld. Dann gibt es noch Mike, den Fotografen, und Jared Leto als langhaarigen Glen Walker. Wir sehen Jared mal in Axl Rose-veräppelndem Outfit und mal im Country-Western-Aufzug. Das weltgrößte Filmlexikon schreibt dazu: Ein Schlaglicht auf das Leben einiger Zwanzigähriger in Los Angeles, die ihre Suche nach dem persönlichen Glück mit ihrer Hoffnung auf eine Karriere in der Popmusik-Branche verbinden. Ein Film, der in die 70er Jahre entführt und ganz der Musik sowie den Lebensidealen dieser Zeit verpflichtet ist.

Jared kann sich nicht groß um die Promotion des Themas kümmern, denn er hat mit seiner eigenen Band ein viel wichtigeres Projekt voranzutreiben. Bruderherz und Management stehen ihm auf den Füssen und halten ihn an, endlich Nägel mit Köpfen zu machen. Die Hoffnung auf eine Karriere in und mit der Musik besteht weiterhin. Der lang gehegte Traum soll endlich Wirklichkeit werden.

Welcome To The Universe

Das erste Album einer Band, die jetzt auch einen Namen hat (2001)

Die ersten drei Alben einer Band stehen unter jeweils eigenen, sehr unterschiedlichen Vorzeichen. Das erste Album lebt von der unbändigen Energie, die seit Jahren in einem Künstler schlummert, kumuliert und endlich losgelassen werden will. Es schöpft seine Kraft und Rohheit aus der sprichwörtlichen Jugend seiner Band. Das darauf folgende zweite Album entsteht unter einem gewissen Druck. Vorausgesetzt das Debut war ein Erfolg, so muss das zweite Album nachlegen und künstlerisch, kreativ und auch kommerziell den Erfolg wiederholen oder es muss das erste Album zwangsläufig toppen. Dann folgt das bedeutsame dritte Album, mit dem sich entscheidet, ob eine Band langfristig erfolgreich sein wird. Hier wird endgültig festgelegt, ob es eine künstlerische und auch kommerzielle Zukunft gibt oder eben nicht. *You either make it or you break it* mit dem dritten Album. Du hast Fans, du hast Bekanntheit und du musst dir überlegen, ob du die Kraft hast, dich weiter anzustrengen. Aber so weit ist Jared noch lange nicht. 30 Seconds To Mars, wie die Band mittlerweile heißt, müssen erst einmal ins Studio und die Energie der letzten Jahre bündeln. Das unterwegs entstandene Material in eine Form gießen. Keine Band ist am Anfang perfekt. Matt Wachter, Bassist der Band, siedelt das frühe Material im Bereich Prog-Rock an, nennt die Band, genau wie Jared, eher ein Kunstprojekt als eine Rock-Combo. Für das Debut heißt es so oder so: Songstrukturen

Der Rockmusiker Jared Leto will es langsam wissen

müssen ausgefeilt werden, Fehler wollen korrigiert werden, dabei ist die Studioarbeit Neuland für jeden einzelnen Musiker. Routinen fehlen noch und müssen erst erarbeitet werden. Es gilt zudem, sich auf jemanden einzulassen, der zwar hochdekoriert, aber dennoch ein Fremder im Gefüge ist: den Produzenten. Jemand, der das eigene Baby Musik ganz anders sieht. Der das Material viel nüchterner auf das jeweilige Potential hin abklopft, der Änderungen einbringt, auf die man selbst nie gekommen wäre. Und der einen Lernprozess anschiebt, der nicht immer einfach ist.

Für das erste Album bekommen 30 Seconds To Mars Bob Ezrin als Produzenten und die legendären Cherokee Studios gebucht. Spätestens an diesem Punkt kann sich Jared Leto nicht mehr vollständig hinter seiner Behauptung verstecken, 30 Seconds To Mars wären ein naives Hobbyprojekt ohne große Erwartungen. Niemand bucht eines der besten Studios Amerikas, wenn er nicht daran glaubt, dass sein Album mehr als ein Mitläufer werden wird. Und niemand überzeugt einen gestandenen Produzenten wie Bob Ezrin mit einem unbeschrifteten Demo-Tape. Es werden die richtigen Connections gewesen sein und die – seien wir mal ehrlich – mit dem Namen Jared Leto verbundenen Vorschusslorbeeren, die gewisse Türen geöffnet und der Band eine traumhafte Ausgangsposition verschafft haben. Im Klartext: Spätestens an dieser Stelle wird Jared Nutznießer seiner Karriere als Schauspieler. Was wiederum nicht bedeuten soll, dass keine großen Erwartungen zu erfüllen sind. Im Gegenteil, diesen Erwartungen muss die Band und insbesondere Jared gerecht werden. Und dann sind da noch Jareds eigene selbstgesteckten Ziele, und die sind bekanntermaßen hoch.

Produzent Bob Ezrin ist um die Jahrhundertwende herum lange nicht mehr bloß irgendwer. Ein Unbekannter war er noch mit zwanzig. Ezrin stammt aus Toronto und landet als Praktikant im Studio eines Produzenten. Die Alice Cooper-Band wollte eben diesen Produzenten für sich gewinnen, aber der hatte nur wenig Lust und schickte stattdessen einfach sein Helferlein, den jungen Bob Ezrin, in das RCA Mid-American Recording Center in Chicago. Ezrin nutzt die einmalige Chance und feilt so lange an der Cooper-Band herum, bis alles stimmt. Seine Arbeit greift tief ein, er geht sogar so weit, dass er Songs für die Band umschreibt. Und es

Jared Leto mit seiner damaligen Freundin Cameron Diaz

gibt Anhänger der Cooper-Band, die sagen, dass Bob Ezrin der Erfinder von Alice Coopers Stimme ist, denn vor Ezrin klang Alice anders. Ezrin gilt seitdem als exzellentes Beispiel dafür, was passiert, wenn man talentierte Praktikanten einfach machen lässt. In den 70er Jahren arbeitet das Team Alice Cooper-Band und Bob Ezrin an allen sieben Cooper-Alben zusammen. Anschließend erweitert Ezrin sein Portfolio: Er zeichnet sich verantwortlich für vier Alben von Kiss, dann Peter Gabriel, und schließlich das legendäre *The Wall*-Album von Pink Floyd. Bei Kansas, Lou Reed und Héroes del Silencio-Platten findet sich ebenfalls sein Credit als Produzent. Nicht von irgendwo stammt sein Ruf als Pionier moderner Produktionstechniken. Ezrin war einer der Ersten, die mit Multi-Aufnahmen, Sequenzern, Samplern und Computer-Editing experimentierten. Sein geballtes Wissen und sein ganzes Können steht dreißig Jahre nach Alice Coopers *Love It To Death* Jareds Band im Studio zur Verfügung.

Richtig, kurz wurden die legendären Cherokee Studios in Los Angeles, West Hollywood, zwischen Melrose Avenue und Santa Monica-Boulevard gelegen, bereits erwähnt. Hier hatten sich die drei Robb-Brüder Dee, Joe und Bruce nach Jahren unterwegs (als Folkrock-Band The Robbs) niedergelassen, um aus einem unter anderem für Frank Sinatra gebauten String Room der Plattenfirma MGM ein Studio von Musikproduzenten für Musikproduzenten zu bauen. Eigenständig und unabhängig von jedwedem Plattenlabel oder Filmstudio, die später allerdings sehr gerne die exzellente Technik des Hauses in Anspruch nahmen. Große Alben großer Künstler sind in den Cherokee Studios entstanden, zu den bekanntesten und bestverkauften zählen David Bowies *Station To Station*, Ringo Starrs Soloalbum *Stop And Smell The Roses* und Michael Jacksons Millionenseller *Off The Wall*. Weitere namhafte Bands und Künstler waren hier: Weird Al Yankovic, Aerosmith, Van Halen, Devo, Lenny Kravitz und Korn, aber auch Barbra Streisand, Diana Ross und härtere Kaliber wie die Rollins Band und Suicidal Tendencies.

Jared Leto auf den Filmfestspielen in Cannes

Besonders gut ist die Studio-Zeit der Hairmetal-Band Mötley Crüe doku-mentiert. Mötley Crüe war die Band um Drummer Tommy Lee, jenem Rocker, dessen spätere Ehen mit Heather Locklear und Pamela Anderson für die ein oder andere Schlagzeile sorgen sollten. In ihrer wahrlich aber-witzigen Geschichte *The Dirt* erzählen die vier Mötley Crüe-Drogenopfer von all den Substanzen, die sie hier im Studio konsumierten, und, noch viel unangenehmer, von den abstoßenden sexuellen Eskapaden, die sich in den Räumlichkeiten abgespielt haben. Kurz: Ezrin und 30 Seconds To Mars betreten historischen Boden und nehmen an einem Ort auf, der heute Geschichte ist, denn nach zweiunddreißig Jahren wurde der Geburtsort von beinahe dreihundert Gold- und Platin-Alben 2007 geschliffen, um den sogenannten Cherokee Music Lofts Platz zu machen. Die Aufnahmestudios befinden sich heute zehn Meilen weiter in Culver City.

Aus den grob geschätzten fünfzig Songs, die Jared über die Jahre geschrie-ben hat und von denen er denkt, sie seien es wert, mit ins Studio gebracht zu werden, muss nun eine Auswahl getroffen werden. Zehn oder elf Songs, die Album-Qualität haben, die zueinanderpassen und denen ein einheitliches Finish verpasst werden kann, sollen am Ende herauskom-men. Zusammen mit Co-Produzent und Engineer Brian Virtue wird am endgültigen Sound gefeilt, bis sich aus Rocksound und Programming eine homogene kraftvolle Melange mit Power und natürlich auch Hit-Potential ergibt. Mit *Capricorn (A Brand New Name)* ist eine erste Single ersonnen. Im August 2001 werden die letzten Songs komplettiert, im September alle noch fehlenden Vocals eingesungen und endlich gibt es auch ein Veröf-fentlichungsdatum: Mit dem Debut-Album *Welcome To The Universe* wird sich die Band 30 Seconds To Mars im März 2002 selbst auf dem Musik-markt begrüßen.
So war es beabsichtigt. Es sollte nicht dazu kommen.

Aber vor der geplanten Record-Release-Party kommt noch ein neuer Jared Leto-Film auf den Markt.

Sol Goode (2001)

directed by Danny Comden

Sol Goode (gespielt von Balthazar Getty) ist ein arbeitsloser Schauspieler. Halt! Nein, arbeitslose Schauspieler gibt es gar nicht, Schauspieler befinden sich immer gerade zwischen zwei Engagements. Gut, unser Held Sol Goode steht demzufolge gerade unmittelbar vor seinem nächsten Job, als er realisiert, dass sein Leben nicht so läuft, wie er es eigentlich gerne hätte, und wir sind eingeladen, Sol dabei zu beobachten, wie er versucht, in Los Angeles vorwärtszukommen. Im Beruf, im Leben und in der Liebe.

Danny Comden hat seine persönlichen Erfahrungen als Schauspieler in einem Drehbuch verarbeitet und es drei Jahre später tatsächlich geschafft, sein Drehbuch zu verkaufen. Die meisten Figuren und Begebenheiten haben er und seine Kumpel in ihrer Wartezeit auf den großen Durchbruch als Schauspieler wirklich so erlebt. Ausführlich lassen sie alle Anekdoten und Charaktere, die sie beobachtet und zusammengetragen haben, mit in das Skript einfließen.

Comden darf bei der Verfilmung seines Buches zudem selbst Regie führen. Regiedebuts leiden allzu oft unter der Ambition, mit dem Erstling auf Anhieb einen großen Coup landen zu wollen (vergleiche *Urban Legends*). Außerdem leiden sie in der Praxis auch unter Geldmangel, Zeitdruck, dem Zwang, die Nächte durchzufilmen, und der Abhängigkeit vom guten Willen derjenigen, die Drehorte ohne Bezahlung zur Verfügung stellen. Erst in buchstäblich letzter Sekunde findet Comden in Katherine Towne zudem seine bezaubernde Hauptdarstellerin.

Wie es sich in einer Filmmetropole so ergibt, sind darüber hinaus eine Handvoll Prominente bereit im Film aufzutreten. Tori Spelling hat Spaß daran, sich selbst auf den Arm zu nehmen. Carmen Electra springt direkt aus einer Anzeigenkampagne in die Szenerie und verkörpert eines der für die großmäuligen Slacker unerreichbaren Chicks. So enden die Nächte üblicherweise mit Sexualpartnern, die am nächsten Morgen P.O.D. bereiten. Unter P.O.D. versteht die junge Generation Los Angeles' post orgasmic

disgust, also das Gefühl, morgens aufzuwachen und zu erkennen, dass der- oder diejenige, die noch neben einem schläft, bei Tageslicht betrachtet alles andere als ein Hauptgewinn ist.

Natasha Wagner spielt Brenda und überzeugt kurzerhand ihren Vater, den großen Robert Wagner, ein aus der grandiosen Vorabendserie *Hart aber herzlich* bestens bekanntes Gesicht, an *Sol Goode* mitzuwirken. Am Set führt Regisseur Danny Comden, der nebenbei auch noch Sols selbstverliebten Sidekick Cooper darstellt, Wagner senior in seine Rolle als Sols Vater ein. Als Robert Wagner Sols Mutter von hinten nehmen soll, sagt Wagner ab: «Auf gar keinen Fall!» Dann lässt er sich von Comden doch noch dazu überreden und nimmt die Nummer in einer Baseball-Montur in Angriff – allerdings mit Helm, Gesichtsschutz und Trikot, versteht sich.

Jared nutzt seinen im Abspann ungenannten Auftritt als Musiker im Axl Rose-Outfit, um sich über seine Wahrnehmung als demnächst prominenter Rockmusiker lustig zu machen. Die kleine Spitze von Brad Pitt aus *Fight Club* nutzt Jared jetzt zur Selbstironie. Er witzelt über seinen Musikerstatus, der irgendwo zwischen Fred Durst und Boyband pendeln wird. Katherine Towne geht so weit, Jared mehr Engagement für seinen Miniauftritt zu bescheinigen, als sie selbst für ihre Hauptrolle ins Rennen geworfen hat. Liegt hier vielleicht der Hund begraben?

Jared Leto spielt einen Rock Star Wannabe
in
Sol Goode

erschienen 2003
Regisseur: Danny Comden
Autor: Danny Comden

In den Hauptrollen:
Balthazar Getty, Katharine Towne, Jamie Kennedy, Danny Comden
Laufzeit: 99 Minuten
Budget (geschätzt): 3 Mio. $
gedreht auf 35mm in Los Angeles
Quelle: Imdb.com

Ein namenloser Möchtegern-Rockstar im Film, zeitgleich rockt Leto bereits die größeren Bühnen und erspielt sich sein Publikum

Wie auch immer, *Sol Goode* ist eine nette Komödie mit einer eingeflochtenen Romanze. Der Film offenbart, dass man auf Hollywoods B-Ebene durchaus Spaß haben kann, aber die Erlebnisse hinter den Kulissen und all die verarbeiteten Anekdoten sind in ihrer Summe nicht dramatisch genug, um eine ausreichend tiefe Geschichte entstehen zu lassen.

Jared Leto arbeitet am Skript mit, hilft, wo er kann, und ist somit als Co-Produzent in den Film involviert. Als Beiprodukt bringt ihm sein ständiges Rumhängen am Set noch eine Szene ein, die mit zu den besten des Films gehört, aber, weil geringfügig off-topic, erst im Abspann zu sehen ist. Co-Produzent Jared als Sage wacht neben Regisseur Danny Comden, also Cooper, unbekleidet auf und spielt mit ihm den P.O.D.-Gedanken durch – ein echter Lacher.

Ein paar Sekunden später im bebildert herunterlaufenden Abspann sieht man Jared auf einer Party abermals vor der Kamera improvisieren. Wenn man von dort aus noch einmal an den Anfang des Films spult, kann man Bruder Shannon im Vorspann als kaspernden Sol Goode-Fan entdecken. Weil diese Suche nicht schwer ist, gibt es dieses Mal nichts zu gewinnen.

Aber zurück ins echte Leben. Zurück zum ersten 30 Seconds To Mars-Album.

30 Seconds To Mars auf dem Lollapalooza 2003 in Denver

Farewell To The Universe (2001)

Während die Band in Los Angeles im Studio hockt, werden in New York und Washington am Morgen des 11. Septembers gleichzeitig vier Passagierflugzeuge entführt, um sie als zerstörerische Waffen einzusetzen. Mit zwei Maschinen legen die Entführer die beiden Türme des World Trade Centers in Schutt und Asche, eine weitere Maschine stürzt in das Pentagon, eine vierte kommt in Pennsylvania zum Absturz. Dreitausend Menschen sterben.

Noch am gleichen Tag meldet sich Jared wie immer als Crash (oder Crash, Minister of Propaganda) via Band-Website direkt aus dem Studio, um sein Bedauern und Mitgefühl auszudrücken. Er versucht, den Zustand des absoluten Gelähmtseins zu umschreiben, und sucht für sich und seine Anhänger Trost in der Zukunft. Zu dem Zeitpunkt weiß er noch nicht, dass die Anschläge in New York einen gravierenden Einfluss auf das 30 Seconds To Mars-Album haben werden.

Vergleichbar mit all den Situationen, in denen in den letzten Jahrzehnten Kriege (mit Beteiligung der NATO) gestartet wurden, reagiert die Unterhaltungsindustrie befremdlich auf die Ereignisse des 11. Septembers. Ob nun Kampfjets über Jugoslawien, Afghanistan oder dem Irak Bomben abwarfen und mit massiven Luftschlägen den Kriegsauftakt begründeten, jedes Mal griff in der Radio- und TV-Welt eine höchst seltsame Art von kultureller Zensur. Federführend war oft die englische BBC, mit der Auswirkung, dass auch andere Sender in anderen Ländern über Listen von erstmal nicht mehr zu spielenden Popsongs diskutierten und über kurz oder lang zur Tat schritten. Frankie Goes To Hollywood singen in kriegerischen Zeiten nicht mehr *Two Tribes Go To War*. Phil Collins' *In The Air tonight* eignet sich tatsächlich, um damit nächtliche Bombenangriffe zu

Jared Leto probt die richtige Rockstarpose

Leto spricht auf der Verleihung des 16. Independent Spirit Awards

assoziieren. Noch schlimmer trifft es Bands, die seit Jahren einen etablierten Namen haben, aber leider einen für Radiomenschen in diesen Zeiten nicht akzeptablen, weil sie Bomb the Bass heißen oder Massive Attack. Es wird entschieden, dass diese Bandnamen schlicht nicht mehr tragbar sind und die Bands somit unverzüglich aus dem Programm verbannt werden müssen. Zumindest so lange, bis sich die ersten Rauchwolken verzogen haben, die Bodentruppen einmarschiert und anschließend wieder abgezogen sind. Die genauen Mechanismen, also nach welchem Muster Bands später wieder rehabilitiert werden, bleiben unbekannt.

Es ist exakt diese Stimmung, die bei Virgin-Records, der Dachfirma von Immortal, eine schnelle Entscheidung beeinflusst, die da heißt: Das Artwork für *Welcome To The Universe* ist unter den gegebenen Umständen nicht mehr tragbar. Zehntausend bereits gedruckte Poster werden vernichtet. Für das Artwork des Albums hatten Jared und Shannon eine Fotografie gewählt, die einen Jet-Piloten zeigt, der vor einem September klaren Himmel per Schleudersitz aus seiner Maschine aussteigt. Whhoooosh. Maschine seitlich weg, Pilot im Neunziggradwinkel ab nach oben, Feuerstrahl unterm Hintern: Willkommen im Universum. Eine neue Richtung, willkommen in neuen Welten. Oder eben nicht. Jared ist erstmal ziemlich down.

Zur Ablenkung kommt ein Film auf den Markt, der im Westen der USA spielt und am Thema populäre Musik nicht vorbeikommt.

Highway (2002)

directed by James Cox

Denn es kam der Tag, an dem sich Director James Cox das Buch von Autor Scott Rosenberg griff, vierzehn Millionen Dollar in die Hand nahm und einen Film namens *Highway* drehte. Er beginnt in Las Vegas. Der Handlung eines x-beliebigen Pornos nachempfunden wird der halb nackte Poolboy Jack von seiner sexuell vernachlässigten Chefin, der Angetrauten eines Gangsters, verführt. Selbstverständlich werden die beiden beim Akt erwischt. Einem Akt übrigens, der von Jared und seiner Partnerin vor der Kamera besonders albern ausgeführt wird. Jack und sein Buddy Pilot müssen und/oder möchten also fliehen und wollen nach Seattle. Sie gabeln erst die hübsche Cassie auf, ein paar Meilen weiter dann noch Johnny the Fox. Die Reisegruppe landet schließlich hier und dort, erlebt auf dem Lande Dies und Das und empfindet kollektiv Sympathie für einen Freak, der in einem Privatzoo gehalten wird. Schließlich kommen die vier in Seattle auf die Trauerfeier für Kurt Cobain, der sich in der Zwischenzeit das Gehirn weggeballert hat. Es ist April 1994.

Highway ist ein Film mit schlechten Frisuren, der Formen von Angebertum aufweist, dabei auf schmierige Rockmelodien setzt und den Las Vegas-Style propagiert, wenn es denn einen solchen überhaupt gibt. Autos sind das Objekt der Begierde, Drogen irgendwie immer mit im Spiel. Körperbetont ist der Auftritt von Jared als Jack. Wohltrainiert, ohne ein Gramm Fett am Körper, ist er ausreichend muskulös, um das landläufige Klischee eines sexy Poolboy zu erfüllen.

Die Kritik an der Oberflächlichkeit der Gesellschaft Kaliforniens wird nach Nevada verlegt und auf Las Vegas übertragen, um hier auf die Spitze getrieben zu werden. Die Brillen und die Drogen sollen eine Hommage an *Fear and Loathing in Las Vegas* sein. Die Prozedur des Auscheckens, das Verlassen der Stadt, auch *Leaving Las Vegas* genannt, endet nicht wie bei Nicolas Cage ganz langsam auf dem Sterbebett, sondern gipfelt in dessen

Gegenteil: Mit quietschenden Reifen geht es hinaus aus der Stadt.

Der Film zeigt ein White-Trash-Amerika in voller Breitseite, allein ist die materielle Armut durch eine geistige ersetzt. Amerika persifliert sich selbst und scheint es dabei aber gar nicht zu merken. Temporärer Höhepunkt ist der schwitzige Westcoast-Fake-Rap eines Weißbrotes auf Anabolika.

Die Minuscharaktere dieser Geschichte definieren sich über ihre Frisuren. Gezeigt wird ein unerträgliches 90er-Jahre-Amerika, eine Ära, die noch nicht lange genug vorüber zu sein scheint, als dass dem Film eine differenzierte Stellungnahme oder gar coole Analyse möglich gewesen wäre.

Jared Leto spielt Jack Hayes
in
Highway

erschienen 2002
Regisseur: James Cox
Autor: Scott Rosenberg

In den Hauptrollen:
Jake Gyllenhaal, Selma Blair, John C. McGinley, Jeremy Piven

Laufzeit: 97 Minuten
Budget (geschätzt): 14 Mio. $
gedreht auf 35mm in Seattle und Las Vegas
Quelle: Imdb.com

John C. McGinley springt als später Iggy Pop-Lookalike ins Bild, lässt nichts unversucht, seinen charakteristisch flachen Unterbauch in die Kamera zu halten und philosophiert ebensolchen Unsinn wie seine neuen Freunde Pilot und Jack, die bei der Coolness ihrer Schulspielchen (das Pop-Quiz als Reminiszenz an *My So-Called Life*) hängen geblieben sind. Achtklässler-Humor mit Mitte zwanzig.

Jared Leto, Jake Gyllenhaal, Selma Blair und John C. McGinley haben streckenweise gute, intensive Momente und just wenn sie sich ein paar Sympathiepunkte erspielt haben, folgt eine ernüchternde Sequenz, die einen wieder völlig abtörnt und die Leinwand anschreien lässt. Keine Frage, die Schauspieler sind schlicht und ergreifend im falschen Film.

Genauso wie auch die Musik. Denn wenn schon Kurt Cobain als dahinscheidender zeitlicher Bezugspunkt herhalten muss, sein Tod quasi den Endpunkt einer musikalischen Ära markieren soll, warum wurde dann nur fürchterlicher Stoner-Rock unter die Bilder gelegt. Josh Homme, QUO-

TSA, Fu Manchu und Black Crowes bestreiten den Soundtrack. Wie die Veränderung der Frisuren im Film als Symbol für eine Entwicklung der Figuren benutzt wird, müsste auch eine musikalische Reise, ein Vorankommen nachvollziehbar werden. Aus der Wüste an die Nordwestküste. Aber nicht eine Note stilprägender Grunge taucht auf. Null zeitgemäßer Seattle-Sound. Soundgarden, Mudhoney, Melvins, Pearl Jam, Alice in Chains? Nichts. Keine einzige der relevanten Bands kommt vor. Weder eine Sub-Pop-Produktion noch Nirvana oder wenigstens ersatzweise irgendwelche Musikerkollegen von den kommerzieller ausgerichteten Geffen-Records. Keine Spur. Eine verpasste Chance. Eine große Enttäuschung.

Jared Leto mit Filmpartnerin Selma Blair

In einem Moment wird die Mutter des Alligator-Boys, die ihren entstellten Sohn für «10 Dollar each» feilbietet, als Projektionsfläche für einen kurzen Ansatz von Moral benutzt. Aber mehr als die Aussage, dass Tiere mutig und schlau sind, der Mensch dagegen schwach und dumm, kommt leider nicht dabei herum und verhallt somit gleich im Nichts und Nirgendwo. Das kann auch das Jack Kerouac-Zitat aus *On the road* im Abspann nicht mehr raushauen.

Außer wenn man auf der Leinwand auf der Suche nach Shannon Leto als Boy Number 2 ist, oder sexuelle Erregung an Jared Letos knappstens bekleidetem Körper finden möchte, sollte man dreiundneunzig Minuten seines Lebens unbedingt etwas Besseres tun, als *Highway* zu schauen. Man könnte zum Beispiel darüber nachdenken, was man mit vierzehn Millionen Dollar alles sonst noch hätte anstellen können. Abschließendes Fazit: totale Zeitverschwendung.

Nach diesem körperbetonten Intermezzo wird es nun aber wirklich Zeit, dass Jared sein zweites künstlerisches Standbein auf die Erde bekommt. Die Welt erhält endlich, worauf sie gewartet hat: das Rock 'n' Roll-Debut der Letos.

Self Titled ALBUM (2002)

Weil die kraftvolle Verbindung aus Albumtitel und Cover-Artwork im vorangegangenen September gesprengt wurde, muss die Band umdenken. Wenngleich die bildliche Aussage niemals gewalttätig gemeint war, sondern positive Aufbruchstimmung vermitteln sollte, ist sie mit der obigen Entscheidung Geschichte. Obwohl der gleichnamige Song auf der Platte überlebt, wird der Albumtitel gekippt zugunsten der etwas fragwürdigen Tradition, ein Debut-Album mit dem Namen der Band zu versehen. Wie dem auch sei, der gelernte Fotograf Shannon greift zur Kamera und fotografiert für das neue Artwork Kinder in Mars-Outfits. Mit einer Verzögerung von einigen Monaten kommt *30 Seconds To Mars* endlich auf den Markt. Zwei Mittdreißiger-Brüder stellen sich mit ihrem Erstling dem Musikzirkus. Das Schlagzeug bearbeitet Shannon, alle anderen Instrumente spielt Jared ein. Parallel geht es mit den Labelkollegen Incubus auf Tour – das ist der nächste wichtige Schritt nach einer Tour im Vorprogramm von Puddle of Mudd.

Zum Album erklärt Jared dem deutschen Magazin *Visions*: «Wir versuchen diese in den Staaten vorherrschende Seuche, einfach ziellos drauf loszurumpeln, mit unserer Musik zu bekämpfen. Moderne, aber tief gehende und substanzielle Musik ist unser Ziel.» Dabei liegen Jareds musikalische Einflüsse allesamt weit in der Vergangenheit, so aktuell und frisch seine Musik auch klingen mag. «Ich selbst höre überhaupt keine moderne Musik, etwas anderes als Old-School-Roots sind also kaum möglich», verwundert Jared den Magazinschreiber und offenbart mit der Aussage doch nur, dass er aus der Musik-Historie die bedeutendsten Elemente herausgegriffen hat.

Jared während eines Auftritts im Bluebird Theatre in Denver im August 2002

Jared Leto spielt Gitarre, Gesang,
Bass sowie Programming
auf
30 Seconds To Mars *von*
30 Seconds To Mars

erschienen 2002 bei Immortal, Virgin

produziert von Bob Ezrin, Brian Tugend,
30 Seconds To Mars

weitere Musiker: Shannon Leto, Solon
Bixler et alii

Laufzeit: 53 Minuten

Quelle: Wikipedia

Langsam, aber beständig hat sich Jared im Vorfeld bereits eine treue Fangemeinde aufgebaut. Die wird peu-a-peu mit Material versorgt und muss gar nicht groß überzeugt werden. Die entscheidende Frage lautet vielmehr, wie wird das Album bei den Kritikern ankommen? Lassen wir doch die unabhängige deutsche Stimme für alles Harte zu Wort kommen. Nehmen wir stellvertretend für die schreibende Zunft eine kompetente Größe ins Gebet. Nehmen wir zur Kenntnis, was Michael Rensen im *RockHard* Nr. 185 schreibt:

Endlich, endlich ist es passiert: 30 Seconds To Mars sind die erste Band, der es überzeugend gelungen ist, Nu-Metal/Rock mit Frühneunziger-Avantgarde-Metal zu kreuzen. Wo Acts wie P.O.D. trotz ihrer unbestreitbaren Klasse ein wenig den emotionalen Tiefgang vermissen lassen, überzeugen die Kalifornier um Schauspieler Jared Leto (*Fight Club*, *American Psycho*) mit einer packenden, intensiven Atmosphäre, die nicht zuletzt dank Letos Stimme mehr als einmal an die genialen australischen Prog-Metaller Vauxdvihl erinnert. Fette Breitwand-Riffs, sphärische Science-Fiction-Sounds, geschickt eingeflochtene Samples, satte Grooves, anspruchsvolle Songstrukturen und überragende, bombastische Refrains ergeben einen völlig eigenständigen Stil, der sich weitab jeglicher Trends und Klischees bewegt. Manchmal sieht man Tool, Filter, Porcupine Tree oder David Bowie am Firmament vorbeihuschen, doch der größte Teil dieses farbenprächtigen Sonnenaufgangs geht einzig und allein auf das Konto der 30 Seconds To Mars.

Mit einer für ein Debut-Album fast schon unverschämten kompositorischen Reife und einem feinen Gespür für mystisch-philosophische Texte brechen die Amis zu einer Sternenreise auf, die auch nach der Durchquerung

eines halben Dutzends Galaxien noch nicht langweilig wird. Beam me up, Leto, und dann volle Kraft voraus Richtung Mars!

Neun von zehn möglichen Punkten vergibt *RockHard* und manifestiert damit eine kaum für möglich gehaltene Transformation: Jared Leto und seine Band haben den Sprung geschafft. 30 Seconds To Mars sind nicht als Teenieband für schwärmende Mädchen auf den Dunstkreis der *Bravo* limitiert, sondern werden als Rocker mit überzeugendem Potential wahrgenommen. Aber längst nicht alle sind bereit, ihre vorgefertigten Meinungen infrage zu stellen. Es fällt ihnen mehr als schwer, ihre reflexartigen Klischees zu überdenken und zu ändern.

30 Seconds To Mars nach ihrem Auftritt (v.l.n.r.: Jared Leto, Matt Wachter, Salon Bixler und Shannon Leto)

It's only Rock 'n' Roll, but

Actors don't rock

Es gab und wird immer Künstler geben, die die Lager wechseln. Vom Schauspieler zum Musiker, von der Musik auf die Leinwand, selbst vom Sportplatz an die Gitarre oder das Mikrofon. Es gibt eine Menge Kandidaten, die dabei erfolgreich waren, kurzzeitig, langfristig, dauerhaft. Es gibt positive, mittelmäßige und negative Beispiele. Allein die Gescheiterten sind es, die Reflexe auslösen.

Elvis Presley, Frank Sinatra, Britney Spears und Madonna. Eminem und 50 Cent, Steve Van Zandt und Meat Loaf und sogar Bushido. Die Liste von Musikern, die sich vor der Kamera versuchten, ist lang. Erfolgreiche Schauspieler, die musikalisch etwas leisten, gibt es einige, solche, die auch auf der Bühne etwas reißen, nur noch sehr wenige.

Billy Bob Thornton fiedelt mit seinen Boxmasters, Keanu Reeves rockt mit Dogstar, Russell Crowe kräht für ein, zwei Bands, die seinen Namen führen, und Bruce Willis hat zwar die körperliche Präsenz eines Henry Rollins und deutsche Wurzeln wie Rammstein, aber eine stimmliche Durchschlagskraft wie Mike Tyson auf Helium. Bleiben noch Scarlett Johansson, die ein Album einsingt, von dem man nichts hat, weil man sie durch die Lautsprecher der Stereo-Anlage nicht sehen kann, und Jamie Foxx, der sich tatsächlich in beiden Genres bewiesen hat.

Was macht es denn eigentlich so schwer für Schauspieler auch zu rocken? Zum einen ist da die Beliebigkeit. Wenn man keine eigenen Ideen hat,

Manche Schauspieler rocken doch!

orientiert man sich am Mainstream, an Standards, an all dem Zeug, das weder Ecken noch Kanten hat und vor allem nichts Eigenes repräsentiert. Mainstream heißt «Hauptstrom», weil er niemandem wehtut und Mutter beim Abwaschen gerne das Radio laufen lassen möchte oder die Musik beim Bügeln nicht stören soll.

Will man aber einen eigenen Musikgeschmack entwickeln, muss man selbst intensiv Musik konsumieren, hören, sich in Nischen begeben und sehr tief in Szenen eintauchen. Nur so kann ein dezidiertes Kunstverständnis aufkeimen, das gehegt, gepflegt und permanent gefüttert werden will. Wer sich im Vorübergehen im Mainstream niederlassen will, ist zum Scheitern verurteilt, denn im Mainstream regieren die Besten. Die, die seit Jahren nichts anderes machen, ihren Stil perfektioniert haben und obendrein exzellente Musiker sind. Versuche mit ihnen mitzuschwimmen und du wirst gnadenlos untergehen.

Hat man jedoch eigene Vorstellungen und die Traute, sich vor ein Livepublikum zu werfen, hat man gute Chancen, auch akzeptiert zu werden. Juliette Lewis hat das mit ihren Licks gemacht. Jared will es mit 30 Seconds To Mars wissen.

Als Schauspieler arbeitest du in einer anderen Mühle, Vergleiche sind eigentlich nicht zulässig. Du drehst eine Szene einmal oder zehnmal und dann nie wieder. Eine Szene nur kann entscheidend sein für deinen Ruhm und Menschen erinnern sich noch Jahrzehnte später daran, aber es bleibt eine Momentaufnahme, die vielleicht irgendwann einmal in einer Hommage wieder aufgenommen wird. Du hinterlässt einen Eindruck, wirst Gesprächsthema, mit Glück passierst du die Kritik und wirst Jahre später via DVD im Player von einem einsamen Zuschauer auf der Couch gesehen. Vielleicht schaffst du es, in seinem Herzen etwas zu bewegen. Mit viel Glück und noch mehr Können kannst du sogar erreichen, dass die DVD noch ein weiteres Mal abgespielt wird.

Bruce Willis singt in Las Vegas

Machst du dagegen Musik, ist alles anders. Du stehst inmitten eines kleinen Ensembles, hast im Entstehungsprozess wesentlich mehr Verantwortung und bekommst – wenn alles gut läuft – sehr viel mehr Resonanz. Vielleicht wirst du hundert- oder tausendmal gehört, von ein und demselben Menschen, wenn du seinen Geschmack getroffen hast. Dein Song läuft im Auto, im Bett, beim Abwasch, im Winter, bei der Liebe, im Sommer, bei Regen, in großer Trauer oder bei der besoffensten, alkohlhaltigsten Party. Du löst Gefühle aus, die wiederholbar sind, die die Jugend konservieren oder nur einen speziellen Moment. Du schaffst Anhaltspunkte, an denen wildfremde Menschen sich gemeinsam glücklich fühlen können, sich verlieren, ausrasten oder durchdrehen. Du hast positive Macht und brauchst dafür nicht einmal die Medien oder die Top Ten. Wenngleich die natürlich auch hilfreich sein können.

Nicht unerwähnt bleiben soll bei der Betrachtung von Schauspielern, die sich in der Musik versuchen, ein filmisches Experiment, das der deutsche Regisseur Lars Kraume mit *Keine Lieder über Liebe* gedreht hat. Für die Rolle des Musikers Markus Hansen hat Jürgen Vogel eine echte Platte eingesungen und ist mit seiner Filmband auf Tour gegangen. Als Sänger einer aus Grand Hotel van Cleef-Musikern zusammengestellten Supergroup, die zehn Songs für den Film geschrieben und mit Vogel eingespielt haben, hat sich Vogel auf eine besondere Gratwanderung zwischen den Branchen eingelassen. Er musste die Lieder für das Album zunächst einsingen und so gut beherrschen, dass er sie auch live performen konnte. Die eigentlichen Dreharbeiten fanden auf den Bühnen der anschließenden Clubtour und in den jeweiligen Hotelzimmern, respektive im Bandbus statt. Das Publikum der Konzerte wusste nichts von dem prominenten Sänger, für den das Auftreten mehr bedeutete, als eine Rolle zu spielen. Denn Lampenfieber und das Bestehenkönnen vor einem Publikum war für Jürgen Vogel etwas komplett anderes als alles, was er aus dem Filmgeschäft gewohnt war. Auf

Scarlett Johansson anno 2007 bei einem Auftritt

der Bühne besteht schlicht nicht die Möglichkeit, bei einem Hänger ab-
zuwinken und einen neuen Take zu versuchen. Andererseits gelten beim
Rock 'n' Roll auch geringfügig abweichende Regeln. Bei den Proben zur
Tour bedankte sich Vogel ständig für jede Kleinigkeit bei seinen Musikern, bis er einen Tritt in den Hintern bekam mit dem Hinweis, endlich
damit aufzuhören. «Tut mir leid, ich bin das vom Film-Set so gewohnt.
Wenn ich mich nicht bei jedem für alles bedanke, bin ich sofort ein arroganter Arsch.»

Aber nur ganz selten rocken Schauspieler vor einer derart beeindruckenden Kulisse
wie hier (Rock am Ring 2010)

Vogel besteht mithilfe seiner Band die Prüfung auf der Bühne und kann in der Musikszene durchaus überzeugen. Um die Band weiter am Leben halten zu können, wäre allerdings ausgedehntes Touren vonnöten gewesen. Da auf den zärtlich Vogelmann Gerufenen zuhause allerdings fünf Kinder warten, geht Jürgen nicht mal eben über Wochen kreuz und quer im Land auf Tour. Also blieb es für Jürgen Vogel nach der Film-Premiere bei einigen wenigen Überraschungskurzauftritten und die Musiker von Kettcar, Tomte und Home of The Lame taten das, was sie als Musiker tun müssen: ausgiebig zu touren, mit allem, was dazugehört. In eigener Sache.

Auf Tour (in Zeiten um 2002 herum)

Jared ist das ganze Gerede über Schauspieler, die nicht rocken, egal, denn er weiß genau, was er will, was er kann und hat die Anforderungen des Rock 'n' Roll-Business ganz genau studiert. Er hat sich in der ihm eigenen Art bestens auf das neue Engagement vorbereitet und legt nun sein volles Commitment auf die Straßen, auf die Bühnen und in den Support von Bands, die schon länger auf der Reise sind. Um ein paar Meilen mit ihnen zu rollen. Incubus nehmen in diesem Herbst 30 Seconds To Mars mit auf Tour. Als Vorband hast du immer ein wenig Glück und Pech zugleich, aber auch Ehre und Chance. Wenn du unverkrampft bist, erklimmst du die nächste Stufe. Im Vorprogramm einer größeren Band kannst du viel lernen. Als Erstes, mit deinen Jungs und deinen Technikern auszukommen. Auf engem Raum, unter allen gegebenen Umständen. Langeweile, dumme Sprüche, Körpergerüche. Nichts Privates, wenig Kontrolle, viel Fremdbestimmung. Wenn du lange auf Tour bist, schweißt es euch zusammen – oder es kristallisiert sich heraus, wer für dieses Leben nicht geschaffen ist. Nur Bands, die einen langen schmutzigen Weg gemeinsam bewältigt haben, werden auch Jahre später noch zusammen sein. Ohne sich zu hassen. Und ohne den Zwang, aus rein geschäftlichen Gründen gemeinsam auf der Bühne stehen zu müssen. Auf dem Weg zu «Hey, diese ganzen Leute sind wegen uns da!» gehst du den langen, beschwerlichen Pfad des «Hallo, wir spielen heute Abend auch hier». Und trotzdem liebst du es, weil die knappe Stunde, in der du raus darfst, die einzige Stunde des Tages ist, in der du alles zeigen kannst, was aus dir raus will. In der du ganz für dich da bist, und wenn du gut dabei bist, spüren das die Leute. Selbst wenn sie eigentlich nur wegen Incubus oder einem anderen Headliner gekommen sind, werden sie dir und 30 Seconds To Mars Respekt zollen.

Jared Leto gibt alles

So wie du vor und nach deinen Gigs gelernt hast, dich zu benehmen. An den richtigen Stellen den gegebenen Respekt im Business zu zollen. Sicher gibt es immer Vertreter der Zunft, die denken, sich alles erlauben zu können, aber damit vollkommen fehlgehen. Du willst mehr. Lernst also schnell, in den richtigen Momenten Demut zu zeigen und dankbar zu sein. Um an anderen Stellen notwendig forsch und unnachgiebig zu werden. Energie rauszulassen, wo es angebracht ist. Du lernst nicht nur jede Menge Personen in Schlüsselpositionen kennen, die solche Typen wie dich schon hundertfach haben vorbeikommen sehen – und es sei dir versichert, sie erinnern sich an jeden einzelnen, der Charisma hatte. Du bekommst auch alle obligatorischen Sprüche, die du nirgendwo nachlesen kannst, aufs Brot geschmiert: «Hier, das ist MacDonnald, die Promoterlegende des Mittlern Westens. Stell dich besser gut mit ihm, denn du weißt ja, du triffst jeden Veranstalter zweimal mit deiner Band. Einmal auf dem Weg nach oben», du freust dich und nickst, «und dann wieder auf dem Weg nach unten.» Legende MacDonnald steht dabei die ganze Zeit vor dir, nickt einmal ganz kurz und grinst wortlos. Du musst schlucken, denn du hast gerade eine Lektion gelernt.

30 Seconds To Mars live in Kansas City, September 2002

Echelon (in Zeiten um 2002 herum)

Essentieller Bestandteil im Universum einer Band sind ihre Anhänger. Zwischen ihnen und der Gruppe besteht eine bilaterale Beziehung. Eine Band ohne Hörer wäre Hausmusik in den eigenen vier Wänden. Es gibt flüchtige Anhänger, wohlwollende, kritische, längerfristige und fanatische, aus denen der Begriff Fan ursprünglich entstanden ist. Auch in der Intensität des Fantums gibt es ein stufenloses Spektrum von kurzzeitig bis lebenslang. Und es gab in der Geschichte der Popmusik immer schon noch härterer Fans, die sich in Gruppierungen zusammenschlossen. Es gab die Deadheads der Grateful Dead in den 70ern. Die Schminkrocker Kiss werden bis heute von der Kiss Army unterstützt. Norwegens Todespunks Turbonegro unterhalten in den verschiedensten Ecken der Welt Chapter ihrer Turbojugend. Die New Model Army-Follower haben bis heute einen heftigen Ruf. Es gibt Pearl Jams Ten Club, die Oasis Ultras, die Conor Oberst Jugend Wanne-Eickel, die asoziale Exploited Barmy Army, Slayers Slatanic Wehrmacht und Motörheads Motörheadbangers. Skurrile Namen, die nichts außer die tiefe Verbundenheit mit der Band und die Abgrenzung gegen alle anderen ausdrücken sollen. Die Fans von Slipknot lassen sich von ihrer Band sogar Maden, also Maggots, schimpfen. Militärische Ausdrücke gehören durch die Bank zum Jargon. Lautmalerisch bezeichnen sich Fans von My Chemical Romance als MCRmy. Manche Gruppierungen lassen einen schmunzeln, wenn man zum ersten Mal von ihnen hört. Man fragt sich mitunter kopfschüttelnd, das gibt es tatsächlich? Es gibt höchstwahrscheinlich keine Rammstein Rinnstein Rotten, aber es gibt Rihannas Navy. Anstatt eines Amy Winehouse Drink Clubs gibt es die Aliens, die Fanarmee von Tokio Hotel. Eine schöne Idee wäre die MC Hammer Pluderhosen Marine, stattdessen gibt es die Beliebers, kein Scherz, es sind Fans von Justin Bieber. Weitere Lacher sind die Glamberts, Fans von Adam Lambert, dann die Little Monsters aus der Schublade von Lady Gaga, und die Schäfchen von Mariah Carey heißen tatsächlich Lambs. Vergangene Teeniehypes waren außerdem New Kids on the Blocks

Jared Leto auf der 3. Night of Generosity Gala im März 2011

Jared liebt Deutschland – Rock am Ring 2007

Die Fans feiern 30 Seconds To Mars bei Rock am Ring 2010

Jared Leto auf der MTV World Stage in Mexico City, August 2010

Jared auf einer Pressekonferenz in Kuala Lumpur 2008

30 Seconds To Mars beim Konzert in East Rutherford, New Jersey, April 2011

Leto auf den 66. Filmfestspielen von Venedig, wo er seinen Film Mr. Nobody vorstellt

Jared und Matt Wachter auf dem Sundace Film Festival 2007

Jared Leto auf einer Pressekonferenz 2010

30 Seconds To Mars auf einer Party im Rahmen des Sundance Film Festivals 2007

Sängerin Karen Mok und Jared auf dem roten Teppich der MTV Asia Awards

30 Seconds To Mars auf dem Fuse Fangoria Chainsaw Awards 2006

Jared während der Live-Show bei Rock im Park 2007

30 Seconds To Mars bei einem Auftritt im legendären Hammersmith in London 2008

Leto und seine Mannen rocken das KROQ Weenie Roast anno 2007

Jared solo im Fotostudio in London 2008

30 Seconds To Mars posieren für ein Bandfoto, 2008

Jared Leto auf dem Sundance Film Festival 2007

Blockheads und die Fansons der Hansons. Viele der genannten und ungenannten Phänomene sind ausgedacht oder inszeniert, andere dagegen
voller Herzblut und Hingabe. Letzteres gilt definitiv auch für die fanatischen Anhänger von 30 Seconds To Mars. Es lässt sich heute nicht mehr
ganz rekonstruieren, wie mit Echelon alles begann, denn jede Fan Army
unterliegt einer hohen Fluktuation. War es ein tiefer Blick aus Jareds Augen
oder doch nur ein profaner Aufruf über die damalige Band-Website, der
den Startschuss gab, und sich sogleich bereitwillige Helfer fanden, die die
Band bei der Selbstpromotion unterstützen wollten? Mit Flyern, Stickern,
E-Mails und Votings und vor allem natürlich Mund-Propaganda. Auf der
einen Seite war das Projekt 30 Seconds To Mars von Anfang an als enge

Die Fans sind ein wichtiger Bestandteil der 30 Seconds To Mars-Welt

Fan-Band-Community konzipiert, auf der anderen Seite kann man die Zuneigung fremder Menschen nicht kalkulieren, sondern allenfalls erobern. Wie auch immer, aus dem Online- und Street-Team entwickelte sich sehr schnell das Echelon. Eine verschworene Einheit von 30 Seconds To Mars-Fans, die, früher wie heute, in Kriegsbemalung auftritt, sich durch Armbänder identifiziert, Tätowierungen stechen lässt, voller Hingabe die Regeln befolgt und den Austausch untereinander pflegt und in den Vordergrund stellt. Dabei scheint das Echelon vielmehr eine weltweite Gemeinde, ein Zusammenschluss von Anhängern zu sein als eine militärische Einheit, wie die Namensgebung vermuten lässt. Ein Clan, der sich hinter der gleichen Mystik verbirgt wie die Band, um a) nicht sogleich transparent zu sein und b) genau deshalb interessant zu wirken. Ein Konzept, das aufgeht und von der Band von Anfang an hundertprozentig gefördert wird. Allein die Historie von Echelon ist bis dato nirgendwo dokumentiert. Also, Echelon, meldet euch! Es ist an der Zeit, dass eure Geschichte aufgeschrieben wird.

Man kann schlecht kalkulieren, welchen Aufwand es bedeutet, seine erste Platte zu promoten, denn es ist kaum zu berechnen, wie sie ankommen wird. Anstatt erwartungsvoll zu verharren, dreht Jared einen weiteren Film.

Panic Room (2002)

directed by David Fincher

Gibt es eine Enzyklopädie der menschlichen Frisuren? Und wenn ja, wie viele Haarschnitte sind darin enthalten? Nächste Frage: Wie viel Prozent aller theoretisch möglichen Haartrachten hat Jared Leto in seinem Leben schon getragen? 2002 jedenfalls kommt er mit Cornrows auf die Leinwand. Igelfrisur und Dauerwelle stehen dagegen weiterhin aus. Cornrows sind wurstartig nach hinten geflochtene, lavendelblütenartig geformte Röllchen, die, weil sie die Kopfhaut zum Vorschein bringen, bei einem Kaukasier, wie der Amerikaner so schön sagt, den Eindruck hinterlassen, als wäre der Radialreifen einer Lkw-Zugmaschine durch frischen Schnee gerollt. Jared spielt Junior. «Ich glaube Juniors Haare sagen viel über ihn aus: Er ist jemand, der nicht weiß, wer er ist und wo er hingehört», erklärt Jared den Kniff mit der Frisur. Junior ist einer von drei Einbrechern, die sich eigentlich nur eine Handvoll versteckter Milliönchen aus einem Safe in einem noblen Privathaus mitten in Manhattan angeln wollen.

Junior hat das Wissen und den Plan, Burnham das Know-how und die Fähigkeiten den Tresor zu knacken, und Raoul, nun, Raoul ist plötzlich bei dem Coup mit dabei, weil es in der halbseidenen Geschäftswelt nicht immer zu vermeiden ist, dass noch jemand mitmachen möchte, wenn es irgendwo nach fetter Beute riecht. Aber Raoul ist nicht die einzige Überraschung, die die Pläne durcheinanderwirbelt, denn in dem Haus mit dem begehrten Safe schlafen unerwartet die vorzeitig eingezogene Jodie Foster und ihre halbwüchsige Tochter Kirsten Stewart. Die Panzerknackeridee wird frühzeitig vollends zur Farce, als Mutter und Tochter sich im *Panic Room* verschanzen.

Drei Monate Konstruktionszeit, fünf Monate Bauzeit, eine Hülle aus sieben Tonnen Beton, getragen von einem Gerüst aus dreihundert laufenden Metern Stahl. Zwei Meilen Kabel verbinden sechzehn Überwachungskameras mit acht aufzeichnungsfähigen Monitoren. Ein eigener unabhängiger

Jared Leto spielt Junior
in
Panic Room

erschienen 2002
Regisseur: David Fincher
Autor: David Koepp

In den Hauptrollen:
Jodie Foster, Kristen Stewart, Forest
    Whitaker, Dwight Yoakam

Laufzeit: 112 Minuten
Budget (geschätzt): 48 Mio. $
gedreht auf 35mm in New York und
    Los Angeles
nominiert für 7 Preise
ausgezeichnet mit 1 Preis
Quelle: Imdb.com

Telefonschluss, die einzige Tür aus gehärtetem Stahl, gesichert durch einen vollstahlverzapften Mechanismus, kombiniert mit einem bewegungssensitiven Schließsystem. Der Panic Room des Hauses hat nur eine Funktion: niemanden hineinzulassen.

Gut für die Bewohner, schlecht für die Eindringlinge, denn der wertvolle Tresor befindet sich im Panic Room. Die einen wollen hinein, die anderen sitzen drin, suchen Hilfe und wollen vor deren Eintreffen nicht herauskommen.

David Fincher benötigt nur fünfzehn (namentlich genannte) Personen, um ein beklemmendes Beinahe-Kammerspiel zu inszenieren. Innerhalb des Schutzraumes sitzen eine solide spielende Jodie Foster und eine überzeugende Kirsten Stewart. Vor der Tür: Jared Leto, von der Situation leicht überforderter Kleingangster mit der schwarzen Frisur auf dem Haupt, Vollbart am Kinn und der extensiven Nutzung seiner Standardgeste. Den Zeigefinger schnurstracks nach oben, ohne ihn durchzubiegen, die zarte Faust fest geballt und den Handrücken parallel zur Brust gedreht verschafft er sich Aufmerksamkeit, wenn er etwas Wichtiges unterstreichen möchte.

Ein guter Zuhörer ist ihm der großartige Forest Whitaker, ein auf absolute Gewaltlosigkeit pochender Sicherheitsfachmann (nur wer Systeme verschlüsselt, weiß schließlich, wie man sie wieder öffnet), der sich als Burnham seine schwere Lautlosigkeit aus *Ghostdog* bewahrt hat. Mit seiner einzigartigen Art zu spielen, seinen zeitnehmenden Blicken, seinen Bewegungen wie in Zeitlupe – nein, er ist nicht tapsig, nicht mal schwerfällig –

ist er der beste Darsteller des Ensembles. Whitaker hat die perfekte Symbiose zwischen seinem Körper und seinen Bewegungen gefunden.

Weniger sympathisch und kompromissbereit ist der brutale Assi Raoul, der erst nach der Hälfte des Films seine Skimaske abnimmt, aber sowohl ohne als auch mit Gesicht nur ein menschgewordener Misthaufen ist. Er dient schlicht als Zielscheibe für die Ablehnung des Zuschauers.

Die drei Bösen versuchen also des Geldes wegen in den Raum zu gelangen und beißen sich an der Hülle und den Insassen die Zähne aus. Wie so oft erlebt Jared nicht das Ende der Geschichte. Bald schon ist er von Verbrennungen schwer gezeichnet, dann gibt er auf und fängt sich eine Kugel.

Nach *Seven* und *Fight Club* waren die Erwartungen an David Fincher groß. Für Jared war es die erneute Chance, mit einem seiner Helden zusammenarbeiten zu können. Er verehrt Fincher, den Autodidakten, der nie eine Filmhochschule besuchte, als Trickfilmzeichner begann und vor seinen

Jared Leto als Bösewicht an der Seite von Forest Whitaker

Spielfilmen viele stilbildende Musikvideos, aber auch Werbefilme inszenierte. Neben zahlreichen Videos für Madonna stehen Künstler wie
Michael Jackson, Billy Idol, George Michael, Aerosmith oder die Rolling
Stones in Finchers Portfolio. Jared bewundert Finchers Arbeit beinahe so
sehr, wie er Aronofsky verehrt, wobei er bei Fincher noch mehr Parallelen
zu seinen eigenen Wünschen und Ideen ziehen kann. Gut möglich, dass er
eines Tages wie Fincher auch zur Garde der «Parforce-Kunsthandwerker»
Hollywoods gezählt werden möchte.

Junior (Jared Leto) hat die Nase voll

Colin und Walk schreiben über *Panic Room*: «Ein routinierter Thriller, dem es durch entsprechende Perspektiven und Einstellungen gelingt, das Haus als beklemmendes Gefängnis zu inszenieren. Als bedrückende, fast schon lebendige Zelle, aus der es kein Entkommen zu geben scheint.» An anderer Stelle urteilt *Film-Zeit*: «Gemessen an anderen Produktionen David Finchers, der hier seinen eigenwilligen Stil nur aufschimmern lässt, bietet *Panic Room* vor allem nur routiniertes Handwerk.»

«*Panic Room* war eine Spitzengelegenheit für Fincher, mir noch etwas mehr Schaden zuzufügen. Es gibt definitiv einige verstümmelte Körperteile in diesem Film. Aber Fincher ist ein großartiger Typ. Ich will nicht sagen, dass er ein Genie ist, denn dafür sieht er zu gut aus. Denn er ist zweifelsfrei sexy und die fachkundigste Person, die ich je getroffen habe», so das Fazit Jared Letos.

Aber auch der Enthusiasmus innerhalb der Band ist groß. Mit Hochdruck wird in allen notwendigen Bereichen daran gearbeitet, den höchstmöglichen Bekanntheitsgrad zu erzielen.

Capricorn (A Brand New Name)
VIDEO (2002)

directed by Paul Fedor

Die erste Single aus dem ersten Album erfordert einen ersten Videoclip.
Paul Fedor übernimmt den Job:
Junge Leute graben ein Loch, es wird tiefer und tiefer, keiner bleibt vom
Schlamm verschont. Wir sehen schöne junge Körper, verschmiert und

Matt Wachter und Jared Leto

eingesaut. Sie graben der Band ein überdimensionales Grab, so groß, dass sie darin einen finalen Auftritt spielen kann, mitsamt Equipment, Lightshow und selbstverständlich ausreichend Platz für Rock 'n' Roll-Sprünge. Plötzlich tauchen Riot-Cops mit Gartenschläuchen auf und verscheuchen die Menge.

Neben der spürbar gewollten Selbststilisierung der Band wirkt das Video in sich zwar stimmig, aber auch distanziert und, wie vieles aus dieser Phase des Musikfernsehens, ein wenig wie von der Stange. Nichts Aufregendes. Nichts, an das man sich erinnern muss. Vor allem im Rückblick, ein Dutzend Videoclips später, von denen eine ganze Handvoll unvergleichlich bombastisch sind und preisgekrönt in der Ruhmeshalle hängen.

Mit der Veröffentlichung des zweiten Videos starten 30 Seconds To Mars dann in das Jahr 2003.

Edge Of The Earth VIDEO (2003)

directed by Kevin McCullough

Edge Of The Earth ist ein Musikclip mit Homevideo-Charakter in Blitzlicht- und Nightshot-Ästhetik. Es gibt keine eigentliche Geschichte, das Ganze bleibt eine Aneinanderreihung optischer Schnipsel. Es sind die Trophäen vergangener Zeiten, die präsentiert werden: Fans, Tattoos, Bühnen, Posen, Backdrops, Backstage, Touring, Artwork, Kriegsbemalung, Echelon und Fan-Commitment. Ein leider allzu typisches MTV-Geflacker, das vor allem eine Botschaft hat: Seht her, wir haben bereits einiges erreicht. Dennoch zeigt *Edge Of The Earth* erstmalig diejenigen Aktionen, visuellen Stunts und Leckerbissen, die Jared später perfektionieren wird. So gesehen ist *Edge Of The Earth* ein Anker für die Zukunft. Und ein netter Rückblick auf die Atmosphäre früher Tage on Tour.

Mit dem Video im Gepäck begleiten 30 Seconds To Mars Trust Company durch Amerika und entscheiden sich dafür, im Anschluss am Rockzirkus Lollapalooza teilzunehmen. Knapp dreißig Shows werden auf dem wieder rockiger ausgerichteten Wanderzirkus zusammen mit Audioslave, Incubus, A Perfect Circle, Queens of the Stone Age, Billy Talent und weiteren Bands bestritten. Festival-Gründer Perry Farrell hat als besonderes Schmankerl für die 2003er Rutsche seine Band Jane's Addiction extra wieder zusammengebracht. Eine willkommene Runde für 30 Seconds To Mars, um die eigenen Fans zu treffen und neue Freunde zu gewinnen. Eine kleine hingebungsvolle Fan-Base gibt es bereits. Bevor der in Jugoslawien geborene Kroate Tomislav, genannt Tomo, Miličević Anfang 2003 bei 30 Seconds To Mars als Gitarrist einsteigt, kannte und mochte er die Band bereits. Das war lange bevor ein breiteres Publikum wusste, wer oder was 30 Seconds To Mars überhaupt sind.

Das Jahr 2004 beginnt mit weiteren Gigs und dem Einzug ins Studio. Die Zeit vergeht wie im Flug und der Augenblick ist gekommen, um am nächsten Album zu arbeiten. *The Battle Of One* lautet der Arbeitstitel. Jared weiß von Anfang an, dass er Kämpfe und Konflikte, die im Inneren eines Menschen toben, in den Vordergrund stellen will. Für die 30 Seconds To Mars-Fans soll außerdem ein Yearbook entstehen, das wie ein gedrucktes *Facebook* alle Freunde und Fans der Band miteinander verbindet und Fotos eines jeden Teilnehmers beinhaltet. Der Druck und die Auslieferung verzögern sich jedoch immer wieder und verlangen viel Geduld. Im Juli vermeldet der Crash Minister, also Jared, aus den Katakomben des Studios, dass achtzig Prozent des Materials im Kasten seien und die letzten Aufnahmen in Übersee stattfinden werden. Grund für das auseinandergerissene Arbeiten am Album sind Jareds Engagements bei Filmen, die nicht in Hollywood gedreht werden. So erfordert *Lord Of War* seine Anwesenheit in Südafrika und führt dazu, dass auch hier am Album gefeilt wird und sogar Songs geschrieben werden. Jared hockt während der Dreharbeiten keinesfalls im klimatisierten Trailer und dreht Däumchen. Im Gegenteil, wann immer er unterwegs ist, lässt er Video-Schnittplätze oder musikalisches Equipment mitreisen, um jede freie Minute zu nutzen und an Songs zu arbeiten. Später, um Clips zu schneiden. Der Anspruch, so weit wie möglich alles selbst in der Hand zu haben, ist zeitaufwendig, aber auch befreiend und befriedigend, wenn die Ergebnisse zu einhundert Prozent das sind, was Jared sich vorgestellt hat. Zwischendurch muss es immer auch Raum für künstlerische Inspiration geben. Für eine Safari durch Südafrika findet sich selbstverständlich die Zeit.

Eine ungemasterte Version des Albums gelangt relativ früh ins Internet und sorgt dafür, dass sich der Veröffentlichungstermin abermals verschiebt. Jahre später sollte ein EMI-Manager zugeben, dass allen offiziellen Verlautbarungen zum Trotz, der illegale Austausch von Musik im Netz für die Companies weit weniger schädlich war, als sie immer behauptet haben. Filesharing sei «Try before you buy»-Marketing, für das die Musikindustrie nicht einmal zahlen müsse. Zum Thema hat es geheime Studien gegeben, die bewiesen, dass Filesharer durchaus Geld für Musik ausgeben – und zwar mehr als diejenigen, denen Sharing nicht ins Haus kommt. Dem kommenden 30 Seconds To Mars-Album hat es keinesfalls geschadet,

es sollte Gold und Platin geben, denn echte Fans und wahre Musikliebha-
ber kaufen ohnehin die Platten ihrer Helden, weil sie wissen, dass man
sie damit für ihre Kunst entlohnt und ihnen ein Einkommen garantiert.
Dazu gibt es das Phänomen der musikalischen Ungeduld. Wenn eine Platte
eingespielt ist, will man sie unbedingt hören, weil man schon so lange
wartet. Fan zu sein bedeutet auch, süchtig zu sein. Musikfreund zu sein
löst große Begierden aus, denen man sich mit Nachdruck hingibt. Zwei-
felsohne nutzt man die Möglichkeit, Musik vorabzuhören. Und weil sie
bestätigt, was man sich gewünscht hat, weil sie einem mehr gibt als alles
andere Konsumierbare, ist man selbstverständlich bereit, das Vorabhören
mit einem anschließenden Kauf zu legalisieren.

Bevor das zweite Album aber offiziell erscheint, taucht Jared abermals auf
der Leinwand auf. Dieses Mal ist es ganz großes Kino.

Alexander (2004)

directed by Oliver Stone

2004 veröffentlicht einer der größten amerikanischen Regisseure, Oliver Stone, sein beinahe drei Stunden dauerndes Monumentalwerk *Alexander* über den Feldherren Alexander der Große. Es ist ein 35.000-Kilometer-Roadmovie, wie sein Production Designer Jan Roelfs meint, aber die Öffentlichkeit hat nichts anderes im Sinn, als sich einen winzig kleinen Aspekt aus dem prächtigen Epos herauszugreifen.

Nicht nur die anerkannten Historiker James Romm und Paul A. Cartledge diskutieren noch 2010 ernsthaft die Korrektheit von Stones Darstellung der homosexuellen Liebe zwischen Alexander und Hephaistion.

Paul Cartledge versteht Oliver Stones *Alexander* als eine lange filmische Geschichte und bescheinigt, dass Stone zumindest versucht hat, die Fakten richtig darzustellen.

Grundsätzlich habe Stone mithilfe des altgeschichtlichen Oxford-Historikers Robin Lane Fox den richtigen Berater gehabt, habe aber dann seinen romantischen Gefühlen nachgegeben. Es gäbe tatsächlich einen großen weiblichen Fanclub des historischen Hephaistion – nicht zu verwechseln mit dem großen weiblichen Fanclub seines Darstellers Jared Leto –, dem Stone mit seiner Version ein wenig auf die Füße getreten sein könnte. Dennoch sei Stones Vorstellung, dass Alexander und Hephaistion, die sich von Jugend auf kannten, eine sexuelle Beziehung hatten, durchaus denkbar.

James Romm erwidert, dass bei allem, was in der Beziehung zwischen Alexander und Hephaistion richtig oder falsch dargestellt sein mag, Stone sich sehr große Freiheiten herausgenommen habe, inwiefern die eifersüchtige Roxane für Hephaistions Tod verantwortlich gewesen ist, denn dafür gebe es weder Hinweise noch den Grund zur Spekulation in den historisch verbürgten Quellen. Und obschon es eine Tradition gibt, in historischen Darstellungen Hephaistion mit spöttischem Blick auf den Augenblick sehen zu lassen, in dem Alexander seine Liebe zu Roxane entdeckt, scheint deren Bedeutung nicht so groß, wie gerne dargestellt.

Jared Leto spielt Hephaistion
in
Alexander

erschienen 2004
Regisseur: Oliver Stone
Autoren: Oliver Stone, Christopher Kyle,
　　Laeta Kalogridis

In den Hauptrollen:
Colin Farrell, Angelina Jolie, Val Kilmer,
　　Anthony Hopkins

Laufzeit: 175 Minuten
Budget (geschätzt): 155 Mio. $
gedreht auf 35mm in Marokko, England,
　　Deutschland, Thailand
nominiert für 9 Preise
ausgezeichnet mit 2 Preisen
Quelle: Imdb.com

(Das Gespräch der Historiker ist nachzulesen auf forbes.com)

Oliver Stone erklärt seine Sicht der Dinge im Gespräch mit John Calapinto wie folgt (Auszüge aus einem ausführlichen Interview im deutschen *Rolling Stone* vom Januar 2005). Zunächst führt Calapinto aus seiner Sicht in den Film ein:

«Auf den ersten Blick ein Sandalenfilm Marke *Gladiator* hat der Streifen doch auch eine subversive Seite – vor allem, weil die Liebenden in der zentralen Lovestory zwei homosexuelle Männer sind: Alexander der Große, gespielt von Colin Farrell, und sein Gefolgsmann Hephaistion, gespielt von Jared Leto.»

Rolling Stone:
Es ist – vorsichtig gesagt – schon erstaunlich, dass die Liebesszenen in *Alexander* zwei Männern gehören.

Oliver Stone:
Tja. Da führt kein Weg dran vorbei. Es ist nun mal so, dass zur damaligen Anbetung verschiedenster Götter auch andere Werturteile gehörten als die, die später die christliche und die jüdische Philosophie brachten. Aber darum geht es in dem Film gar nicht. Es geht darum, dass dies der Mann war, den Alexander liebte – und er sehnte sich verzweifelt nach Liebe und Vertrauen. Er hatte das nie. Er suchte sein Leben lang danach, bei Männern wie bei Frauen.

Aber Sex zwischen Alexander und Hephaistion zeigen Sie nicht. Wieso nicht? Waren Sie versucht?

Nicht wirklich. Es reichen fünf Worte. Alexander sagt: «Stay with me tonight, Hephaistion.» Spätestens da begreift's jeder. Wenn nicht – fuck you, selber schuld. Vielleicht haben wir sie ein paar Mal beim Küssen gefilmt, aber daran lag mir nichts. Der Film geht über das Thema Homosexualität hinaus. Er handelt von allem. Von Müttern, Vätern, Liebenden, Kindern, von unserem Verhältnis zu den Göttern, dem Verhältnis zum Ego, zur Macht, von Großzügigkeit – es geht einfach ums Leben.

Als Filmemacher hatten Sie nie Angst, etwas zu riskieren. Ist es heute schwieriger, einen Film mit einer klaren, eigenwilligen Vision zu machen?

Der Cast von Alexander mit Regisseur Oliver Stone

Ja, weil die Studios zu viele Filme drehen. Da hat man schon Glück, wenn ein oder zwei starke Visionen durch das System kommen. Normalerweise werden die Extreme bei der Drehbuchentwicklung einfach rausgestrichen.

Damit es nicht so teuer wird?

Nein, damit es nicht kontrovers wird. Eine «wilde» Idee nehmen sie schon alle gern, aber was in dem Rahmen dann passiert, das muss alles politisch korrekt sein. Ein Mann darf nicht dies tun, eine Frau jenes nicht, ein Kind muss so-und-so behandelt werden. Und falls man doch irgendwas «Wildes» zeigt, dann muss man klar signalisieren, dass das «nicht richtig» ist. Deswegen finde ich amerikanische Filme geradezu erstickend, und ich denke, das geht vielen so. Das ist wie sowjetischer Realismus.

Das heißt, der Konservatismus der Politik prägt inzwischen auch Hollywood?

Es herrscht ein unglaublicher Konsens in Amerika, das ist schlimmer geworden. Für mich war die Konformität der 50er in der Schule immer ein Problem. Das war alles so rigide, so repressiv – und jetzt kommt das wieder. Ich glaube, meine Generation ist sehr enttäuscht. Wo sind nur all die großartigen Leute geblieben, die in den 60ern und den 70ern den Mund aufgemacht haben? Die wurden einfach geschluckt, und die Medien sind die Komplizen des Systems. Die verwenden die gleiche Schere, mit der die Entwicklungsabteilung eines Studios Drehbücher beschneidet und auf Linie trimmt. [...]
Amerika hatte in den 70ern eine Wahnsinnsenergie. Aber seither haben die großen Konzerne so ziemlich alles aufgekauft. Jetzt gibt es zwar eine Rekordzahl von Entrepreneurs, von Unternehmern, aber die Schönheit

Jared Leto bei der Premiere von Alexander in Los Angeles

und die Lebendigkeit sind auf der Strecke geblieben. Man bringt keinen rechten Enthusiasmus mehr zustande. Gehen Sie mal in einen gut sortierten Kiosk: Da stehen vierhundert Zeitschriftentitel im Regal, da wird spezialisiert, spezialisiert, spezialisiert, und alles in seine Mikropartikel zerpflückt. Die Folge: Ermüdung. Es wird alles zu klein, zu speziell. Im Filmgeschäft genauso. Da gibt es kein Verantwortungsgefühl mehr, keine Freundschaft. Wir arbeiten alle für riesige Konzerne. Da hast du nur bei schönem Wetter Freunde, denn wenn dein Film kein Geld einspielt, fliegen sie vielleicht raus. Es ist eine von Angst geplagte Gesellschaft, und jeder, der irgendwas tut oder sagt, begibt sich in Gefahr.

Es bedarf vieler Produzenten, verschiedenster Geldgeber, eines komplizierten Produktionsaufbaus und eines Skripts, an dem Stone jahrelang arbeitet und auf das er während des Drehs immer wieder mit Nachdruck hinweisen muss. Das Produktions-Design hat zweihundertsechsundneunzig Sets zu bauen. Mit wahnsinnigem Aufwand wird die Antike in Architektur, Ausstattung, Kleidung und Kriegsführung nachgebaut und zum Teil auch neu erschaffen. Jared Leto ist ein klitzekleiner Baustein in einem monumentalen Gebilde. In einer Geschichte, die vor zweitausenddreihundert Jahren spielt und allen Beteiligten viel abverlangt. Jared legt fünfzehn Pfund zu und bringt seinen Körper in Form, um stark und kräftig für die Rolle zu sein. Val Kilmer dagegen setzt sein tägliches Hanteltraining aus, um sechzig Pfund Speck, aber keinesfalls Muskeln zuzulegen, um als Alexanders Vater König Philip alt und schwer zu wirken. Durch die Lektüre historischer Bücher, der Schriften von Homer bis Aristoteles (Bücher über Alexander sollten auf Anweisung Stones explizit vermieden werden), versetzen sich die Schauspieler in die Denkweise der Antike, in deren Gesellschaft andere Regeln und Moralvorstellungen galten. Eine Zeit, in der die Figur Alexander der Große nicht weniger als die Grundlage für eine versöhnliche, Völker überschreitende, kosmopolitische Weltsicht gelegt hat – bei allem Blut, das dafür fließen musste.

Was Oliver Stone zu einem großen Regisseur macht, wird Jared gefragt. «Er ist immer sehr ehrlich und sagt dir, ob du gerade gut oder mies bist. Und er legt eine hohe Messlatte an, die er ständig erhöht.»

«Wenn ich das Skript schreibe, kann ich denken, denken, denken, aber wenn die Kamera läuft, muss alles auf den Punkt sein, im absoluten Hier und Jetzt, das ist wie Meditation. Meditation ist ja nichts anderes, als im absoluten Hier und Jetzt zu sein», stellt Oliver Stone klar. Und seiner Monsteraufgabe, vierundneunzig Drehtage lang alles, quasi die ganze damals bekannte Welt umfassend im Auge zu haben, ist es geschuldet (vielleicht auch seiner Persönlichkeit), dass Stone während der Dreharbeiten häufig ins Unflätige verfällt. Das ist sehr schön im ausgiebigen Making-of zu beobachten. Weil es Stones Sohn Sean ist, der diese Dokumentation filmt, ist man die ganze Zeit über sehr nah dran an Stone senior, der darin nicht nur die gesamte Farbpalette an Lacoste-Polohemden zur Schau trägt, sondern sich von der Nähe seines Sohnes schlicht nicht irritieren lässt. Es lohnt sich nicht nur deswegen, diese Extrastunde des Filmunterrichts unbedingt zu sehen, weil man Colin Farrell in voller Montur mit Kippe im Mund einen Dolchkampf proben sehen kann. Nein, gibt man sich selbst diese kleine Nachhilfestunde, dann multipliziert man Effekt und Gesamteindruck von Oliver Stones gescholtenem und dennoch so großartigem *Alexander*. Denn merke: Zum Filmfreund wird man, wenn man lernt zu akzeptieren, dass im Film die Realität dem Künstlerischen mitunter höflich Platz macht. Zum Filmliebhaber wird man erst, wenn man gelernt hat zu begreifen, dass in großen Filmen künstlerische Freiheit herrschen muss, und zwar in jedem Detail.

Jared fasst zusammen, welche Bedeutung Oliver Stone für ihn hat. Hatte ihn dessen Ruf nach zwei Jahren persönlicher Distanz vom Filmgeschäft doch beinahe ausflippen lassen. «Wenn Oliver Stone sich meldet, dann bist du dabei, und vor allem erlaubst du dir keinen Scheiß.»
Seine Bewunderung ist groß: «Auf der einen Seite ist Oliver ein scheiß Verrückter, auf der anderen Seite ist er ein wunderbarer Künstler. Vielleicht

wie Beethoven oder Van Gogh, diese Liga.» Und ja, Jared ist wählerisch, wenn es darum geht, filmischen Projekten zuzusagen: «Ich will große Würfe machen, ich will stolz sein auf das, was ich mache. Man findet viel zu leicht Ausflüchte, um Dinge zu unterlassen, wenn man die Qualität nicht sieht.» Deshalb ist es nicht mal arrogant, wenn Jared nach der Arbeit mit Fincher, Aronofsky, abermals Fincher und nun Stone sagen kann: «Ich bin völlig verdorben, was das betrifft.»

Alexander existiert in verschiedenen Cuts und ist ein Must-see, nicht nur für Schüler altsprachlicher Gymnasien, die ihre Nasen gerne in die verstaubten Schmöker ihrer Großväter stecken. *Alexander* ist nicht nur ein Nachmittag, der die Faszination für die Antike wiederbeleben kann, sondern auch Anschauungsunterricht über die Grundlagen unserer Zivilisation. Einen besseren Einstieg für weitere persönliche Studien wird man kaum finden.

«Zwischen Colin und mir gab es keine handfeste Szene. Wir umarmen uns ein paar Mal. Wenn es eine Sexszene gegeben hätte, dann glaub mal, wäre das die beste Sexszene geworden, die du je gesehen hast. Es hätte danach nie wieder eine andere Männer-Sexszene geben können, weil das die ultimative Fickfiesta aller Zeiten geworden wäre. Und niemand hätte Oliver Stone sagen können: Das schneidest du raus. Niemand kann Oliver Stone irgendetwas sagen.»

Der Rockmusiker bricht so langsam aus Jared Leto hervor

Yes this is a cult

Endlich!

A Beautiful Lie ALBUM (2005)

«Blut, Schweiß und Tränen» habe der Fertigstellungsprozess von *A Beautiful Lie* gekostet, stöhnt Jared auf, als er endlich das Ende der Arbeiten am Album verkünden kann. Recht so, denkt der Musikenthusiast; jeder Musiker, der das nicht von seinem gerade erschienen Werk behaupten kann, hat nicht die letzten Prozente kreativer Kraft in die Sache gesteckt. Output, der allzu leicht von der Hand geht, ist bei aller gelernten Routine dann doch nicht das Maximum des Möglichen, sondern allenfalls sieben-achtelherzig. *A Beautiful Lie* ist hundertprozentig, und Jared hat es geschafft, das Debut zu übertreffen, die Ernsthaftigkeit seiner Musikerambitionen zu untermauern und der Welt ein bombastisches Album vor die Füße zu schleudern.

«Auf dem ersten Album habe ich eine künstliche Welt erschaffen, in der ich mich gut verstecken konnte. *A Beautiful Lie* ist viel persönlicher und direkter. Es handelt vom Leben und der Liebe, von Tod, Schmerz, Freude und Leidenschaft.» Und eine besondere Intention liegt *A Beautiful Lie* zugrunde: «Ich wollte mit dem zweiten Album das erste zerstören.» Diese Aussage ist nichts weniger als der Ausdruck, sich nicht wiederholen zu

Jared mit Band und Assistentin unterwegs

Jared Leto spielt Gitarre und Gesang
auf
A Beautiful Lie von 30 Seconds To Mars

erschienen 2005 bei Immortal, Virgin
produziert von Josh Abraham, 30 Seconds
To Mars
weitere Musiker: Shannon Leto, Tomo
Miličević, Matt Wachter et alii

Laufzeit: 56 Minuten
allein in den USA über 1,2 Mio. verkaufte
Einheiten
Quelle: Wikipedia

wollen und obendrein alles, was man dazugelernt hat und an persönlichen Erfahrungen zwischenzeitlich dazugewonnen hat, zu verarbeiten.

Für eine stellvertretende Rezension soll abermals das Branchenblatt *Rock-Hard* zu Wort kommen. Boris Kaiser schreibt in Heft Nr. 224:

30 Sekunden, bis man überzeugt ist: Auch die zweite Scheibe der Band um Hollywoodstar Jared Leto (u.a. *Alexander, Fight Club)* knallt ohne große Umwege in Herz, Hirn und Bauch und liefert eine Ohrwurmdichte ohnegleichen. Dabei haben die Alterna-Rocker den leichten Avantgarde/Progressive-Anstrich des selbstbetitelten Debuts (Kollege Rensen brachte beim Review damals nicht ganz zu Unrecht sogar 'ne Combo wie Vauxdvihl ins Spiel) gegen den unbändigen Willen, den perfekten Song zu erschaffen, ausgetauscht. Will meinen: Die ersten zehn Stücke des Dreizehn-Trackers sind samt und sonders Hits mit Langzeitwirkung, verfolgen dich sogar noch wahlweise beim Bettenmachen, Käsehobeln oder Katzenkloputzen und erinnern nicht selten an die unvergessenen Industrial-light-Pioniere Stabbing Westward, wobei man in Sachen vorherrschender Melancholie auch durchaus State-of-the-art-Acts wie Dredg, A Perfect Circle oder Tool Konkurrenz macht. Schier fantastisch! Lediglich die wahllos erscheinende letzte Viertelstunde des Albums (ein paar Minuten Leerlauf, ein kurzer Hidden Track, darauf folgend wenig zwingendes Elektro-Geplucker in Form von *The Battle Of One* und *Hunter* sowie eine ganz nette,

Jared Leto auf den MTV Europe Music Awards 2005 in Lissabon

aber nicht notwendige Akustikversion des Albumtracks *Was It A Dream?*) hätte man sich gut und gerne sparen können.

A Beautiful Lie ist die Plattform für dreierlei wegweisende Entwicklungen. Zum einen liefert das Album die musikalische Basis für vier ganz außergewöhnliche Videoclips, bei denen Jared die Fäden zieht und mit denen er die zukünftige visuelle Gestalt von 30 Seconds To Mars formt. Zweitens verkauft sich das Album bestens, wird zweimal neu aufgelegt und ermöglicht der Band – in Kombination mit den Videos – den Sprung ins Musikfernsehen und alle anderen relevanten Medien, die mit Preisen, Shows, Gastauftritten, Interviews, Features etc. konzentrische Kreise wachsender Bekanntheit auslösen. Damit ist drittens die Basis geschaffen, Europa und den Rest der Welt zu erobern. Extra zu diesem Zweck freigeschaufelte Terminkalender erlauben jetzt auch das Touren in Übersee, sprich Europa, wenn auch der ein oder andere Kinofilm dafür über die Klinge springen muss. Nicht nur *Awake*, ein Drama über einen Herzpatienten, der in der Narkose aufwacht und seine Operation mitverfolgen muss, sich aber nicht bemerkbar machen kann, ist ein Opfer, das Jared bringen muss – es existieren zahlreiche Interviews, in denen er schon über das Projekt und seine Rolle gesprochen hat. (Durch einen sich verzögernden Drehbeginn war das Projekt schlussendlich nicht mehr für Jared realisierbar.) Selbst Megastar Clint Eastwoods Anfrage für sein Kriegsfilm-Tandem *Flags Of Our Fathers/Letters From Iwo Jima* schlägt Jared aus. Er geht stattdessen mit seiner Band auf Tour, wohlgemerkt noch immer nicht als Headliner, sondern als eine von zwei Vorbands für The Used. Es soll aber nicht der Eindruck entstehen, dass Jared überhaupt keine Filme mehr drehen würde. Im Gegenteil, die besten sollten noch kommen.

Kollege Nicolas Cage gilt als Schauspieler, der lieber improvisiert, als Regieanweisungen zu folgen. Für Jared bietet sich bei der Zusammenarbeit somit die Möglichkeit, neue Erfahrungen zu sammeln.

Lord Of War (Händler des Todes, 2005)

directed by Andrew Niccol

In *Lord Of War* spielt Jared Leto Vitaly, den kleinen Bruder des weltweit tätigen Waffenhändlers Yuri Orlov, dargestellt von Nicolas Cage. Er ist Yuris rechte Hand und dessen Gewissen. Anfangs steigt Vitaly gemeinsam mit Yuri ins Waffengeschäft ein, da er aber eine gewisse Affinität zu Drogen und Frauen hat, bleibt Yuri der bestimmende Part des Geschäfts. Letos Vitaly erscheint als leicht derangierter Drogensüchtiger; er ruft seinen Bruder während eines großen Coups zur Vernunft und wird damit quasi zu einer moralischen Instanz, die es bis dato in der Story nicht gibt. Daraufhin wird er erschossen. Vitaly scheint weniger berechnend als sein Bruder Yuri zu sein, dafür sympathischer, wenn auch naiv und unschuldig, unterm Strich aber nicht dümmlich. Nicolas Cage spielt einen coolen

Nicolas Cage und Jared Leto: Lord Of War

Part in diesem ehrlichen Film über Geld, Moral, Korruption, Gewalt und Menschlichkeit, der weder pathetisch noch kitschig wirkt. Jared ist der authentische Sympathieträger des Films und gibt einfach eine gute, unterstützende Nebenrolle.

Regisseur und Autor Andrew Niccol, bekannt durch seinen Film *The Truman Show*, erzählt das Katz-und-Maus-Spiel zwischen dem Waffenschieber und dem ihn jagenden Interpol-Agenten unerwarteterweise aus der Perspektive des Händlers. Der wiederum spricht mit zweierlei Stimmen, nämlich einem Voiceover, das sich direkt an den Zuschauer richtet und sehr ehrlich ist, während das, was Nicolas Cage im Verlauf der Handlung selbst sagt, durch-

Als kleiner Bruder eines Waffenhändlers ist es leicht, an automatische Waffen zu kommen –
Jared Leto als Vitaly Orlov

weg falsch ist. Er belügt seine Frau, seine Geschäftspartner, seinen Bruder. Und das, obwohl die Beziehung zu seinem Bruder das Herz, die Kernbeziehung des Films ist. Sie sind Brüder, und doch ist Yuri mehr eine Vaterfigur für den jüngeren Vitaly.

Nicolas Cage und Jared Leto haben sich am Set von der ersten Probe an bestens verstanden. «Wir kamen sehr gut miteinander aus», erinnert sich Jared, «wir haben den gleichen Humor. Und ich bin als Jugendlicher mit seinen Filmen aufgewachsen, es war also ein Traum, mit ihm zu arbeiten.» Cage pflichtet bei: «Jared ist sehr empfänglich für jede Art von kreativem Ausdruck, er interessiert sich für alle Richtungen der Kunst, das ist gut.»

Jared Leto spielt Vitaly Orlov
in
Lord Of War

erschienen 2005
Regisseur: Andrew Niccol
Autor: Andrew Niccol

In den Hauptrollen:
Nicolas Cage, Bridget Moynahan, Shake Toukhmanyan, Jean-Pierre Nshanian

Laufzeit: 122 Minuten
Budget (geschätzt): 42 Mio. $
gedreht auf 35mm in New York, Utah, Südafrika und Tschechische Republik
nominiert für 2 Preise
ausgezeichnet mit 2 Preisen
Quelle: Imdb.com

Mit einem Regisseur, der auch das Buch geschrieben hat und mit einem nicht alltäglichen Skript locken konnte, waren für Jared wieder einmal zwei entscheidende Voraussetzungen gegeben, um bei einem Film mitwirken zu wollen. Den Regisseur lobt er in den höchsten Tönen: «Andrew Niccol hat eine sehr klare Sprache. *Lord Of War* ist ein unverwechselbarer Film, der ein Thema angeht, das sonst nicht angefasst wird. Ich mag Filme, die mich woanders hinbringen, die mir eine neue Welt erschließen.»

Interpol-Agent Ethan Hawke unterstreicht Jareds Aussagen: «Niccols Filme haben eine bestimmte Ansicht und Herangehensweise, das ist sein unverwechselbarer Stil. In unserem Geschäft ist es eher selten, dass jemand seine eigene Stimme hat. Ich gebe zu, dass ich in der ganzen Waffenthematik vor Drehbeginn ziemlich unwissend war.» Tatsächlich trifft Niccol

einen wunden Punkt: Klein- und Handfeuerwaffen sind überall auf der Welt extrem weitverbreitet und bringen mehr Tod und Verstümmelungen als jede Atomrakete, dieses andauernde, abstrakte Symbol der Bedrohung aus dem Kalten Krieg.

Die Darsteller der handelnden Orlovs liefern einen Einblick in eine abgrundtiefe Szene aus verantwortlichen Staaten, Produzenten, Auftraggebern, Protektoren. Und Benutzern. Der Film wirft ein Schlaglicht auf einen alltäglich existierenden Markt mit einer dubiosen Moral.

Gerade weil Orlov so ein charmanter und mitreißender Teufel sein kann, ist er so erfolgreich. Für das Drehbuch sind verschiedene echte Personen aus der Waffenszene in der Figur des Orlov verschmolzen. Mitproduzent Nicolas Cage: «Es ist ein Independent-Film, aber er fühlt sich an wie ein richtig mächtiger Film. *Lord Of War* ist sowohl politisch, Sozialkommentar, Charakterstudie, als auch Unterhaltung in einem.»

Dafür, dass der Film so authentisch wirken konnte, musste der Ausstatter des Films Waffen kaufen. Weil dreitausend echte Kalaschnikows günstiger zu bekommen waren als Imitate, kaufte er echte. Ironischerweise schlug er sie zu einem schlechteren Preis nach dem Dreh wieder los, ist damit der einzige Waffenhändler, der in diesem Zusammenhang einen richtig miesen Deal machte.

Aber auch die fünfzig aufgereihten Panzer, die in einer Szene zu sehen sind, gehören einem echten, durchaus sympathischen Händler, der sie für den Dreh zur Verfügung stellte. Selbst mit der Antonov-Frachtmaschine, die auf einer staubigen Piste inmitten auseinanderstiebender Menschen landen muss, waren eine Woche zuvor noch echte Waffen in den Kongo transportiert worden. Die russische Besatzung meinte mit einem routinierten Blick auf den Aufbau am Filmset nur lapidar: «Joah, sieht authentisch aus, was ihr da macht.»

Jared und Nicolas am Set von Lord Of War

Gedreht wurde *Lord Of War* in New York, Tschechien und in Südafrika, wo aus Kostengründen nicht weniger als dreizehn Locations angesiedelt wurden: Westafrikanische Atmosphäre wurde ebenso benötigt wie nordafrikanische Schauplätze, außerdem Beirut, die Karibik und Südamerika. Jared genießt die Zeit in Südafrika, nimmt die Gelegenheit zu Safaris wahr und findet wie Cage Gefallen an Land und Leuten, die in einer brüchigen Gesellschaft leben, in der Aids und Gewalt alltäglich sind, aber gerade die Jugend dennoch so viel Hoffnung ausstrahlt.

Für den Film lernt Jared, wie es seine Art ist, um möglichst nahe an den Charakter heranzukommen, Russisch. Das ist kein leichtes Unterfangen, weil dafür schwierige, ungewöhnliche Laute für einen Amerikaner notwendig sind. Viel Mundakrobatik war laut Jared dafür erforderlich. Es wird allerdings vom Set berichtet, dass Jared, der sein Russisch vor der Kamera ausgiebig einsetzen wollte, vom Gegenteil überzeugt werden musste und seine neueste Errungenschaft nur ganz punktuell einsetzen durfte. Vielleicht wäre Ukrainisch die geeignetere Sprache für die Männer aus Little Odessa gewesen.

Den Zwiespalt zwischen der grausamen Bedeutsamkeit der Taten, die die Protagonisten in diesem weltweiten Geschäft verantworten, und ihren ansatzweise humorvollen, zweifellos zynischen Charakteren verkörpert niemand besser als Eamonn Walker als Baptiste Senior. Man muss unweigerlich mit ihm lachen, wenn er im Angesicht seiner Macht Orlov einfach überstimmen kann. «Sie nennen mich den ‹Lord of War›», sagt Baptiste und will Orlov ein Kompliment machen, «aber vielleicht bist du es viel mehr ...» – «Es heißt nicht ‹Lord of War›, es heißt ‹Warlord›», berichtigt ihn der geborene Ukrainer. «Thank you, but I prefer it my way», bestimmt Baptiste und verleiht dem eindrucksvollen Film so seinen hintergründigen Titel.

Danach geht es zum nächsten Dreh, ein neues Musikvideo muss her. Und das erste Video für das zweite Album ist auf längere Zeit das letzte, das ein Außenstehender für 30 Seconds To Mars realisieren darf.

Attack VIDEO (2005)

directed by Paul Fedor

Für *Attack* greifen 30 Seconds To Mars abermals auf Paul Fedor zurück, ein Mann, der sich für visuelle Effekte interessiert und insbesondere die Gestaltung von Texturen und Oberflächen mag. Für *Attack* greift Fedor die Technik des Scratchens, einer Randerscheinung aus der Grafitti-Writer-Szene auf. Scratchen bedeutet in diesem Zusammenhang gekratzte Spuren, Symbole oder Zeichen zu hinterlassen. Üblicherweise von Taggern auf glatten Oberflächen wie U-Bahn-Scheiben eingesetzt lässt sich dieser Effekt natürlich auch auf Celluloid anwenden – selbst wenn mittlerweile die digitale Technik langsam den Filmmarkt erobert. Mit dem Gekritze entsteht im Video nicht nur eine leise Horrorästhetik, sondern mit einfachen

30 Seconds To Mars bei einem kleinen In-Store Konzert zur Veröffentlichung des Albums A beautiful Lie

Mitteln eine zweite Ebene, die für eine schöne Optik sorgt. Und die eine Bühne für ein weiteres Element bietet: Subliminals. Die Subliminals hat Jared bei dem von ihm verehrten Großmeister David Fincher in *Fight Club* kennengelernt und beginnt sie hier einzusetzen.

Nur wenn man das Video in Einzelbildschritten durchsieht, kann man die Botschaften erfassen. «Yes this is a cult» taucht ebenso auf wie viele weitere Symbole aus der 30 Seconds To Mars-Welt. *Attack* ist ein Video von erhellender Düsternis, das optisch die Dynamik des Songs erstklassig umsetzt. Dazu sieht Jared Leto mit militärisch kurzem Haarschnitt und Post-Production-Make-up umwerfend frisch und gut aus.

Und wieder geht es Schlag auf Schlag. 30 Seconds To Mars hier. Film-Premieren dort. Jared Letos Berufsleben nimmt immer mehr Fahrt auf. Der nächste Film passte gerade noch in Jareds vollen Terminkalender.

Lonely Hearts
(Lonely Hearts Killers, 2006)

directed by Todd Robinson

Wow, was für ein Staraufgebot für *Lonely Hearts*. John Travolta, James Gandolfini, Salma Hayek und Jared Leto hat Regisseur Todd Robinson für das von ihm selbst geschriebene Drehbuch zusammengestellt. Basierend auf einer schon mehrfach erzählten wahren Kriminalgeschichte hat er für seinen Film ein exzellentes Ensemble engagieren können.

Der Film beginnt mit stylischen Leichenfotos und einem Suizid in einer Badewanne, wenngleich nicht auf die übliche Art. Im Exekutionsraum von Sing Sing beginnt die Story 1951 und blickt zurück auf die drei Jahre davor. Jared sieht abermals sehr smart aus trotz der Tatsache, dass seine Figur, der Heiratsschwindler Raymond Fernandez, eine sehr hohe Stirn hat und falsches Haar trägt. Jared ist in beiden Varianten zu sehen und ist jeweils ein herrlicher Anblick. Man sieht Jared ungewöhnlich authentisch mit schwindendem Haar und bei der Verwandlung vor dem Spiegel, dem Anlegen des Toupets, seiner Aufrüstung: So wird er zum herzensbrechenden Smartguy. Zusammen mit der betörenden Salma Hayek hat man noch keine schöneren Bonnie und Clyde gesehen.

Die Antagonisten des hübschen Pärchens sind ein von Travolta und Gandolfini gespieltes Detective-Paar. Die beiden Herren ergänzen sich hervorragend und nehmen mit ihrer Präsenz streckenweise dem betrügerischen Pärchen die Luft auf der Leinwand – bis die Konstellation abermals kippt und sich Jared und Salma wiederum in den Vordergrund spielen. John Travolta spielt so nackensteif wie «Little Steven» Van Zandt bei den *Sopranos* – Tony Sopranos, also James Gandolfinis, Boss. Zwischen der fünften und sechsten Staffel der bis dato unerreichten «Familiensaga» *Sopranos* findet Gandolfini Zeit für den Spielfilm *Lonely Hearts*. Gandolfini gibt den brummig nuschelnden Mord-Detective Charles Hildebrandt.

Jared Leto spielt Ray Fernandez
in
Lonely Hearts

erschienen 2006
Regisseur: Todd Robinson
Autor: Todd Robinson

In den Hauptrollen:
John Travolta, James Gandolfini, Salma
 Hayek, Scott Caan

Laufzeit: 108 Minuten
Budget: k. A.
gedreht auf 35mm in Florida, New York,
 Los Angeles
nominiert für 5 Preise
ausgezeichnet mit 1 Preis
Quelle: Imdb.com

Jahre nach *My So-Called Life* schwärmte Jared in Interviews noch davon, dass das Allerbeste an besagter Teenieserie war, Claire Danes küssen zu dürfen. Hier und heute darf er gar Salma Hayek küssen. Nicht nur das, sie verwöhnt ihn während einer Autofahrt übers Land auch noch mit dem Mund. Ein Blowjob am Steuer mit verfolgender Polizei im Rückspiegel, das klingt aufregend. Zunächst jedenfalls. Kann man mehr Adrenalin, androgene und endogene Opioide gleichzeitig ausschütten? Die Gefühle des Zuschauers schlagen um, wenn eine Minute später der eben noch verfolgende Cop in den gleichen Genuss kommen soll. Letos Haarbenachteiligung ist in dieser Einstellung besonders schön in Szene gesetzt. Doch macht Salma Hayek das alles nicht aus Spaß an der Freude, sondern um ihren Kerl zu erziehen, Macht auszuüben, indem sie ihm kurz darauf auch noch eine geladene Knarre in den Schoß drückt. Auf dass er seinen Opfern, ihren gemeinsamen Opfern, amerikanischen Nachkriegswitwen, die sie möglichst um ihr ganzes Geld erleichtern wollen, niemals auch nur emotional nahekommen möge. Sprich, seine vorgetäuschte Liebe und gespielte Zuneigung bloß nie durch echte Gefühle ersetzen möge. Martha Beck, Hayeks Figur, ist ihm zwar Partnerin im Verbrechen, aber von Obsessionen gebeutelt. Ihre berechtigte Eifersucht zwingt sie in eine Zwickmühle aus Besitzsucht und Abhängigkeit. Sie will profitieren, aber verständlicherweise nicht teilen. Hinter dem schönen Schein des Paares verbirgt sich unter der Oberfläche ein erhebliches Ungleichgewicht.

Travolta und Gandolfini sind das Mantel tragende, grummelnde Gegenpaar und stehen häufig im Regen. Hayek und Leto sind die «Schlampe» und die Ratte. Für ihre Verhältnisse göttergleich gekleidet, von Licht und Sonne verwöhnt, oberflächlich. Hinter dem Kostüm verbirgt sich der Womanizer im Konflikt mit sexueller Ausnutzung. Sexualität kann als Instrument benutzt werden, aber Eifersucht, Liebe und Besitz lassen sich nicht verdrängen. Leto und Hayek switchen brillant zwischen den Gemütszuständen, man glaubt ihnen jederzeit, wie sie gerade fühlen und welche Achterbahn sie innerlich fahren.

Gandolfini dagegen isst fortwährend. Eine Tätigkeit, die ihn schon bei den *Sopranos* auszeichnet. Der Mann ist groß und kräftig, man gesteht es ihm zu, dass er die ein oder andere Kalorie am Tag braucht. Und man verzeiht ihm das Sprechen mit vollem Mund. Wenn jemand auf der Leinwand das darf, dann James Gandolfini. Er ist der Detective mit gutem Humor, kein Kasper, sondern einer, der davon lebt, sein Schelmentum ganz dezidiert einzusetzen. Die Detectives triezen sich, es kommt einem der Verdacht, dass sich das Verhalten am Set unter den Schauspielern abseits des Drehbuches eingestellt hat, und dennoch ist es gut für die Story. Sie schimpfen, streiten, veräppeln sich, plötzlich geht es um mehr als nur um einsame Herzen. Die Herren zeigen auch Arroganz im Amt, treten einem Klienten, der sich beschwert, die Tür kaputt und schließlich ist Travolta auch persönlich in den Fall verwickelt, hat er doch mit den Folgen des Suizids seiner Ehefrau zu kämpfen (die Tote in der Badewanne, siehe oben) und seinem Sohn eine neue Beziehung zu verheimlichen. Grund für diese Nebenerzählstränge sind die Parallelen, die Regisseur Robinson angetrieben haben, als er entdeckte, dass bei der wahren Kriminalgeschichte sein Großvater der ermittelnde Detective in Long Island gewesen war. Das erklärt das Auftreten seines Vaters – der in der Geschichte als Jugendlicher auftaucht.

Jared Leto hat immer betont, dass er am liebsten mit Regisseuren zusammenarbeitet, die auch die Autoren des Drehbuches sind, weil dann immer eine persönliche Note mit hineinkommt, der Regisseur wesentlich emotionaler eingebunden und auch bereit ist, mit den Schauspielern das ein oder andere Detail zu diskutieren. Und nicht Studiobosse oder Produzenten folgen muss, die in die Arbeit eingreifen. Zumindest nicht nur.

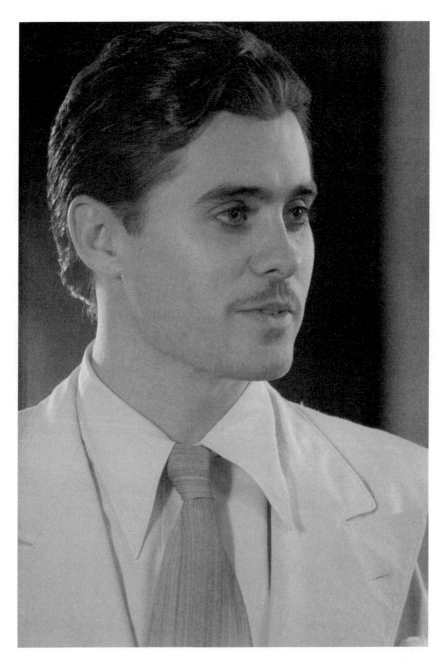

Todd Robinson schafft es, ein wundervolles Nachkriegsamerika-Bild zu malen. Trotz oder gerade wegen aller Tragödien und den menschlichen Abgründen, die sich abspielen, betört der Film szenenweise, weil er die perfekte Ansichtskarte nachzuzeichnen vermag: in Form, Ausstattung und Farben ein wahres Fest für die Sinne. Und in die äußerlich heile Welt, einem überzeichneten visuellen Klischee – wo sonst außer im Film freut man sich über die Manifestation einer optischen Übertreibung –, setzt Robinson Leto auf eine Schaukel mit einem kleinen Mädchen und Jared spielt wieder mal überzeugend einen Familienvater. Man wundert sich, wie souverän er das kann. Und stellt sich vor, wie er im echten Leben als Vater wäre – fürsorglich, problembewusst, unvoreingenommen –, und zwar ohne den kaputten Hintergrund, den seine Figur zu diesem Zeitpunkt bereits hat.

Es geht in diesem Film auch um Familienangelegenheiten – ganz gleich wie verkorkst die Familie sich auch darstellt. Denn Hand aufs Herz: Eine Familie wie im Bilderbuch gibt es nicht. Damals in den Fünfzigern nicht, heute nicht, in der Vergangenheit der Letos nicht und auch nicht im Alltag heute lebender Eltern mit Kindern in der westlichen Welt. Jeder macht seine Erfahrungen, lebt nach den eigenen Regeln und versucht nach außen ein Bild aufrechtzuerhalten, an das man intern schon nicht mehr glaubt. Bis zu dem Moment, an dem man an den Punkt kommt, wo man nur noch das tut, was man kann und für richtig hält. Nur wem das gemeinsam gelingt, der hat eine Basis für eine Familie im Sinne einer gleichberechtigten Gemeinschaft.

Zum Ende des Films kämpft der verurteilte Mörder Raymond Martinez Fernandez gegen seine Hinrichtung auf dem elektrischen Stuhl, das heißt, er versucht sich bis zum Ende zu wehren, ist dabei selbstverständlich erfolglos. An dieser Stelle glaubt man ein Statement des Drehbuchschreibers zu erkennen, denn die explizite Darstellung einer Exekution in ihrer vollen Ausführlichkeit ist sehr unangenehm für den Zuschauer. Für die

Ray Fernandez aka Jared Leto

Zeugen im Saal ebenso wie für die Betrachter im Kino. Die Szene hat eine ausreichende Länge, dass man nicht umhinkommt, über die Todesstrafe nachzudenken. Über das, was es bedeutet, wenn der Staat über das Leben von Menschen richtet, unabhängig davon, wie viel Mord und Totschlag sie in ihrem Leben verübt haben. Folgerichtig, dass ein Film, der so endet, nicht gefeiert wird. Denn auch Salma Hayek bekommt die Ledermaske übergezogen und die todbringenden Stromstöße verabreicht, die die Körpersäfte nach außen schießen lassen. Sie geht zwar ruhiger in den Tod und lässt noch eine Bemerkung fallen, die ihre Zerrissenheit zwischen Liebe und Abhängigkeit zynisch und realistisch zugleich dokumentiert. Sekunden später ist aber auch sie nur noch verbranntes Fleisch.

Die echte Martha Beck übrigens war bei Weitem nicht so attraktiv und leinwandtauglich wie die Schauspielerin mit den mexikanisch-libanesischen Eltern. Beck hatte ein Gewicht von nahezu einhundert Kilo. Ihr dicker Hintern passte nicht einmal auf den elektrischen Stuhl – sie musste auf der Lehne sitzend hingerichtet werden.

Die wahre Geschichte von Martha Beck und Raymond Fernandez hat die Crime Library von *trutv.com* im Detail dokumentiert. Der Spannung halber soll sie an dieser Stelle nicht vorenthalten werden. Für alle Interessenten von True Crime hier die zusammenfassende deutsche Übersetzung von *www.jaredleto-germany.de*, die deutlich macht, welche Parallelen und Differenzen zwischen aufgezeichneter Geschichte und Filmumsetzungen im Allgemeinen möglich, wichtig, mitunter notwendig oder aber unmöglich sind:

Martha Jule Seabrook, geboren 1919 in Florida, ist ein übergewichtiges Kind. Von der strengen Mutter dominiert und dem Spott der Gleichaltrigen ausgesetzt wächst sie praktisch ohne Freunde auf. Als sie vom Bruder vergewaltigt wird, kann sie von ihrer Mutter keine Hilfe erwarten, das Gegenteil ist der Fall.

Jared Letos Charakter hat wohl noch eine Rechnung offen

Martha beginnt flüchtige, sexuelle Beziehungen, erfährt jedoch keine Liebe. Aus einer solchen Begegnung geht ein Kind hervor. Doch der Vater zieht den Freitod einer Ehe mit Martha vor. Ein paar Monate später lernt Martha den Busfahrer Alfred Beck kennen und wird wieder schwanger. Eher widerwillig heiratet er sie und bereits nach einem halben Jahr wird die Ehe geschieden. Mit Depressionen beladen flüchtet Martha sich in eine Traumwelt, in der ein Ritter auf einem weißen Pferd kommt und sie in eine bessere Welt entführt. Eine Anzeige im Mother Dinene's Family Club for Lonely Hearts scheint der letzte Ausweg aus der Einsamkeit.

Raymond Martinez Fernandez, geboren 1917 auf Hawaii mit spanischen Vorfahren, leidet unter seinem stolzen Vater, der ihn für einen Schwächling hält. Zwanzigjährig zieht es Ray nach Spanien, er findet und heiratet dort eine Frau, mit der er vier Kinder haben wird. Zu einem allerorts beliebten, gut aussehenden und freundlichen jungen Mann geworden, der die vom Vater so verachtete Schwäche seiner Vergangenheit zu bewältigt haben glaubt, führt Raymond ein ganz normales Leben, bis es ihn zurück in die USA zieht.

Ein folgenschweres Ereignis verändert Rays Persönlichkeit und somit sein Leben – auf der Überfahrt zieht er sich an Deck des Schiffes eine schwerwiegende Kopfverletzung zu. Als er nach der Ankunft in den USA nach weiteren drei Monaten das Krankenhaus verlässt, ist Ray Fernandez nicht mehr derselbe. Wutausbrüche und Launen dominieren nun sein Leben, und wenn er spricht, schweift er oft weit vom Thema ab.

Ray zieht weiter nach Alabama, und bedingt durch die Kopfverletzung begeht er an Bord des Schiffes einen unnötigen Diebstahl, für den er zu einer einjährigen Haftstrafe verurteilt wird, abzusitzen in Florida.

Als die folgenschwere Begegnung ihren Lauf nimmt, hat Ray – die eigene Frau in Spanien zurückgelassen – bereits eine beachtliche Liste betrogener Herzen zusammengetragen (man schätzt insgesamt circa einhundert), und Martha sollte eigentlich die nächste sein. Aufgebaut auf Missverständnissen findet das ungleiche Paar aber Zugang zueinander. Martha, die glaubt, Ray liebe sie so sehr, dass ihn ihr Übergewicht nicht störe, und Ray, der nichts von Marthas Träumen weiß, gehen von nun an gemeinsam durchs Leben. Ray Fernandez ist für Martha Beck die Antwort auf ihre Gebete und so gibt sie seiner Bedingung nach, ihre Kinder in die Obhut der Heilsarmee zu geben. Erst dann beichtet er ihr seine Vergangenheit, und Martha, die ihm vom ersten Brief an verfallen war, versteht es als einen Akt der Liebe ihm zu helfen. Und erst jetzt lernt auch Ray diese Frau, die ihm so viel Verständnis und Fürsorge entgegenbringt, aufrichtig zu lieben. Marthas rasende Eifersucht ist es schließlich, die die Weichen für die mörderische Karriere der *Lonely Hearts Killers* stellt.

Auf ihrem blutigen Streifzug durch die USA bringt es das als Geschwister getarnte Paar auf zwanzig Morde. Martha Beck und Ray Fernandez finden am 08. März 1951 durch den elektrischen Stuhl in New Yorks Sing Sing den Tod.

«Polizisten reden nicht über das, was sie sehen», sagt John Travolta. «Es gehört zu den Grundregeln von Kriminalbeamten, ihre Gefühle ‹draußen› zu lassen, sich nicht emotional mitreißen zu lassen. Ich weiß nicht, ob meine Figur sich tatsächlich um die Opfer sorgte. Ich denke eher, es war der Selbstmord seiner Frau und dass er herausfinden wollte, warum sie sich umgebracht hat. Er wollte mit seiner Vergangenheit aufräumen.»
Auf die Ausdruckslosigkeit seiner Figur angesprochen, erklärt der ehemals so agile *Saturday Night*-Tänzer John Travolta, der in *Lonely Hearts* – im Gegensatz zu seiner Rolle in *Pulp Fiction* – auf keinerlei verlangsamender Droge ist, dass er den typischen Nachkriegsmachismo eines Mannes seiner beruflichen Stellung angenommen hat.
Wesentlich agiler, einnehmender, auffälliger, moralisch zweifelhafter und auch abwechslungsreicher muss Jared agieren. Nicht nur das, er muss auch körperliche Manipulationen über sich ergehen lassen.
«Das war kein Spaß, das war eine Tortur. Jeden Tag wurde an meiner Stirn herumrasiert und mir stundenlang mit einer Pinzette die Haare ausgezupft», rekapituliert Jared, der von Anfang an wusste, auf was er sich einlässt.

«Ich habe schon oft diese Art von Filmrollen ausgewählt, Filme, die dunkler und beängstigender sind als erfolgsorientierte Filme. Manchmal frage ich mich, ob es tatsächlich so gut für mich ist, wenn ich für eine Rolle die dunklen Bereiche des menschlichen Lebens ergründe. Es könnte doch gut sein, dass etwas von den negativen Dingen hängen bleibt, wenn ich mich die ganze Zeit mit ihnen beschäftige.»

Während Jared in den meisten seiner Filmen das Ende nicht erlebt und einen gewaltsamen Tod stirbt, fühlt er sich dieses Mal wortwörtlich so, als würde ihn seine Rolle umbringen. Denkt man allein an die Sexszene, die er durchmacht, kann man seine Beklemmung bestens nachvollziehen. «Das war brutal, eine brutale Erfahrung. Wo doch alles am Set von *Lonely Hearts* so großartig war: der Regisseur, die Schauspielkollegen, alles spitzenmäßig, nur emotional musste ich in eine ganz, ganz dunkle Ecke gehen. Das war bis jetzt entweder das Beste, was ich geleistet habe, oder mein Ruin», konstatiert Jared, bevor der Film in seiner endgültigen Fassung erscheint.

«Jareds körperliche Verwandlung war unglaublich», sagt Salma Hayek. «Ich hatte vergessen, dass er Jared Leto ist.»

Im Making-of erklärt Jared: «Martha und Ray schufen zusammen in sich einen unkontrollierbaren Zwang. Da ist eine gute und eine böse Macht. Der gute und der böse Ray. Das Toupet, zum Beispiel. Ray scheint dahinter irgendetwas zu verbergen, und es verwandelt ihn in die Person, die er immer sein wollte. Ein Charmeur, der mit Frauen und mit Worten umgehen kann. Er genießt dieses Spiel und die Macht, die es ihm verleiht. Dahinter verbirgt sich aber eine Person, die schmerzerfüllt und unsozial ist und der es schwerfällt, einen Bezug zu Menschen herzustellen.»

Im Grunde genommen, so Jared, waren Martha und Ray zwei Menschen, die einfach nur nach Liebe suchten, mit dem Unterschied, dass ihre Methode gefährliche Ausmaße annahm.

Die Frage, warum er dennoch wiederholt diese dunklen Orte aufsucht, obwohl er weiß, dass sie ihn möglicherweise mehr beeinflussen, als ihm lieb

sein kann, beantwortet Jared mit einer Gegenfrage: «Warum besteigen Menschen den Mount Everest? Was ist der Antrieb?» Und liefert die Erklärung gleich hinterher: «Es passiert, weil es möglich ist. Ohne beträchtliches Risiko gibt es auch keine anständige Belohnung.» Und: «Ich glaube, dass ich es mache, weil ich die Möglichkeit dazu bekomme. Ich bin echt dankbar, meinen Traum leben zu können. Und ehrlich: Ich kann Filme drehen und eine Arbeit abliefern, auf die ich sehr stolz bin!»

Martha (Hayek) und Ray (Leto) – diese Beziehung ist nicht frei von Problemen

Die schreibende Kritik indes findet wenig Gefallen an dem Film, allein in der deutschen Presse ist die Rezeption so ambivalent, wie es eben nur in der Filmbranche üblich ist. Da stellt Peter Uehling in der *Berliner Zeitung* fest, dass Salma Hayek sichtlich keine Schauspielerin sei, während ihr Esther Buss vom *Film-Dienst* bescheinigt, überzeugend eine von Eifersucht getriebene Frau zu spielen.

Finanziell, das heißt in den Kinos, ist der Film ein Flop, für Fans von Leto und Hayek, Travolta und Gandolfini ein Fest. Beste Unterhaltung, schöne Farben, betörende Stimmungen, schicke alte Autos und ein wandlungsfähiger Jared Leto, dem man einfach nur gerne zusieht, wie er immer tiefer in eine üble Sache hineingerät.

Aber jetzt will Jared selbst hinter der Kamera Platz nehmen; lang, lang ist die Kunstschule her und er zeichnet sich erstmals wieder verantwortlich für einen Kurzfilm. Als Regisseur hat er sich ein Pseudonym zugelegt.

The Kill VIDEO (2006)

directed by Bartholomew Cubbins

Rauf auf den Regiestuhl. Jared setzt erstmalig all das, was ihm schon lange unter den Nägeln brennt und was er über die Jahre bei den zahlreichen Produktionen, an denen er mitgewirkt hat, aufschnappen konnte, in einem eigenen Film um, wenn man einen verlängerten Videoclip als solchen bezeichnen kann. Kann man. In der Tradition von Michael Jacksons *Thriller* entsteht um den eigentlichen Song herum ein Film, der verlangt, dass es ein Intro und Unterbrechungen gibt. Für den reinen Musikgenuss nicht immer förderlich und den Anforderungen der damals noch relevanten TV-Sender entgegenstehend (meist existieren aus diesen Gründen verkürzte Versionen) hat sich der Musikclip zu einer eigenen Kunstform entwickelt. Was liegt also näher, als dass Jared seine Ideen auf diesem Feld umsetzt? Er benutzt erstmalig das aus einem Kinderbuch von Dr. Seuss entliehene Pseudonym Bartholomew Cubbins, «eines der am schlechtesten gehüteten Geheimnisse der Welt».

30 Seconds To Mars reisen in einer großen Limousine an, um drei Tage dort vom anstrengenden Tourleben auszuspannen, wo keine verdammte Seele außer ihnen anzutreffen ist: in einem verlassenen Nobelhotel. Nur Raum 6277 (man tippe MARS auf dem Nummernblock eines Telefons) möge man bitte nicht betreten, lautet der Hinweis an der menschenleeren Rezeption. Anstatt absolute Ruhe genießen zu können, werden die vier Jungs jeweils zur Textzeile «This is who I really am» dann aber mit ihren Alter Egos oder «creepy doppelgangers», wie Jared sie nennt, konfrontiert. 30 Seconds To Mars finden alles andere als Ruhe.

Das Video wirkt. Insbesondere durch die Kameraeinstellungen, die Location und die vorherrschende Leere. Sorgsam wird Spannung aufgebaut und der Wahnsinn wird zunehmend spürbar. Damit ist es Mr. Cubbins tatsächlich gelungen, in weniger als sechs Minuten eine Hommage – weit mehr als eine diebische Anlehnung – an Stanley Kubricks *Shining* zu schaffen. Eben jenem beklemmenden Film in einem verlassenen Hotel, der die Geschichte von Stephen King so meisterhaft umgesetzt hatte. *The Kill* ist das vielversprechende Debut eines Mannes, der sich immer für alle Aspekte des Filmemachens interessiert hat, nicht nur für das Acting.

«Der Song handelt nicht, wie man vordergründig denkt, von einer klassischen Beziehung, sondern von der Beziehung mit sich selbst», sagt Jared. «Man wird mit der Wahrheit über das, was man tatsächlich ist, konfrontiert. Insofern war es wichtig herauszuarbeiten, wie man das visuell ausdrücken kann. Wie man das Hörerlebnis in Bildern umgesetzt bekommt.» Die Mission gelingt so gut, dass das Video in der Folgezeit einige Preise einheimsen kann.

Und weil alles so exzellent klappt, führt Jared auch beim zweiten Videoclip des Albums Regie. Nach einem organisatorischen Kraftakt sondergleichen ist Jared Leto der erste Amerikaner, der ein vollständiges Musikvideo in China drehen will und auch alle Genehmigungen bekommt.

From Yesterday VIDEO (2006)

directed by Bartholomew Cubbins

Mister Cubbins goes big again. Dieses Mal aber so richtig. Großer Aufwand bedeutet große Kulisse. *From Yesterday* arbeitet mit Titleboards und
namentlichen Kapiteln oder Akten. Die Geschichte handelt zum einen
vom profanen Warten von 30 Seconds To Mars auf einen Auftritt, zum
zweiten von dem besonderen Anlass des Auftritts, nämlich zu Ehren eines

Jared Leto im Getümmel

historischen, chinesischen Herrschers, und drittens von einer abermals maskierten, mysteriösen Welt, die sich nur schwer deuten lässt. Der traditionell gekleidete, gütige Kindkönig wünscht zu seinem Geburtstag den Sound der Zukunft zu hören, und das sind sehr wohl 30 Seconds To Mars, die zugeben müssen, spät dran zu sein. Exakt 6 Minuten und 27,7 Sekunden, um genau zu sein (vergleiche Raum 6277 in *The Kill*). Auf dem Weg zur Bühne werden Türen durch- und Schwellen überschritten, es folgt ein Twist in Zeit, Ort und Farbe. Die Arbeitskleidung, die Uniform, der Warpaint wechselt von Weiß nach Schwarz. Die Band springt ein weiteres Mal voran in das Unbekannte.

Es sind die Kulisse, die Weite, die Kostüme, die Menschenmengen und die Maskeraden, mit denen der Regisseur alle Register zieht, um mit der Unterstützung von choreografierten Martial-Arts-Tänzen und Soundeffekten das Unbekannte und Unerklärliche gekonnt in Szene zu setzen. Selbst mindestens ein Subliminal taucht wiederum auf. Leto nimmt sich ganze elf Minuten, um seine nach China verlegte und auch dort gedrehte Story zu erzählen und wirken zu lassen wie ein ausgetüftelter Kurzfilm. Die letzten zweieinhalb Minuten werden, ganz amerikanisch, als Teaser für die nächste Single *A Beautiful Lie* genutzt. Eine Entwicklung auf dem Promotion-Markt, die zu dieser Zeit sehr populär war, aber längst schon wieder fallen gelassen wurde, weil sie doch etwas zu aufdringlich erscheint. In *From Yesterday* ist dieser Effekt dadurch abgemildert, dass *A Beautiful Lie* als Soundtrack zum ausgiebigen Abspann eingesetzt wird. Aronofsky, Fincher und Stone haben ihrem aufmerksamen Schüler, bewusst oder unbewusst, einiges beigebracht.

Nach den beiden beeindruckenden Regiearbeiten, die unverhohlene Verneigungen vor Kubricks *Shining* und Bertoluccis *Der letzte Kaiser* sind, nähert sich Jared auf fatale Weise einer Person von Weltruf – als meuchelnder Charakter.

Jared Leto an der Seite von Kayne West, zwei Herren im Trenchcoat

Chapter 27 (2007)

directed by Jarrett P. Schaefer

Wer schon mal Wassereinlagerungen in den Beinen hatte oder noch viel gewöhnlicher einfach nur auf einen Insektenbiss allergisch reagiert hat, also wem schon mal der Handrücken derart angeschwollen ist, dass man keine Adern mehr erkennen konnte und der Raum zwischen den Fingerknöcheln nicht mehr zu sehen war, sondern nur noch eine geschwollene Masse, der weiß, wie unangenehm es ist, wenn plötzlich ein immer schon da gewesenes Körperteil sich anfühlt, als gehöre es nicht zu einem. Befremdlich, was kürzlich noch gewohnt aussah. Es ist mehr als das veränderte Äußerliche, es ist die dazugewonnene Schwere, die einen vor dem eigenen Ich ekeln lässt. Die etwas abstoßend wirken lässt, obwohl es zu einem gehört. Man ist weiterhin, wer man ist, auch wenn eine Schwellung auftritt, die man nicht akzeptieren möchte, die eine Hand schwerer wirken lässt, als die Körperflüssigkeit, die sich in ihr angesammelt hat, tatsächlich auf die Waage bringen würde. Und nun stelle man sich vor, dass jemand zwanzig, fünfundzwanzig am Ende gar dreißig Kilo in kürzester Zeit zunimmt. Nicht durch einen Insektenstich, sondern herbeigeführt durch einen langsamen, aber stetigen Prozess. Absichtlich. Von eigener Hand. Durch Insichhineinstopfen von Proteinen, Fett und Kohlenhydraten. Vegetarisch. Und doch freiwillig. Mit Nachdruck. Tagelang. Wochenlang. Das heißt sich jeden Tag aufs Neue selbst überwinden. Gegen die Natur, gegen jede Vorliebe, gegen jedes bessere Wissen und Gewissen. Gegen alle, die dich umgeben und Sprüche reißen. Vor allem gegen die eigenen Bremsen, Warnungen und Schranken im Kopf. Gegen die naturgegebenen Ablehnungsmechanismen. Am Ende ein Kampf allein gegen den eigenen Geist. Wie kann man sich selbst mehr prügeln als mit Fraß. Fressen, um Gewicht zuzulegen. Um ein widerlicher Freak zu werden – ausgehend von der Person, die man gestern noch war. Kein widerlicher Freak zu sein, sondern in die Haut eines bestimmten Menschen zu schlüpfen. Jared durchläuft durch die Annahme eines fremden Egos eine wahnsinnig harte Reise ins eigene

Ich. Er geht an die Grenzen des Möglichen, indem er nicht nur alle verfügbaren Quellen liest und versucht zu verstehen, wie Mark Chapman war. Zusätzlich frisst er sich eine Leibesfülle an, um Chapman so ähnlich zu werden, wie es nur geht. Forty pounds of pain and disgust. Vierzig Pfund Schmerz und Abscheu.

Jared sagt: «*Chapter 27* ist ein Film über einen kurzen Augenblick, der zu einem sehr bedeutsamen Moment wurde. Über Furcht, Wahnsinn und was es bedeutet, Mensch zu sein. Ein Film über menschliches Versagen, Krankheit und Verantwortung.» «Aber auch über die dunkle Seite von Ruhm und Startum», sagt Regisseur und Drehbuchautor Jarrett P. Schaefer, der sich jahrelang in die Welt des Mörders von John Lennon eingearbeitet hat. «Und ja», nickt er, «der 8. Dezember 1980 hat die Welt verändert!»

Jared Leto spielt Mark David Chapman
in
Chapter 27

erschienen 2007
Regisseur: J. P. Schaefer
Autor: J. P. Schaefer

In den Hauptrollen:
Chuck Cooper, Victor Verhaeghe,
 Robert Gerard Larkin, Lindsay Lohan,
 Ursula Abbott

Laufzeit: 84 Minuten
Budget (geschätzt): 4,5 Mio. $
gedreht auf 35mm in Manhattan,
 New York City
nominiert für 2 Preise
ausgezeichnet mit 1 Preis
Quelle: Imdb.com

Schaefer hat jene drei entscheidenden Tage im Dezember 1980 in aller Akribie filmisch umgesetzt. Nach intensiver Arbeit hatte er endlich auch einen Dreh gefunden, Salingers Roman *Der Fänger im Roggen* direkt in die Geschichte hineinzuweben. Die Fakten waren da, die Verknüpfung stellte der Autor her, für die Umsetzung bot sich Jared Leto an. Jared übernahm auch einen der Exekutiv-Produzenten-Parts, das heißt, er feilte am endgültigen Film mit.

Außerdem spielt Jared einen Mark David Chapman in Vollkommenheit. Als dieser darf er Dinge sagen, die auf der einen Seite durch Quellen belegt sind und auf der anderen Seite als ein besonderes Augenzwinkern zu verstehen sind. «I hate the movies. They're phony. Ich hasse Filme, sie sind verlogen», sagt Leto und verknüpft damit Salingers Romanfigur Holden Caulfield mit Mark David Chapman und seiner selbst. Seiner eigenen, zwiespältigen Beziehung zur manchmal aufgesetzt wirkenden Filmindustrie mit all ihren Nebengeräuschen.

Salingers Romanprotagonist Holden Caulfield spuckt auf seiner dreitägigen Odyssee durch Manhattan seine Verachtung wiederholt in die Luft: «Phony» ist alles, sind alle – aufgesetzt, künstlich, verlogen und unecht.

«Sieh dir die ganzen Schauspieler an, sie fassen sich an die Stirn, atmen tief, dass man erkennt, sie schauspielern gerade. Dass du bloß nicht übersiehst, wie gut sie dabei sind. Gott verdammt, sie beweisen es dir», flucht Chapman, als er von seiner Bekanntschaft Jude ins Kino eingeladen wird.

Beatles-Fan Jude ist der unschuldige, verletzliche, zartfühlende, gut aussehende Gegenpart zu Chapman. Lindsay Lohan spielt eine empathische, freundliche, hinreißende junge Frau, die mit Chapman nur eins gemeinsam hat: eine etwas zu weit gehende Verehrung für den Weltstar John Lennon. Beide lungern gemeinsam vor Lennons Wohnsitz herum und hoffen auf ein Autogramm, einen Wortwechsel, ein Hallo oder ein Foto mit dem Star.

Mit sichtlichem Unbehagen, aber auch gefasster Geduld erträgt Jude Chapmans Ausführungen zum menschlichen Verstand, mit denen er sie für einen kurzen Moment mitreißen möchte. Jude ist aber standhaft genug, sich seinem Einfluss zu entziehen. Dort der behäbige, schäbige, verpickelte Merkwürdige und hier Lohan, die als ehemaliger Kinderstar viele Erfahrungen mit Paparazzi und fanatischen Anhängern gemacht hat. Für ihre Rolle durchlebt sie nun selbst eine Quasi-Abhängigkeit von einem Star, erlebt, was passiert, wenn Fansein eine Spur zu intensiv wird.

Und so stehen Jude und Mark ununterbrochen vor dem Dakota-Building und warten auf ihr Idol. Als kleiner Gag am Rande begrüßen sich Mark und Jude mit Beatles-Zitaten («Don't make it bad» – «Hey, Jude!»).

Das Dakota-Building, auch The Dakota genannt, ist ein bewachtes Haus mit Concierge und Türsteher, das luxuriöse Apartments für die reichsten New Yorker direkt am Central Park bereithält. Als eines der ersten Häuser seiner Art wurde es errichtet, als in dieser Gegend noch kaum ein weiteres Gebäude stand. Daher rührt auch der Name. Ein Haus, so weit weg vom damaligen Manhattan, dass es scheinbar in Dakota lag.

Chapman erfährt, dass im Dakota, exakt hier an der Ecke Central Park West und 72ste Straße, Roman Polanskis Film *Rosemary's Baby* nicht nur spielt, sondern sogar gedreht wurde. Plötzlich geht ihm auf, dass dieser Film über den Leibhaftigen, der an diesem Ort auf die Erde kommt, dass dieses Haus, in dem jeder dem Teufel verfallen scheint, eine besondere Bedeutung hat. Waren nicht Polanskis Frau Sharon Tate und ihr ungeborenes Kind einen halben Monat vor der Niederkunft von Charles Mansons Jüngern aufgeschlitzt und ermordet worden und hatten die Mörderschergen nicht tags darauf beim nächsten Mord *Helter Skelter* mit dem Blut ihrer Opfer an den Kühlschrank geschmiert? *Helter Skelter*, der Titel jenes Beatles-Songs, den Manson als Aufruf zum Bösen interpretiert und anschließend zum verworrenen Schlachtruf für seine Jünger ausgerufen hatte. War nicht Miturheber John Lennon nun selbst in diesem Haus untergekommen? Wie Feuer schießt es durch Chapman: Das alles passt zusammen, hier schließt sich ein Kreis! Für ihn kann das alles kein Zufall sein.

Der Spielfilm *Chapter 27* ist keine Dokumentation, aber ist er deshalb ein True Crime-Movie? *Chapter 27* dokumentiert Fakten, die vom Hörensagen rühren, er rekonstruiert und interpretiert. Ist das verwerflich? Ist ein Moritz Bleibtreu, der als Andreas Baader in seiner polternden Art Molotowcocktails auf den Tisch knallt, bis sie, vollkommen unrealistisch, überlaufen, nur um damit die Impulsivität seiner Figur zu unterstreichen und ihr mehr Tiefe zu geben, abzulehnen? Oder dient das Sichsteigern in überzogene Posen und Szenarien dem Plot und treibt die Geschichte eines Films im Sinne des Regisseurs, ergo im Sinne des Zuschauers voran? Fakt ist, alle Querverweise sind vertretbar, denn eines ist *Chapter 27* ganz sicher nicht – ein «phony movie».

Also treffen Mark und Jude auch Lennons Sohn Sean im Park, das ist verbürgt. Da kann sich Sean Lennon noch so oft im Nachhinein bei Lohan öffentlich über diese Szene zu beklagen.

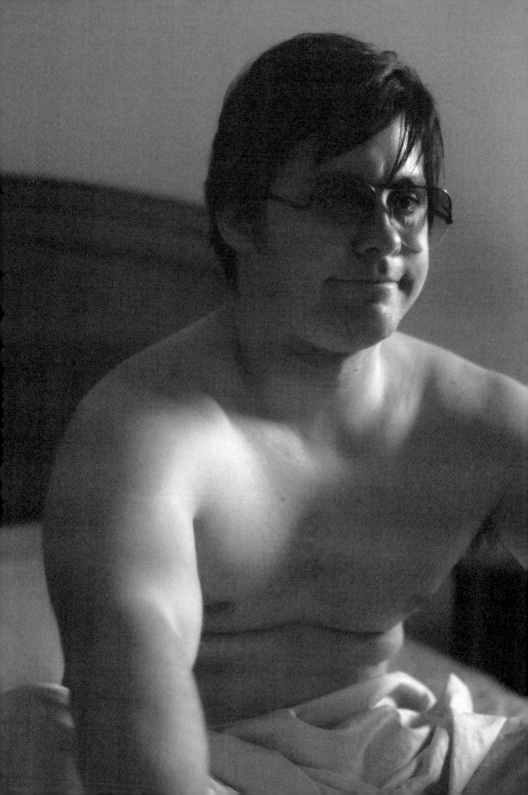

Auch Salinger, der sich jahrzehntelang nie geäußert hat, lässt seine Missbilligung mitteilen; er halte *Chapter 27* für anmaßend. Dieser Film habe nichts mit seinem sechsundzwanzig Kapitel langen *Fänger im Roggen* zu tun. Seinem Roman, der in beinahe jedem Englischkurs an deutschen Gymnasien gelesen wird und dem scheinbar ein Schlusskapitel fehlt. Eben jener Geschichte, die sich Chapman in New York noch einmal besorgt, weil er seine Ausgabe im heimatlichen Hawaii vergessen hat. «Der *Fänger im Roggen* ist ein Charakter im Film», wirft Jared ohne groß überlegen zu müssen in die Runde, «allein Mark hat ihn pervertiert.» Jared lässt ihn sagen: «The phony must die, says the Catcher in the Rye.» (Die Verlogenen müssen sterben, sagt der Fänger im Roggen.) Die Taschenbuchausgabe des Romans wird nach der Tat in Chapmans Händen gefunden, er klammert sich daran, und doch werden die Ermittler alle Kugelschreibereinträge, die er in den drei Tagen in New York vorgenommen hat, später veröffentlichen, sodass man den Geisteszustand Chapmans erahnen kann. Leto interpretiert alle Fakten, und neben seiner Transformation in den Körper und die Stimme der Figur schafft er es eindrucksvoll mit sich selbst gegen seine inneren Stimmen anzukämpfen. Taumelnd versucht er sich selbst von seinem Zwang abzubringen – eine Szene, die hängen bleibt.

«Wir wussten im Vorfeld, dass wir viele Menschen vor den Kopf stoßen werden», weiß Jared Leto in der Rückschau zu berichten. «Jarrett und ich haben sehr viel darüber debattiert. Aber es ging uns niemals um die Coolness, einen Mörder zu erforschen. Hier war jemand, der einen tragischen Akt höchster Gewalt begangen hatte.»

«Die Beatles und John Lennon haben eine Bedeutung für alle, die mitgespielt haben», ergänzt Jarrett Schaefer, «und genau deshalb war es unser Auftrag, die Geschichte exakt so zu erzählen.»

«Als ich das Skript las, wusste ich sofort, dass mir diese Rolle eine enorme Anstrengung abverlangen würde», sagt Jared ausdruckslos. Er scheint

Mehr Jared Leto geht nun wirklich nicht

innerlich innezuhalten, weil die Erinnerung noch zu frisch ist. Ein Fatsuit kam für ihn niemals infrage. Um Mark David Chapman zu personifizieren, musste eine körperliche Annäherung her.

«Es war die Möglichkeit einer transformativen, verwandelnden Erfahrung», sieht Jared im Rückblick die Sache sportlicher, als sie tatsächlich war.

Um der Zerrissenheit und den Manierismen der Borderline-Persönlichkeit Chapmans nahezukommen, futtert sich Jared zunächst vierzig, dann sogar sechzig Pfund, im metrischen System also weit mehr als fünfundzwanzig Kilo Körpergewicht an.

«Forty pounds of pain and disgust», nennt es Schaefer, und Leto gibt zu, dass die Gewichtszunahme und ihr Prozess alles in ihm geändert hat: seinen Gang, seine Stimme, seine Selbstwahrnehmung, der Umgang seines Umfeldes mit ihm, ja sogar seinen Schlaf. Das war mehr als eine Rolle und mehr als das tiefe Einleben in die Charaktere, die Jared bis dahin verkörpert hatte. Mehr als das Laufen für *Prefontaine*, das kriegerische Kämpfen für *The Thin Red Line*, das Abmagern für den Junkie in *Requiem For A Dream*, das Russisch-Lernen für *Lord Of War* und die psychischen Abgründe des Schwindlers und Mörders Ray in *Lonely Hearts*. Das war eine Rolle, die Jared abends nicht ablegen konnte, die ihn auf dem Set in den Rollstuhl zwang, weil er kaum noch gehen konnte. Das Ergebnis war ein Zustand, der Jared beim Drehen immer wieder aufstoßen, seinen Mageninhalt hochhusten lies, weil er die physiologische Schwelle zwischen Mund und Magen stets aufs Neue willentlich überwunden hatte mit einem gequirlten Mix aus warmer Eiscreme, Olivenöl und Sojasoße.

Die Transformation verlangte ein wochenlanges Kalorienbombardement gegen sich selbst, um so behäbig und traurig wie Chapman zu werden. Denn wüsste der Kinozuschauer zu Beginn des Films nicht, was Chapman vorhat, dann würde dieser Mann mit dem abwesenden Blick, dem leiernden Südstaatenakzent, der gehauchten Stimme und dem strähnigen Haar nichts als Mitleid erregen. Weil man aber weiß, zu was die ungepflegte Figur mit der unscheinbaren Kleidung imstande ist, empfindet man sie unmittelbar als ekelhaft.

Jared betritt für den Film eine Welt, die er selber noch nie gesehen hat, erkennt in seiner methodischen Annäherung an die Rolle sogar so etwas wie einen religiösen Prozess. Denn er stopft nicht nur Kalorien in sich hinein, er perfektioniert in mühevoller Arbeit auch den Südstaatenakzent Chapmans und meidet zudem jede menschliche Nähe. Er schottet sich ab, um wie ein Einzelgänger zu fühlen. «Wir haben kaum gesprochen am Set, Jared wurde Chapman», sagt Lindsay Lohan, der vor der Kamera die ein oder andere Unsicherheit und Verwunderung ob Jareds Verhalten über das Gesicht huscht. Mission accomplished.

Noch sichtlich bewegt und gezeichnet schwört Jared: «So etwas mache ich nie wieder, nicht in einer Million Jahre. Hat ihm doch der Abnahmeprozess nach dem Dreh mittels Zitronensaft und Cayennepfeffer auch noch Symptome einer Gicht beschert. Fast entschuldigend fügt er hinzu: «Das, was am 8. Dezember 1980 geschehen ist, war doch ein verändernder Moment für jeden von uns.»
Jarrett Schaefer hat das Selbstbewusstsein, sich gegen die Angriffe aus allen Richtungen zu verteidigen: «Geschichten, von denen es heißt, sie sollten besser nicht erzählt werden, sind doch genau diejenigen, die man machen muss!»
Als Indiz dafür, dass er sich seiner Verantwortung sehr bewusst war, muss gelten, dass Schaefer bei der eigentlichen Tat auf jede Effekthascherei verzichtet. Für einen Film absolut ungewöhnlich. Der Tod des großen Peaceniks John Lennon findet im Film eigentlich gar nicht statt, verkommt zur Randnotiz. Fünf Schüsse, ein Schrei – nicht mal vom Opfer selbst –, kein Blut, kein Licht, kein Gesicht, Polizei, vorbei.

Jede Menge Wissenswertes zum Film hat die Website *JaredLeto-Germany.de* zusammengetragen:

Jarrett P. Schaefer: «Was die ganze Sache so spannend machte, war die Tatsache, dass Jared Leto sehr wählerisch ist. Er war eine ganze Weile nicht in Filmen zu sehen, weil er interessante Rollen spielen möchte.»

«Ich habe es mir nicht leicht gemacht», gesteht Jared. «Für mich war auch wichtig herauszufinden, warum ich es machen will, und das erforderte eine Menge Überlegungen.» Und weiter: «Mark David Chapman ist ein gutes Beispiel für das Versagen der Menschheit, und John Lennon ist wahrscheinlich eines der besten Beispiele für einen der wunderbarsten Aspekte der Menschheit. Ich denke, die Aufgabe eines Künstlers besteht darin, unbequemes und politisch unkorrektes Terrain zu erforschen.»

Um die Transformation perfekt zu machen, passt Jared Leto seine Stimme dem etwas gespenstisch klingenden, gezierten Südstaatenakzent Chapmans an. Monatelang hört er sich aufgezeichnete Gespräche mit Mark David Chapman an: «Seine Stimme verriet eine zwanghafte Beherrschung und dass er sich in allem bremste. Sie kam kaum über ein Flüstern hinaus, die Worte schienen ihm im Hals festzustecken. Ich wollte diese Stimme aber nicht einfach nur imitieren, sondern zeigen, dass dieser junge Mann in vielerlei Hinsicht sehr höflich, sanft und gebildet war. Es verdeutlichte den Kontrast zu seinen inneren Dämonen.»

Erfreuliche Augenblicke erlebt Jared Leto innerhalb dieser Monate selten bis nie. Momente der Erfüllung sicherlich, aber es sei ein äußerst schmerzhafter Prozess, angereichert mit Abscheu und Verwirrung gewesen. «Essen ist die stärkste Medikation, die wir täglich zu uns nehmen», weiß Jared. «Was ich tat, war, mich selbst auf massive Art zu vergiften.»

Nach Beendigung der Dreharbeiten beginnt Jared Leto umgehend damit, die Kilos wieder loszuwerden, und mit jedem Pfund fällt auch das Gewicht des Charakters von ihm ab. «Wenn ich heute ein Bild von mir aus dem Film sehe, erkenne ich mich selbst kaum wieder», sagt er. «Ein Freund von mir war drauf und dran, etwas ähnlich Bescheuertes zu tun, und ich tat mein Bestes, um es ihm auszureden. Das Gewicht wirst du wieder los. Das heißt aber nicht, dass die Auswirkungen, die es auf dich hatte, dann automatisch auch weg sind.»

Nicht selten taucht die Frage auf, was in *Chapter 27* fiktiv ist und was echt. «So ziemlich alles im Film ist wirklich passiert», sagt Jarrett Schaefer. «Jude, zum Beispiel. Ihr Name ist Jude Stein. Sie ist real und sie aß mit Chapman zu Abend in der Nacht, in der er John Lennon erschoss. Das zufällige Zusammentreffen Chapmans mit dem kleinen Sean Lennon und seiner Nanny, der Name des Fotografen Paul. Es ist alles wahr.»

Nur ein paar kaum erwähnenswerte Kleinigkeiten habe Schaefer geändert. «Da war noch eine andere Mahlzeit Chapmans, die ich wegließ. In der zweiten Nacht ging er am Times Square Fish 'n' Chips essen, nachdem er sich die Prostituierte aufs Zimmer bestellt hatte, was auch der Wahrheit entsprach. Das haben wir aber nicht aus Zeitgründen ausgeklammert. Dann das Autogramm. In Wirklichkeit war es noch hell draußen, als Chapman es von John Lennon bekam. Wir haben dieses Ereignis aber in den Abend verlegt, um die Story besser voranzutreiben. Außerdem waren

Jared spielt Mark David Chapman, den Mörder von John Lennon

die Blitzlichter der Kameras ein schöner Effekt, um Lennon noch ein bisschen mehr zu verschleiern und dem Ganzen so etwas mehr Dramatik zu verleihen.»

Überhaupt John Lennon. Beinahe unheimlich wird es, wenn der Vor- und Nachname des Schauspielers, der in *Chapter 27* John Lennon spielt, mit dem seines tatsächlichen Mörders identisch ist. «Wir haben überall nach einem passenden John gesucht», erzählt Jarrett Schaefer. «Der einzige Lennon-Imitator, der wirklich gut war, war nicht zu bekommen, und außerdem war er sehr, sehr teuer. All die anderen – und davon gibt es eine Menge in L. A. – spielten ihn zu ikonenhaft. Und dann hörte ich von Mark Lindsay Chapman und dachte, ‹Wow, das ist schräg.›»
«Selbst, als wir Mark Lindsay Chapman bereits an Bord hatten, blieb immer noch die große Frage: ‹Oh, was soll denn im Abspann stehen?›» – «Mark fucking Lindsay Chapman», so die Antwort des britischen Mimen. «That's my fucking name.» Jarrett: «Ich hatte John Lennon mal bei einer Preisverleihung im Fernsehen gesehen, in der von ihm erwartet wurde, einfach nur ‹Danke› zu sagen. Stattdessen sprach er vor all diesen Leuten über die katastrophalen Zustände in einer Nervenklinik, die er kurz zuvor besucht hatte. Das war der Bogen zu Mark Lindsay Chapman. Er hatte es einfach.»

Einer der Produzenten von *Chapter 27* ist kein geringerer als Jared Leto. «Es ist eine weitere Gelegenheit, noch intensiver an einem Film mitzuwirken.» Zudem, so Leto weiter, eine gute Möglichkeit, ein bisschen mehr über diese Seite der Dinge zu erfahren.
«Im Grunde ist der Job des Produzenten der, dem Regisseur dabei zu helfen, seine Vision zum Leben zu erwecken und das Beste daraus zu machen, ob das nun die finanzielle Seite betrifft oder eine Crew anzuheuern, den Regisseur zu unterstützen oder auch die Schauspieler, wenn kreative Schlachten

Lindsay Lohan als Jude neben Letos Interpretation von Chapman ausgetragen werden. Aber ich denke, als mitwirkender Schauspieler hilfst du immer mit, einen Film zu produzieren. Auf die eine oder andere Art.»

Chapter 27 wurde zu großen Teilen an Originalschauplätzen gedreht, unter anderem direkt vor dem Dakota Building, wo John Lennon zu Tode kam. Als die Leute davon erfuhren, entstand weltweit Entrüstung ob solch vermeintlicher Taktlosigkeit. Zudem trage man dazu bei, dem Mörder Mark David Chapman zu neuem «Ruhm» zu verhelfen. Stimmen für einen Boykott wurden laut. «Ich weiß, dass wir eine große Verantwortung tragen», sagt Jared Leto. «Chapman war ein sehr verstörtes Individuum, aber er war ein Mensch. *Chapter 27* ist kein Reißer, sondern die Vision von Jarrett Schaefer, Drehbuchautor und Regisseur, und es ist ein ganz spezieller, klaustrophobischer, aber auch ungewöhnlicher Einblick in Wahnsinn und Besessenheit.»

So weit die exzellent aus zahlreichen Quellen wie *hollywoodreporter.com*, *latimes.com*, *festival.sundance.org*, *angelikablog.com*, *fest21.com*, *blogcritics.org*, *moviemaker.com* und *mtv.com* aufbereiteten Informationen oben genannter Website (geringfügig editiert).

Mark Chapman sitzt heute noch hinter Gittern und ebenso wie Charles Manson nutzt er – bis dato erfolglos – seine ihm gesetzlich im Zwei-Jahres-Rhythmus zustehende Möglichkeit, einen Antrag auf Entlassung zu stellen. Im Falle Chapmans scheitern die Anträge regelmäßig am Einspruch von Lennons Witwe Yoko Ono. Sie erklärt, dass sie nach wie vor in Angst vor dem Mörder ihres Mannes lebe.
Gefragt, was er vom Verbleib Chapmans hinter Gittern hält, antwortet Jared: Er halte es für gut, wenn dieser Mann für immer aus der Gesellschaft herausgehalten werde.
Dem individuellen Unbehagen gegenüber Straftätern auf der einen Seite steht allerdings eine eindeutige gesetzliche Vorgabe gegenüber, nach der Chapman, solange er nicht müde wird, immer wieder versuchen kann freizukommen.

Ein Hinweis darauf, dass er es vermutlich nie schaffen wird, ist nicht allein die offensichtlich unveränderte Position Yoko Onos, sondern auch eine Verschwörungstheorie, die sich, typisch amerikanisch, sofort entspann und die 2010, dreißig Jahre nach der Tat, erneut aufgefrischt wurde.

In *Mail Online* vom 4. Dezember 2010 fasst Tony Rennell die interessantesten Behauptungen und Feststellungen aus Phil Strongmans Buch *John Lennon – Life, Times And Assassination*, erschienen bei The Bluecoat Press, zusammen:

An einem milden Dezembermontagabend schreitet John Lennon, eine Kassette mit seinem soeben aufgenommenen Song *Walking On Thin Ice* in der Tasche in die Eingangshalle des Dakota Appartment Building, wo er nun seit beinahe acht Jahren wohnt, getroffen von vier Kugeln bricht er zusammen, das Tape fällt zu Boden.

Autogrammjäger Mark Chapman hatte sich Stunden zuvor am gleichen Ort ein Album signieren lassen und soll jetzt sein Mörder sein.

Lennon und seine Frau Yoko Ono, die in den Musikprozess mit eingebunden ist, kommen mit ihrer weißen Limousine zum Dakota, unüblicherweise steigen sie vor dem Haus aus, fahren nicht durch das geschlossene Tor in den abgesicherten Bereich. Ono geht voraus, nickt den wie immer vor dem Haus lungernden Menschen kaum merklich zu, Lennon schreitet hinterher und wird angesprochen: «Mr Lennon?» Lennon verlangsamt seinen Schritt, dreht sich um, muss den Autogrammjäger wiedererkannt haben, dem er Stunden zuvor die Platte signierte, nur dieses Mal hat der Fremde eine andere Idee: Er kniet in Kampfstellung im Dunkeln, richtet einen 0.38er Revolver auf ihn und drückt fünfmal ab. Vier Teilmantelgeschosse, Kugeln mit extra-zerstörerischer Wirkung, treffen seinen Körper im Rücken, in der Schulter, in der Seite. Er stolpert noch in die Lobby, ruft: «Ich bin getroffen, ich bin getroffen» und bricht zusammen. Keine Viertelstunde später stirbt Lennon im Krankenwagen und ist bereits tot, als er im Hospital ankommt.

Damals wie heute sagt Chapman der Polizei: «Ich war allein. Lennon musste sterben.»

Unmittelbar nach der Tat bleibt Chapman völlig ruhig am Tatort stehen, seine Waffe hat er zu Boden fallen lassen, sie raucht noch und wird neben der blutverschmierten Brille, die Lennon verloren hat, gefunden. Chapman lehnt an der Wand und blättert in J. D. Salingers *Fänger im Roggen*, dem Roman über jugendliche Entfremdung, dessen Protagonist Holden Caulfield anscheinend die Inspiration für seine Tat lieferte.

Beim Eintreffen der Polizei unternimmt er keinerlei Fluchtversuch, wehrt sich nicht gegen die Handschellen und erklärt: «Ich handelte alleine.» Später auf dem Revier wiederholt er: «Lennon musste sterben.»

Die Welt reagiert geschockt auf Lennons plötzlichen, gewaltsamen und scheinbar sinnlosen Tod, herbeigeführt von einem Außenseiter, der Medikamente nahm und psychisch gestört war.

Bereits in der Schule wurde der Attentäter getriezt und flüchtete in Fantasiewelten, in denen er Macht über Menschen ausübte. Er war ein entwurzelter Erwachsener, der nie einem ernsthaften Job nachging und Trost für sein bedeutungsloses Leben in der Musik der Beatles fand. Als Einzelgänger konnte er sich mit dem einsiedlerischen Verhalten von Lennons unsicherer, unklarer Persönlichkeit identifizieren. Mit der Erkenntnis, dass Lennon großen Reichtum angehäuft hatte und ein blühendes Wirtschaftsimperium dirigierte, ändert sich seine Beziehung zu dem Sänger radikal. Er fühlt sich betrogen und persönlich verletzt. Chapman verfolgt und erschießt seinen ehemaligen Helden aus wirrer Vergeltung und um selbst für irgendetwas berühmt zu werden.

Diese allseits bekannte und akzeptierte Version der Geschichte gibt es seit dreißig Jahren. In seinem Buch legt Phil Strongman eine andere Geschichte dar: In seinen Augen war Chapman eine Marionette, geführt vom CIA, im Auftrag rechtskonservativer Fanatiker aus dem politischen Establishment.

Strongman überprüft und widerlegt eine Vielzahl der sogenannten Fakten und kommt so zu seiner Schlussfolgerung. Er beginnt mit der grund-

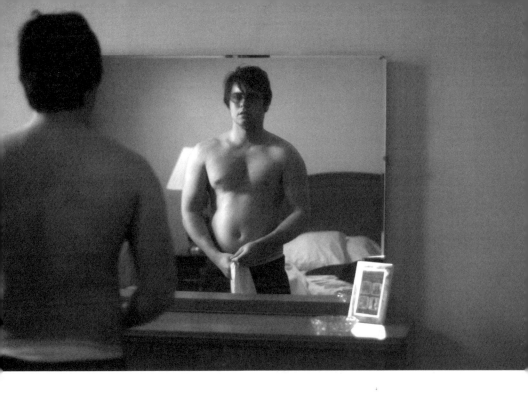

legenden Annahme, Chapman sei ein großer Beatles- und Lennon-Anhänger gewesen.

Bis zu dem Wochenende in New York habe der «obsessive Fan» nicht eine einzige Lennon-Single, kein Album oder Buch besessen. Er lehnt auch die Behauptung ab, im Rucksack Chapmans hätten sich am Tag des Attentats Kassetten mit vierzehn Stunden Lennon-Musik befunden – diese wurden nie fotografiert oder sonst wie dokumentiert, weil sie, so Strongman, schlicht niemals existierten.

Folglich war Chapman wohl kaum ein Fan, der einen Schritt zu weit gegangen ist. Der Mord sei auch nicht passiert, um an seine fünfzehn Minuten Ruhm zu kommen. Wäre Chapman tatsächlich so wild auf Aufmerksamkeit gewesen, schlussfolgert Strongman, hätte er kaum auf einen zu erwartenden Jahrhundertprozess verzichtet. Mit der Tatsache, dass er sich von vornherein schuldig erklärte, hat er auf jede Möglichkeit

Leto mit Übergewicht, ein seltener Anblick

verzichtet, die große Aufmerksamkeit zu erhalten, die er angeblich so sehr ersehnte. Aber warum?

Die Ruhe des Mörders unmittelbar nach der Tat ist für Strongman der Schlüssel für das, was tatsächlich passiert sei. Der Beweis für die Theorie, dass Lennons Tod Folge einer staatlich gedeckten Verschwörung war.

Wenn Chapman nach der Tat wie ein Zombie wirkte, dann deshalb, weil er genau das war. Denn Chapman war von der CIA ausgewählt und an verschiedenen Orten der Welt «trainiert» worden. Orte, an die ein gewöhnlicher Junge aus Georgia niemals hinkommt. Erstaunlich zum Beispiel, dass Chapman just zu der Zeit in Beirut gewesen ist, als dort ein bedeutender CIA-Stützpunkt war, von dem man annimmt, dass dort unter anderem streng geheime Ausbildungsprogramme durchgeführt wurden. Ein weiteres Camp befand sich vermutlich auf Hawaii, auch ein Ort, an dem Chapman einige Jahre seines Lebens verbracht hat. Und wer hat die Weltreise des niemals vermögenden Chapman bezahlt, die ihn 1975 nach Japan, England, Indien, Nepal, Korea, Vietnam und China geführt hat? Geld schien nie ein Problem in Chapmans Leben gewesen zu sein, allein seine Einnahmequellen blieben unerklärt. Strongman glaubt, dass der Geheimdienst für alle Ausgaben aufgekommen ist. Mit Bewusstseins beeinflussenden Drogen und Hypnose wurde Chapman kontrolliert, sollte wie ein nützlicher Spinner erscheinen, den man verantwortlich machen konnte. *Der Fänger im Roggen* war Teil des Programmes. Mit ein paar auslösenden Worten über Telefon oder Musikkassette konnte der Killer aktiviert werden. Man denke nur an den Film *The Manchurian Candidate*.
Strongman vermutet weiterhin, dass Chapman nicht der alleinige Täter war. Nicht mal die tödlichen Schüsse schreibt er ihm zu: Die Kugeln sind so dicht beieinander in Lennons Körper eingedrungen, dass Chapman ein Meisterschütze gewesen sein muss. Die Pathologen hatten Schwierigkeiten, verschiedene Einschussstellen zu finden. Anders ausgedrückt: Die Untersuchung war eine Farce oder hat tatsächlich nie stattgefunden. Denn faktisch stand Chapman während der Tat rechts von Lennon, während

Lennons Wunden alle auf der linken Seite des Körpers gefunden wurden. Deshalb glaubt Strongman, dass jemand anderes geschossen hat. Er vermutet eine konspirative CIA-Wohnung im Dakota Building, aus der der Todesschütze kam. Unterstützt wird seine Theorie von der oberflächlichen Untersuchung der Polizei nach Chapmans Festnahme.

Die bizarre Ruhe des Täters wurde nicht infrage gestellt, es gab keinen Test auf Drogeneinfluss, der «programmierte» Eindruck des Täters wurde nicht weiter untersucht, ebenso wenig wie dessen letzte Aufenthaltsorte. Und warum Lennon auf der Liste der Geheimdienste stand? Nun, da war Lennons Haltung zum Vietnamkrieg und sein beharrliches Eintreten für den Pazifismus.

Obschon Verschwörungstheorien in erster Linie Theorien sind, so macht es doch ein wenig Spaß, sich mit ihnen zu beschäftigen. Insbesondere, wenn es Menschen gibt, die sehr viel Energie in ihre Aufarbeitung investieren, und das bei Vorkommnissen, die einen länger beschäftigen, als einem selbst lieb ist.

Wir können von Glück reden, dass solche Attentate absolute Einzelfälle sind, weil wir uns doch wünschen, dass unsere Stars möglichst viel Offenheit und Nähe ihren Fans gegenüber bewahren.

Abschließend bleibt anzumerken, dass *Chapter 27* ein hochinteressantes Stück Kino ist, an dem man nicht unbeeindruckt vorbeigehen kann. Und eines ist *Chapter 27* auf gar keinen Fall: ein verlogener Film.

Für die nächsten Termine mit 30 Seconds To Mars entschlackt Jared derart schnell, dass ihn, wie bereits erwähnt, eine Gichterkrankung befällt, in deren Folge er Medikamente einnehmen muss. Jared lässt sich aber nichts anmerken und nimmt das nächste Großprojekt in Angriff.

A Beautiful Lie VIDEO (2008)

directed by Angakok Panipaq (alias Jared Leto)

Jared hat seine China-Idee für *From Yesterday* durchgesetzt, hat als erster Amerikaner ein ganzes Video in China gedreht, und nun will er einen Schritt weitergehen. Für *A Beautiful Lie* soll es ewiges Eis sein, die Antarktis, notfalls der Nordpol. Pushing the limits ist der Antrieb, der weiterhin gilt, obwohl alle notwendigen Machbarkeitsstudien gegen das Projekt sprechen. Als Kompromiss laufen die Gespräche auf einen Drehort in Grönland hinaus. Niemand hat bisher ein Musikvideo zweihundert Kilometer nördlich des Polarkreises gedreht. Aber es geht gar nicht darum, ein paar Kilometer weiter gereist zu sein als andere, es geht um das, was dort vorzufinden ist. Der Besuch bei den Buschpiloten und die Naturschönheit Alaskas haben bei Jared einen bleibenden Eindruck hinterlassen. Bei dem jetzt anstehenden Video geht es um eine Botschaft. Große Botschaften brauchen große Kulissen. Die Botschaft von *A Beautiful Lie* soll kaum mehr verschlüsselt oder mystisch sein, sie wird bewusst offensichtlich gehalten. Damit all das, was zu sagen ist, nicht untergeht, wird die Botschaft mit einer eigenen Website zum Video unterstrichen.

Für *A Beautiful Lie* reisen 30 Seconds To Mars zum Ilulissat-Eisfjord an der Westküste Grönlands, zu Eisbergen, die von den einheimischen Inuit aus Respekt nicht einmal betreten werden. Aus Respekt vor der Gefahr, die diese massiven und doch sehr fragilen Gebilde ausstrahlen. «Und wir Hollywood-Typen dachten uns, einfach auf den Eisbergen zu landen», sagt ein Mitreisender aus dem Team in einer Mischung aus Rückschau und Überheblichkeit. Plötzlich taucht ein unbekannter Helikopter auf. Es ist ein Paparazzi, der hier am Ende der Welt auf exklusive Bilder von Jared hofft. Kopfschüttelnd betrachtet die Crew diese Randerscheinung eines zweifelhaften Geschäfts.

Jared Leto hatte bei den ersten Konzerten nach Chapter 27 ...

Weil einiges erklärungsbedürftig ist, liefert die mit *A Beautiful Lie* assoziierte Website zusätzliche Infos. Jared kann nicht anders, als sein Herz auszuschütten und sehr persönlich zu schildern: «Das Projekt war die schwierigste kreative Herausforderung, der wir uns als Band je gestellt haben. Mit dem Ergebnis, das Inspirierendste gewesen zu sein, das wir je unternommen haben. Der schwierige Weg soll der richtige sein, hört man oft, und hier hatten wir die Möglichkeit die Grenzen des Machbaren ein weiteres Mal nach vorne zu treiben.

Es war ernsthaft gefährlich, ungesichert auf glitschigen, sechzig Meter hohen Eisbergen zu stehen, die plötzlich auch noch anfingen, unter den Füßen zu knacken und Risse zu bilden. Die ganzen notwendigen Versicherungen gegen die Risiken haben wir gar nicht alle zusammenbekommen.»

Das schiere Erlebnis, die überwältigenden Eindrücke, lassen für den Moment aber nicht mal das Bewusstsein dafür aufkommen, dass hier gerade

noch ein paar Pfunde mehr drauf als gewöhnlich, doch ...

drei Musiker und ein kleines Team das Schicksal herausfordern. «Sechs Monate Arbeit haben wir investiert, um ein Fünf-Minuten-Stück zu machen. Zugegebenermaßen vollkommen verrückt, aber die Zeit vergeht nun mal wie im Flug, wenn man gerade Spaß hat», strahlt Jared. Dabei war Spaß nie der Grund für das Video, nicht einmal die verkaufsunterstützende Wirkung, die ein Clip sonst für einen Song übernimmt, stand im Vordergrund.

A Beautiful Lie ist vielmehr eine bewusst einfach gehaltene Geschichte, die neben einer schnöden Band-Performance etwas ganz anderes in den Fokus rückt: die Schönheit der Natur und ihre Zerbrechlichkeit. Das Endliche der Erde, beschleunigt durch die Existenz des Menschen und seine Taten. Globale Erwärmung ist das Schlagwort, das hier ganz unverblümt ausgeweidet wird.

Ein erklärter Witz ist kein Witz mehr, doch je größer die Masse der Rezipienten ist, desto leichter begreifbar muss eine Botschaft werden. Eine

hungerte er sich das schnell wieder runter, zu einem hohen Preis

angefügte Erklärung, ein Beipackzettel der Intention, mag nicht jeden erreichen, aber weil sie existiert, gilt sie auch: «30 Seconds To Mars sind keine Umweltexperten. Wir behaupten nicht, in perfekter Harmonie mit der Erde zu leben und unter Einhaltung aller gegebenen Maßnahmen zu handeln. Wir kaufen nicht Emissionszertifikate, um für jede Atemwolke, die wir ausatmen, einen CO_2-Ausgleich zu schaffen. Und wir sind uns sehr wohl bewusst, dass ein Musikvideo, das ein gravierendes Umweltthema aufgreift, sehr banalisierend wirken könnte. Wir haben uns dennoch entschieden, lieber Teil der Lösung, als Teil des Problems zu sein. Es ist nicht unser Recht, es ist unsere Verpflichtung etwas zu tun.»
Oder wie eines der wenigen Subliminals sagt: We are all guilty.
Energieemissionszertifikate, die den Produktionsaufwand ausglichen, waren im Etat des Videos übrigens enthalten.

Mit gebührendem Abstand erscheint anschließend eine zweite Version des Videos, in der die (identischen) Bilder mit plakativen Texten überschrieben sind. Auch wenn diese Version einen höheren Informationsgehalt ermöglicht, wirkt sie im Vergleich mit der Ursprungsversion weit weniger kunstvoll und subtil. Die aufklärerische 2.0-Version erinnert mit den einlaufenden Texten zu sehr an Nachrichtensender und wirkt damit wie für Terminals von Messeständen geschaffen. Aber auch das hat seine Berechtigung.

Die Öffentlichkeit nimmt kaum Notiz, als im gleichen Jahr ein etwas spezielles Ereignis über die Bühne geht.

The Verdict VIDEO (2008)

directed by Whose Vasters Moice

Jared, Shannon und Tomo werden in diesem leise beginnenden Video von Babys und Kleinkindern dargestellt, die einen sonnendurchfluteten Spielplatz an einem Strand bevölkern. Eine in transparent-weiße Tücher gehüllte Jungfrau nährt die Jungen an ihrer Brust. Einige Takte später beginnt die traumhaft schöne Szene zu kippen. Die Hülle der Jungfrau wird von dunklen Insekten ausgehöhlt, es sind Heuschrecken, die zu Tausenden übereinanderkriechen und die Form der Jungfrau perfekt imitieren. Geier verdunkeln den Himmel, eine ölig schwarze Flut bedroht den eben noch blitzsauberen Strand. Zur Hookline offenbart die mütterliche Figur eine hässliche Fratze, Subliminals unterstreichen eine zuckende Metamorphose. Die älter gewordenen, herangewachsenen Kinder sehen sich mit klebrigen Paragrafen übersät, werden mit einer undurchsichtigen Aktenwelt konfrontiert. Ein absurder Kampf bricht los. Wie ein Donnerschlag kracht den Jungs ein Zahlschein über 30 Gazillionen Dollar ins Leben, versucht ihnen den Atem zu nehmen. Die Instrumente der Band scheinen von einem Computervirus lahmgelegt, alle Lichteffekte verlöschen, Glühbirnen brennen durch. Hässliche Soundeffekte unterstreichen die Szenerie, bis die Tonspur über Sekunden, für ein Musikvideo elend lange Sekunden, verstummt. Unsere Helden wehren sich mit lautlos gellenden Schreien, Gitarren-Flaks und einem Heer aus eingeölten Männern in wehenden Roben gegen den Angriff. Auf den Schultern des Echelons getragen zerschießen sie den Feind und werden wie eine Origami-Figur zusammengefaltet. Am Ende triumphiert ein skelettierter Hund, der vor einem altertümlichen Grammofon sitzt und kaum merklich mit dem Schwanz wedelt. Das Bild blendet zurück in einhundert Prozent Weiß. Im Abspann verlassen die mittlerweile erwachsenen Mars-Männer die Szene. Im Weggehen offenbaren sich hässliche Brandwunden an ihren Händen und Füßen.

Aus rechtlichen Gründen kann dieses Hidden-Track-Video mit seinem verwirrenden Inhalt nie erscheinen und verschwindet ungesehen in den Archiven der Plattenfirma. Es bleibt reine Fantasie.

Fantasievoll und ausufernd ist auch Jareds bis dato aktuellster Spielfilm. Es ist nach *Summer Fling* und *Basil* endlich einmal wieder eine europäische Produktion.

Mr. Nobody (2009)

un Film de Jaco van Dormael

Als Hundertachtzehnjähriger und letzter Sterblicher der Menschheit fragt sich Jared in der Person Nemo Nobody: Was habe ich getan, um so zu enden?

Nun ist Jared nicht nur ein sehr, sehr alter Mann in diesem Film, er ist viele Männer, denn sein Leben hätte verschiedene Wege einschlagen können und hat es in diesem Film auch. Alles ist davon abhängig, wie Nemo sich als Neunjähriger in einer expliziten Situation entscheidet.

Dem Buch entsprechend lebt Jared in diesem Film viele verschiedene Leben, die vom Wendepunkt als Neunjähriger an sehr unterschiedliche Entwicklungen nehmen. Das bedeutet, dass Jared in vielerlei Gestalten auftritt. Mit Brille wirkt er wie ein netter Student von nebenan. Als strahlender Bilderbuch-Vater trägt er lächelnd seine kleinen Kinder auf dem Arm. Er führt das Leben eines Reichen mit Pool, um sich einen Strang weiter in einer bizarr überzeichneten Ikea-Katalogwelt wiederzufinden. Als alter Mann sieht Nemo Nobody aus dem Fenster auf ein New-New York, das so aussieht, wie die in die 30er Jahre zurückverlegten Zukunftsvisionen von Städten. Exakt so, wie Comic-Zeichner François Schuiten (der am Film mitarbeitete) die Zukunft für seine Serie von den geheimnisvollen Städten entworfen hatte: Noch mehr Türme, als wir es heute kennen, noch mehr, noch höhere Wolkenkratzer verbunden durch Luft-Querstraßen und Brückenbahnen in einer Epoche, die den Verbrennungsmotor hinter sich gelassen hat. Wir schreiben das Jahr 2092. Nemos Zeit läuft ab und er blickt zurück, denn die Welt will wissen, wie es war, als die Menschheit noch sterblich war. «Hähähä», krächzt Leto dann, «die meiste Zeit passierte gar nichts. Wie in einem französischen Film.» Hähähä, möchte man mitkrächzen, aber es geht nicht um kleine Sticheleien, sondern in diesem Film geht es um das große Ganze. Es geht um Vergangenheit versus Zukunft, es geht darum aufzuhören nach dem Warum zu fragen, es geht um den Schmetterlingseffekt und die String-Theorie, es geht um

Jared Leto spielt Nemo Nobody

in

Mr. Nobody

erschienen 2009
Regisseur: Jaco Van Dormael
Autor: Jaco Van Dormael

In den Hauptrollen:
Sarah Polley, Diane Kruger, Linh Dan
 Pham, Rhys Ifans, Natasha Little

Laufzeit: 141 Minuten
Budget (geschätzt): 47 Mio. $
gedreht auf 35mm in Brüssel, Quebec,
 Ontario, Berlin, Babelsberg
nominiert für 9 Preise
ausgezeichnet mit 7 Preisen
Quelle: Imdb.com

Liebe und Sex. Es geht um ein chinesisches Sprichwort, das besagt, eine einzige Schneeflocke kann das Blatt des Bambusstrauches umbiegen – wenn sie die letzte ist, die sich zu einer Ansammlung dazugesellt. Und es geht um die Zeit. Denn in der Zeit kann niemand zurückgehen, jeder muss immer die richtige Entscheidung treffen. Aber kann ein jeder immerzu die richtige Wahl treffen? Der neunjährige Nemo steht vor einer Frage. Seine Eltern trennen sich und er soll entscheiden, ob er mit der Mutter geht oder beim Vater bleibt. Das ist eine Entscheidung, die er gar nicht treffen kann. Kein Mensch könnte sie treffen. Deshalb beginnt der Film, sich an dieser Schlüsselszene in verschiedene Pfade aufzufalten. Er versucht aufzuzeigen, was an dieser Weggabelung eines Lebens passiert wäre, hätte man diese oder jene Route eingeschlagen. Weil hinter jeder Weiche zahllose weitere folgen.

Mr. Nobody ist ein Film über das Alter, Generationen und Familie. *Mr. Nobody* zeigt Bilder in herzzerreißender Schönheit und wahnsinnigen Farben. Farben! Hell, komplementär, leuchtend, malerisch. Die Reise führt weg von der Erde auf den Mars. Denn der Jugendliche Nemo schreibt einen Roman, der den Hauptdarsteller auf den Mars gelangen lässt. Das bringt neue Erkenntnisse: Die Gravitation auf dem Mars beträgt 3,698 g, also nahezu dreimal weniger, als auf der Erde herrscht. Die Reise zum Mars, die im Filmroman tatsächlich stattfindet, dauert in Wahrheit sechs bis acht Monate. Für alle 30 Seconds-Fans ein Moment der Ernüchterung und des Schmunzelns. Denn um zum Mars zu gelangen, muss man die Reise in einem künstlichen Winterschlaf verbringen. Damit man sich nicht wund liegt, wird man in eine Vakuumverpackung aus Latex eingeschweißt. So kann man in seinem Abteil hängend den roten Planeten erreichen. Für diese innovative Lösung hatte die Designerin monatelang recherchiert, dazu den Winterschlaf von Bären studiert, schlafende Affen beobachtet und schließlich bei einem Pariser Fetisch-Ausstatter das geeignete, ausreichend starke Latex gefunden.

Mr. Nobody ist eine lang angelegte Was-wäre-wenn-Geschichte für alle Träumer, die Luftschlösser im Leben zulassen. Wenn man zweifelt, grübelt, unsicher ist, ob die letzte Entscheidung die richtige war, wenn man sich der Vorstellung hingibt, dass vielleicht doch alles vorherbestimmt ist, ergo nicht beeinflussbar, dann nimmt einen dieser Film in den Arm und bestärkt mit seiner Kraft. Er liefert keine Lösung, aber Erleichterung. Mit etwas Glück zeigt er einen ersten Schritt auf dem Weg zur Lösung.

Nicht zum ersten Mal in seiner Laufbahn taucht Jared aus unangenehm lang anhaltenden Unterwasserszenen, Beinahe-Ertrink-Situationen wieder auf. Auch die von Aronofsky bekannten Robot-Cam-Aufnahmen und gedoppelten Kamerafahrten mit zentraler Slow Motion und drum herum zeitgerafftem Geschehen treten in *Mr. Nobody* wieder auf (beide Techniken werden im Zusatzmaterial der *Requiem For A Dream*-DVD ausführlich erläutert).

Die Maske verschafft Jared einen gelungenen Auftritt als langhaarig verlotterter Urban-Hippie-Slacker oder Clochard, wie der Franzose sagt. Auf dem Kindergeburtstag tanzen die Gäste nicht genug? Da muss der Einpeitscher Leto ran, um die Menge zum Kreischen bringen – und die Kinder brüllen nicht, weil Nena ihre 99 Luftballons bringt. Jared lächelt milde, wenn er das Ergebnis einer seiner leichtesten Übungen sieht. Nur einen Schnitt später sieht man ihn als Höhlenmensch in prähistorischen Zeiten einem bedrohlichen Bären gegenüber die Keule schwingen. Schon im nächsten Moment ist es spannend zuzusehen, wie das Verrotten einer Maus, eines Obsttellers, anderen Lebens im Zeitraffer rückwärts abläuft – in Szenen, die ganz ohne Darsteller auskommen.

Mr. Nobody ist ein Feuerwerk an Erlebnissen. Man muss nicht alle Stränge des Films verstehen und zwangsläufig miteinander verknüpft bekommen, denn so ist es im eigenen, im echten Leben zugegebenermaßen auch. Das Leben ist komplex, es bietet zahllose Varianten. Und am Ende fügt sich alles zusammen, auch die negativen, die schlechten Erfahrungen. Jedes dieser Leben ist das richtige, wird ein in Vergessenheit geratener Tennessee Williams zitiert. Und am Ende des Films war alles nur die Vorstellung eines neunjährigen Jungen, der vor eine unmögliche Entscheidung gestellt wurde. Zugzwang heißt dieser Begriff aus dem Schach, der in den englischen Sprachgebrauch übergegangen ist. Zugzwang beschreibt eine Situation, in der es keine Lösung gibt. Mit ganzen hundertachtzehn Jahren hat Nemo Nobody die Weisheit erlangt zu erkennen, dass unter Zugzwang nicht zu ziehen der einzig richtige Zug ist. Er spricht dabei mit der Stimme des Neunjährigen.

Die französisch-deutsch-kanadisch-belgische Koproduktion des belgischen Regisseurs Jaco van Dormael ist ein Meisterwerk von epochaler Bedeutung, wenn man Epos und monumental nicht amerikanisch elefantös mit Kriegern in Sandalen denkt, sondern philosophisch im Sinne französisch geprägten Kinos. Die zentrale Frage lautet: Wie soll man entscheiden, wenn hinter jeder Entscheidung unzählige andere stehen (werden)? «Alles im Film hat eine Bedeutung, er ist so reichhaltig wie belgisches Essen», sagt Rhys Ifans, der Nemos Vater darstellt. Van Dormael hat jedes Detail mit Sorgfalt und Genauigkeit bedacht. Allein die Schlüsselszene am Zug wurde drei Tage lang mit allen zur Verfügung stehenden, unterschiedlichen Kameratechniken aus allen technisch denkbaren Winkeln gedreht. Auf die Szene wird immer wieder zurückgegriffen, weil *Mr. Nobody* die Erfahrung beider Möglichkeiten vermitteln will. Nicht nur die Auswirkungen der Entscheidungen, die man trifft, sondern auch die derjenigen, die man verworfen hat und denen man nachweint oder mit deren Verweis man zufrieden ist.

Der Schauspieler Leto hat mindestens zwölf Leben seines Charakters gezählt, die er zu verkörpern hatte. Leben, die gemeinsam im Team kom-

poniert worden sind, um als Parabel zu dienen, die den Prozess beschreibt. Als Jaco van Dormael davon erzählt, warum er Jared Leto für die Rolle auserkoren hat, liefert er eine tief gehende Analyse von Letos schauspielerischem Lebenswerk und damit beiläufig eine Liebeserklärung, selbst wenn er daran nie gedacht hat: «Wenn man Jareds bisherige Filme anschaut, erkennt man ihn jeweils kaum wieder. Ich brauchte einen wandlungsfähigen Schauspieler, der das Transformative der Geschichte umsetzen kann. Jared kann seine Stimme, seinen Sprachrhythmus, seine Atmung, seine Bewegungen gut verändern, weil das Dinge sind, die er sehr gerne tut. Und bei Jared ist es so: Je weniger er sich selbst ähnelt, desto authentischer und entspannter spielt er.»

Jared Leto ein Nobody?

Sekunden später sieht man Jared im Making-of mit dem Vorschlagham-
mer eine Autoscheibe einschlagen. «Gib mal her den Hammer, ich will
auch mal zuschlagen», positioniert er sich für die Making-of-Kamera, als
müsste er das soeben aufgestellte, allumfassende Lob seines Regisseurs,
der eine Analyse fernab vom Tratsch und amerikanisch geprägter Film-
rezeption geliefert hat, gleich wieder zerschlagen.

«Die Reise zum Mars ist ein Roman des jungen Nemo, in dem Nemo nicht
nur der Traum, sondern auch der Träumer ist», fährt Jaco van Dormael
fort, «es ist ein Blick auf die Vergangenheit UND auf die Zukunft. Und
Jared? Jared hat die Rolle des alten Mannes am natürlichsten gespielt. Es
war auch diejenige, die ihm am leichtesten fiel. Für den hundertachtzehn

Nemo Nobody (Leto) im Alter von 118 Jahren

Jahre alten Nemo hat er die Stimmlage und den Rhythmus schnell gefunden, und das obwohl man keinen Millimeter seiner echten Haut mehr sieht. Fünf Stunden brauchte die Maske, um aus einem Enddreißiger einen dreimal so alten Greis zu machen. «Oh ja, während der fünf Stunden im Stuhl begann er bereits, seine Stimme umzustellen. Es bereitet ihm große Freude, hinter einer Maske zu agieren. Einmal verwandelt behielt er den krummen Gang am Set den ganzen Tag bei, laufende Kamera hin oder her.»

Jared: «Um so eine Sache wird man nicht oft gebeten. Ich hätte zuerst nicht geglaubt, dass ich mich so für die Sache einsetzen würde.»

Jaco van Dormael beweist anschließend in einfachen Sätzen, mit wie viel Philosophie er seinen Film aufgeladen hat: «*Mr. Nobody* handelt letztendlich vom Zweifeln. Er wirft mehr Fragen auf, als er Antworten gibt. Eigentlich ist Kino ein Medium, das im Allgemeinen Dinge vereinfacht: Ursache – Wirkung – Erklärung lautet das Muster. Nur bin ich mir in meinem Leben meistens gar nicht sicher. Also man wird doch ständig neugieriger, ich zumindest. Ich habe lieber mehr Fragen als Antworten. Und in diesem Film sind alle Szenen unverzichtbar und führen zum Schluss. Das Ende hat einen Sinn. Das Leben aber funktioniert gegenteilig, es ist Entropie, ein umgedrehter Trichter: Alles strebt auseinander. Im Leben gibt es viele Szenen, die zwar gut sind, aber keinen Zweck haben. Es gibt Ereignisketten ohne Ursache und Wirkung. Ganz am Ende steht nur der Tod, und ich weiß nicht einmal, was dazu geführt hat.
Meine Filme versuchen das einzufangen. Ich verwende das Medium Kino, indem ich es andersherum benutze.»

Einen wichtigen Beitrag dazu, dass einen *Mr. Nobody* positiv benommen zurücklässt, hat der belgische Avantgarde-Jazzer Pierre van Dormael geleistet. Der Bruder des Regisseurs zeichnet sich für den Soundtrack des Films verantwortlich und ist traurigerweise noch vor der Kinopremiere an einer Krebserkrankung verstorben. Auch der Tod gehört leider zum Leben.

Unterm Strich ist *Mr. Nobody* ein Film, der Gewaltiges auslöst. Nicht nur beim Betrachter, sondern auch bei der gerne schnell gelangweilten, mitunter selbstgefälligen Garde der Lohnschreiber, die in ihren Rezensionen heute dies, morgen das behaupten dürfen und nicht selten geneigt sind, jahrelange, künstlerisch harte Arbeit mit wenigen Worten zu vernichten – in der irrigen Annahme aufgrund von Auflagen- oder Klickzahlen eine Spur von Relevanz zu besitzen.

An dieser Stelle soll es einen ausführlichen Blick in die Welt der Rezensenten geben. Nicht, weil Filmbesprechungen irgendeine Bedeutung hätten, sondern weil Van Dormael die Macht besitzt, aus all diesen Menschen ein beeindruckendes Feuerwerk von Assoziationen und Reaktionen herauszukitzeln. Et voilà:

Euphorie klingt in der Schweiz wie folgt (*Filmsprung.ch*):
In seinem schwelgerischen Drama erzählt der belgische Regisseur und Drehbuchautor Jaco Van Dormael (*Le huitième jour*) von der Kraft des Zufalls, durch die sich der Pfad des Lebens dauernd in Bewegung befindet. Virtuos und leidenschaftlich beschreibt Van Dormael die unterschiedlichen Entwürfe, die durch diese unendlichen Möglichkeiten entstehen.

Flibbo dreht bei *Wieistderfilm.de* auf:
Mr. Nobody ist der existenzialistische Overkill, kräftige Rundumpenetration und gleichzeitig Massage für das Gehirn, die Königin aller «Was wäre wenn?»-Fragen, fast mehr eine spirituelle Erfahrung als ein Film. Ein großes Puzzle, dessen Ausmaß man sich erst nach und nach bewusst wird, das sich dann allmählich zusammensetzt, um schließlich doch wieder auf ewig in Einzelteilen herumzuschweben. Die abartige Mühe, mit der die vor Einfällen nur so sprühende Inszenierung komponiert wurde, zwingt einen in die Knie. Kein Grund, sich dagegen zu wehren; das ist die große Freiheit der Filmkunst, voll ausgekostet. Das Publikum hat das Bedürfnis, den Kreis sich schließen zu sehen, doch *Mr. Nobody* muss das nicht und ist trotzdem ein Meisterwerk, denn so ist das Leben, so ist Philosophie.

Hans-Ulrich Pönack greift für *Deutschlandradio* in die Vollen:
«Das Leben ist voller Löcher, voll sinnloser Szenen und zufälliger Entscheidungen und es bewegt sich unausweichlich auf den Tod zu. Das macht es so schön», erläutert Jaco van Dormael im Presseheft. Und hinterlässt einen rätselhaften, ironischen, angenehm intelligenten wie geistreich-surrealen Sinn- und Suchfilm. Mit viel atmosphärischem Zeit- und intensivem farblichem Personen-Symbol-Geschmack wie Rot-Blau-Gelb-Weiß als virtuose visuelle Identitätsbeschreibung. Jared Leto bietet eine grandiose Verwandlungsfähigkeit und packende Charaktertiefe. Eine vorzügliche Darstellung. In einem wunderbaren Erlebnismovie: *Mr. Nobody*, das sind wir alle. Jeder von uns, wo und wie immer auch tickend.

Maren Keller erkennt auf *Spiegel online* die große Anstrengung an:
Regisseur Jaco Van Dormael versucht gar nicht erst, einzelne Episoden als Erinnerungen oder Flash Forwards oder Gedankenspiele zu kennzeichnen. Alle stehen gleichberechtigt nebeneinander: als Möglichkeiten eines Lebens, die es alle verdient hätten, gelebt zu werden. Wahnsinn und Widersprüche fügen sich zu einer grandiosen Illustration des Gefühls innerer Zerrissenheit. [...] Sieben Jahre, sagt Van Dormael, habe er an dem Drehbuch geschrieben, jeden Tag von zehn Uhr morgens bis nachmittags um halb vier. In einem anderen möglichen Leben hätte er in diesen sieben Jahren vielleicht zwei oder drei oder mehr Filme aus dem Stoff gemacht. Das wäre gut gewesen, weil weniger anstrengend. Und weil er mehr Gedanken und Geschichten hätte auserzählen können. Andererseits wäre es auch schade gewesen. Denn Van Dormaels Werk ist zwar eine Zumutung, aber eine kluge und faszinierende Zumutung.

Thomas Engel wird auf *Programmkino.de* zum Gourmet:
Unzählige imaginäre und reale Situationen sind gegeben, kunstvoll miteinander verschachtelt, ebenso faszinierend wie verwirrend. Eine Spielerei, aber auf beachtlichem Niveau. Dem Regisseur ist hier ein Kino-Opus-Magnum gelungen mit verblüffenden Schnittfolgen und Darstellern jeden Alters, die ihre Sache bestens machen. Was für ein filmischer Gegensatz

zu zahllosen simplen und flachen TV-Spielchen! Für echte Kinofans ein Genuss.

Auch Günter H. Jekubzik darf auf *Programmkino.de* jubeln:
Mr. Nobody berauscht, ja: überflutet mit der Bildgewalt seiner Welt und seiner Erzählraffinesse. Diese Welt erinnert mal an *12 Monkeys*, zitiert *2001*, verirrt sich scheinbar unwiderruflich in Parallelleben wie in Alejandro Amenábar *Abre los ojos*. Doch van Dormaels neuestes Meisterwerk begeistert nicht nur durch die Dichte der Ideen und Bilder, durch einen eindrucksvollen Cast oder den ebenso leichten, wie treffenden Pop-Soundtrack. Nicht nur wegen seiner grandiosen Ausstattungsdetails wie den immer wechselnden Familienfotos und den technischen Spielereien wie der tatsächlich «fliegenden» Kamera. *Mr. Nobody* erzählt eine ganz große, bis zum letzten Moment mehr und mehr mitreißende Liebesgeschichte.

Cristina Moles Kaupp kommt für *Fluter* aus dem Staunen nicht heraus:
Leider giert hier jede Idee rastlos nach neuen Assoziationen und Bildwerdung. Manche sind zweifellos so bestechend, dass man aus dem Staunen kaum herausfindet. Zunächst. Denn je länger *Mr. Nobody* in seinen Erinnerungen kramt, desto kruder wird der Film. Die Episoden verfransen und der intelligente Anspruch, mit dem Jaco Van Dormael sein Publikum zu packen versucht, entpuppt sich rasch als Effekthascherei. Vom spannenden Ansatz, über Zufälligkeiten im Leben und die Richtigkeit von Entscheidungen zu sinnieren, bleibt wenig haften. Allenfalls die Erinnerung an die eine oder andere fantastische Bildidee und ein gekonnt inszeniertes Surfen über alle Filmgenres.

Karl Hafner beeindruckt das Universelle im *Tagesspiegel*:
Visuell ist *Mr. Nobody* extrem beeindruckend. Beinahe ein Wunder ist es jedoch, dass der Zuschauer bei all diesen Fragmenten, Verweisen, Assoziationen und Wendungen den Überblick behält, wobei das konkrete Verstehen gar nicht so wichtig ist. Der Film ist traurig und lustig, melancholisch und kitschig, enervierend und unterhaltend, nichts oder alles.

Philipp Bühler vermisst in der *Berliner Zeitung* Seele:
Jedes Bild des Films glänzt als ästhetisches Wunderwerk; jeder Schnitt,
jede musikalische Überleitung sitzt perfekt. Dass sich aus dem gedank-
lichen Chaos kein kohärentes Ganzes herausschält, wäre der falscheste
Vorwurf. Was diesem Film fehlt, ist nicht der Sinn, sondern eine Haltung.
Pathetisch gesprochen fehlt ihm die Seele. *Mr. Nobody* bebildert ein tod-
ernstes Gedankenspiel um alles und nichts. Dass Nemo nie wirklich
Mensch wird und bloße Abstraktion bleibt, taugt nicht mal als kalte Analyse. Und so hält man sich an die kleinen Glücksmomente, von denen es in
diesem visuell so prachtvollen Film immerhin genügend gibt.

Gebhard Hölzl ist das auf *Br-online* zu viel:
Mr. Nobody ist ein Film wie ein Abenteuerspielplatz, ein Imaginarium,
wie es sich Terry Gilliam oder die Monty Pythons nicht verrückter hätten

*Bei den Filmfestspielen von Venedig, Sarah Polley, Jared Leto, Linh-Dan Pham
und Diane Kruger*

erträumen können. Genau da liegt aber auch die einzige Schwäche der Arbeit: Van Dormael will zu viel. Es fehlt trotz des hervorragend aufspielenden Jared Leto als Nemo das emotionale Zentrum, der Punkt, an dem der Zuschauer sich ausruhen und zur Besinnung kommen kann. Aber eins ist sicher: Langweilen wird sich hier niemand.

José Garcia hadert und ist am Ende doch überzeugt (*Textezumfilm*):
In *Mr. Nobody* sind Wirklichkeit und Fantasie kaum zu trennen. Dies wird besonders deutlich in der Marsepisode, bei der Nemo als Weltraumtourist eine Reise zum Mars unternimmt, um dort die Asche seiner Frau aus einer Urne zu verstreuen, wie er es ihr in seiner Jugend versprochen hatte. Oder ist dies lediglich Teil eines Science-Fiction-Romans, den der sechzehnjährige Nemo auf einer alten Schreibmaschine tippt? Vielleicht war doch die in drei unterschiedlichen Varianten erzählte Lebensgeschichte lediglich die Fantasiewelt eines Neunjährigen, so der Greise selbst, der sich bei der Trennung seiner Eltern nicht für den einen oder den anderen entscheiden kann, und die unmögliche Wahl für die beiden Elternteile trifft.
Trotz der allzu deutlichen Zitate, die insbesondere in der Marsepisode irritierend wirken, weil Jaco van Dormael eine mit Wong Kar-Wais *2046* verwandte Geschichte in ähnlichen Bildern erzählt und mit genau derselben Musik (*Casta Diva* aus Vincenzo Bellinis *Norma*) unterlegt, trotz eines überfrachteten Drehbuchs, das mühelos Stoff für gleich mehrere Spielfilme geliefert hätte, überzeugt *Mr. Nobody* nicht nur durch seine betörenden Bilder und seine bestechende Kameraführung, seine hervorragende Ausstattung und eine immer adäquate Filmmusik, sondern auch durch seine Grundaussage von der entscheidenden Wirkung kleiner Entscheidungen im Laufe eines Lebens.

Der Admin von *unbiasedmoviereviews.com* fühlt sich eingesogen:
Mr. Nobody ist einer dieser seltenen Filme, die den Zuschauer in seine Welt saugen können. Wenn man sich *Mr. Nobody* und die verschiedenen Episoden ansieht, mag man zuerst nicht zur Gänze die Bedeutung des Gezeigten verstehen, aber man bleibt fasziniert sitzen, und wenn der Film sich weiter

entfaltet, beginnen auch die einzelnen Episoden sinnvoller zu werden. Einiges bleibt zu interpretieren, und spätestens mit dem Einsetzen des Abspanns sollte es in Ihrem Kopf zu rattern beginnen.

Die Aufnahmen sind atemberaubend und es wurde sehr viel Sorgfalt und Liebe zum Detail auf den Film verwandt. Jared Leto ist als Nemo Nobody unglaublich gut und auch die anderen Darsteller passen genau. Die Geschichte ist wunderschön erzählt, und ohne zu sehr vorweg zu greifen, es geschieht sehr viel, aber sehr viel wird auch nicht gezeigt. Es passiert mir sehr selten, dass ich einem Film 10 von 10 Punkten gebe, aber *Mr. Nobody* hat sie sich verdient, weil ich keine Makel oder Fehler ausmachen konnte. Einige mögen einwerfen, dass das Ende nicht so stark ist, wie es hätte sein können, aber ich fand, dass es gut zum Film passte. Falls Sie die Chance haben, sollten Sie sich *Mr. Nobody* ansehen und sich in seine Welt ziehen lassen.

Ken Eisner verleiht Jared auf *straight.com* den Ritterschlag:
Mr. Nobody ist ein schillerndes Kunststück philosophischer Einbildungskraft und versucht nichts weniger, als die Zusammenfassung eines kompletten Lebens, und einer oder zwei Epochen, in einer sehr freien Interpretation gegenwärtiger menschlicher Geschichte mit einem Ausblick auf mögliche zukünftige Verläufe.

Der Film ist außerdem ein entscheidender Durchbruch für Jared Leto, der seinem einengenden Image als Schönling entkommt, indem er den titelgebenden Nemo Nobody von etwa zwanzig bis zu dem übernatürlich hohen Alter von hundertachtzehn spielt, dem Punkt, wo er einem skeptischen Reporter ganz postmodern seine lange Lebensgeschichte erzählt.

Der Schreiberling hat alles Recht, baff zu sein: Nemo ist ein äußerst unzuverlässiger Erzähler, der Hauptereignisse und winzige Details mit jeder verwirrender werdenden Version seiner Vergangenheit verändert.

Jaco Van Dormael, der gut aussehende, belgische Regisseur und Drehbuchautor, beherrscht seine splitterhaften Erzählelemente meisterhaft; man versteht kaum einen Erzählstrang, schon schleichen sich widersprüchliche Beweise ein – oder kommen mit einem Knall, wie in dem plötzlichen Abstecher zum Mars (gefilmt in einem deutschen Filmstudio).

Natürlich kann es von Zeit zu Zeit ermüden, filmisch für fast hundertvierzig Minuten gegen den Strom zu schwimmen. Aber der Film handelt nicht nur von Rätseln und «Finde die Bezüge zu anderen Filmen»-Spielchen. (*Little Big Man* und *2001* sind zwei offensichtliche Hinweise.) Die Leistung von Leto haut emotional genauso rein. Er ist jemand, mit Sicherheit.

Deborah Young vergibt anlässlich der Biennale Venedig fette Props nach Europa (*hollywoodreporter.com*):

Jared mit seinen Fans

Was ist das Wesen der Zeit? Nicht das beste Thema für einen populären Spielfilm, möchte man annehmen, bis *Mr. Nobody* daherkam, um das Gegenteil zu beweisen. Wie *Benjamin Button*, aber für anspruchsvolle Kinobesucher, behandelt er sehr komplexe Ideen auf unterhaltsame Art und Weise, wie die unendliche Zahl der Möglichkeiten, die das Leben eines Menschen darstellen, indem er dem Titelhelden Nemo Nobody von null bis hundertachtzehn Jahren durch die verschiedenen Leben folgt, die er gelebt hätte, hätte er verschiedene Entscheidungen getroffen.

Diese englischsprachige Coproduktion zeigt, dass die Europäer auf dem Feld der Science-Fiction mithalten können, wo große Budgets von Nöten sind. Angesichts der vielschichtigen Anziehungskraft des Films, als Liebesgeschichte und Fantasy, aber der relativ geringen Starpower seines Casts, sind die kommerziellen Perspektiven gut, aber nicht überwältigend.

Van Dormaels verblüffendes Drehbuch passt mehr als gut zu seiner flamboyanten Leistung auf dem Regiestuhl dieser über zwei Stunden langen Geschichte, heldenhaft von Matyas Veress und Susan Shipton zu einer flüssigen, meistens verständlichen Erzählung zusammengeschnitten. Während sich Nemo darüber wundert, warum die Zeit sich nur in eine Richtung bewegt, und über die Möglichkeit nachdenkt, dass der Rauch in eine Zigarette zurückkehrt, haben die Filmemacher kein Problem damit, in der Zeit vor- und zurückzuspringen. Aber sie verwenden diesen Kniff niemals für billigen Nervenkitzel; alles trifft sich in der Idee, dass das menschliche Leben kostbar ist in allen seinen Verflechtungen und jede Entscheidung, die wir treffen, ihre Konsequenzen hat.

Production Designer Sylvie Olive wurde in Venedig für ihre außergewöhnlich fantasievollen Kulissen ausgezeichnet, die farbcodiert für jeden Lebensabschnitt von der meisterhaften Kameraarbeit von Christophe Beaucarne eingefangen wurden.

Und *Intro.de* pappt einen Aufkleber auf die deutsche DVD-Verpackung: Empfohlen von Intro.

In dem ganzen Gehassel und medienüblichen Namedropping fallen die jungen Darsteller ein wenig aus dem Fokus. Kaum jemand, der ihnen den gegebenen Respekt zollt, doch wäre ohne die Kinder und Jugendlichen die Geschichte nicht vollkommen. Denn eins kann selbst noch so ambitioniertes Kino nicht: erwachsene Schauspieler in der Maske ins Kindesalter zurückschminken.

Mit der Spielfilmrakete *Mr. Nobody* im Rücken hat Jared den nötigen Antrieb, für 30 Seconds To Mars erneut richtig durchzustarten. Das nächste Video ist ausgesprochen real und bildet den Auftakt für das bahnbrechende dritte 30 Seconds To Mars-Album.

Kings And Queens VIDEO (2009)

directed by Bartholomew Cubbins

Statisten spielen keine Rolle. Auch wenn es oft falsch verstanden wird, sind Statisten per Definition lediglich lebende Masse, die nicht spricht, sondern für einen authentischen Hintergrund zuständig ist. Es sind Menschen, die nicht spielen, sondern sich nur verhalten.

Für *Kings And Queens* hat Bartholomew Cubbins hundertfünfzig namentlich im Abspann genannte Radfahrer auf die leer gefegten Straßen von Los Angeles geschickt. Und beim Editing sehr viel Arbeit investiert, all diesen – im Englischen Extras genannten – Mitspielern möglichst viel Vordergrund, sprich Nahaufnahmen und Close-ups einzuräumen. Das erklärt Jared alias Bartholomew bei MTVs *Frame by Frame*. In der Hektik der Sendung kommt leider nicht zur Sprache, dass das imposante Radfahrervideo zu *Kings And Queens* offensichtlich von Brendt Barbur inspiriert worden ist.

Brendt Barbur fühlte sich 2001 berufen, dem Fahrrad eine Plattform in Musik, Kunst und Film zu bieten, und gründete das Bicycle Film Festival. Sein persönliches Motiv war, dass er in New York von einem Bus angefahren worden war und dachte, sein negatives Erlebnis in eine positive Botschaft verwandeln zu wollen. Seit einer ganzen Dekade funktioniert sein Festival nun schon als Katalysator für das urbane Bike-Movement, das in Amerika einen ganz anders zu bewertenden Stellenwert hat als in Deutschland oder den Niederlanden.

Einen Fahrradunfall aus heiterem Himmel gibt es auch in *Kings And Queens*. Ebenso wie eine Hommage an den frechsten städtischen Eroberer Großbritanniens, Banksy. Jared Leto hat mit dem epischen Video eine zweifache Liebeserklärung geschaffen: zum einen für seine Wahlheimat Los Angeles und zum anderen für das Fahrrad als Symbol individueller Freiheit im urbanen Dschungel. Eine stylische Glorifizierung für den Teil der Zweirad-Community, der sich von Persenningen und Styroporhelmen mit Regenhauben abgrenzen möchte. Schön choreografiert macht es einfach Spaß,

der rollenden Welle durch die Stadt zu folgen und sich dabei mittragen zu lassen, wie der öffentliche Raum zurückerobert wird. Ein künstlerischer Akt von «Reclaiming the Streets», wie Jared mehrfach in Interviews fallen lässt.

«Full Commitment – Vollen Einsatz» bescheinigen Jared und Tomo den hundertfünfzig Bikern in MTVs *Frame by Frame* und geben so ein Kompliment weiter, das offenbar für ihre eigene Arbeit und Leidenschaft ist, wenn es darum geht, eine Kamera vor der Nase zu haben. *Kings And Queens* ist wie alle Arbeiten von Cubbins (aka Leto) akribisch vorbereitet und meisterhaft umgesetzt.

Links: Leto hält gerne alle Fäden in der Hand, nichts überlässt er dem Zufall
Oben: Jared Leto bei den Dreharbeiten zum Videoclip Kings & Queens

Ein gut aussehender Mann
kann nichts gewinnen

Wenn ein gut aussehender Mann etwas Lobenswertes tut, erscheint das den anderen nur natürlich und fällt nicht weiter auf. Wenn er die Dinge so wie die anderen erledigt, sind sie dagegen nicht zufrieden.
Ein nur milde freundlich aussehender Mann dagegen wird sofort gepriesen, wenn er etwas Bemerkenswertes tut.

Aus: Torch liest
Tsunetomo Yamamoto – *Hagakure – Der Weg des Samurai*

Um den Blick vom zählbaren Output für einen Moment abzuwenden und die Monate zwischen den Großereignissen zu beleuchten, gehen wir in der Zeit einen kleinen Schritt zurück.

ι

Unterwegs daheim
(in Zeiten von 2007 bis 2009)

Turbulente Zeiten sind für eine Rockband Alltag. 30 Seconds To Mars beginnen das Jahr 2007 auf dem Sundance Film Festival, wo zufälligerweise auch *Chapter 27* läuft. Darauf folgt der erste Ausflug nach Deutschland

Jared hat seinen Spaß!

und schon geht es wieder zurück in die Staaten auf die martialisch klin-
gende *Taste Of Chaos*-Tour. Im Gegensatz zur *Two Dollar Bill*-Tour, die MTV
den vorangegangen Herbst veranstaltet hatte (und die darauf Bezug
nimmt, dass der seltenste Geldschein, der in den USA im Umlauf ist, eine
Zwei-Dollar-Note ist), steht nun ein Brausehersteller als verantwortlicher
Sponsor auf den Plakaten. Der Geschmack eben jener Energiebrause, sug-
geriert die Kombination, geht also in Richtung durcheinander. Tatsächlich
ist das Ganze ein vom *Vans Warped*-Tour-Erfinder Kevin Lyman konzipier-
tes Winterpendant zur sommerlichen *Warped*-Geschichte, die mit einem
gigantischen Aufgebot an Punk-, Hardcore- und Alternative-Bands sowie
zahlreichen Extremsportarten und kompletten Halfpipes durch die Lande
ziehen. Die kommerzielle Durchorganisation des Rock 'n' Roll-Geschäftes
ist in den USA schon wesentlich weiter vorangeschritten, als man sich das
in Europa vorstellen kann. Eine reale Spur der Unordnung hinterlässt

Jared Leto hat viel zu geben

Matt Wachter, als er während der Tour mit Hauptact The Used abrupt aus der Band aussteigt. Nach vielen Jahren unterwegs ist ihm die Luft für das anstrengende Leben ausgegangen. Nach der US-Tour reisen 30 Seconds To Mars mit einem Ersatzmann nach England, Australien, Japan, anschließend nach Kontinental-Europa und auf die größten Festivals Deutschlands: Rock am Ring und Rock im Park. Ständig unterwegs zu sein bedeutet für einen Menschen gleichzeitig, nie zur Ruhe zu kommen. Man muss gemacht sein für das Leben auf Tour, das einem über Wochen jede Form von Privatsphäre verweigern kann. Es gibt keinen Moment, wo man die Tür hinter sich schließen kann, um alleine zu sein. Insbesondere, weil es niemals die eigene Tür ist. Also versucht man, sich seine klitzekleinen Freiräume zu schaffen, die mit einem mitreisen wie in einer Blase. Auch wenn es noch so oft kolportiert wird, dass Rockstars spinnen, weil wieder einmal eine Cateringliste in die Hände eines Journalisten geraten ist und sich sein Blatt das Maul darüber zerreißt, wie viele Flaschen welchen Whiskeys die Rolling Stones in ihrer Garderobe vorzufinden verlangen oder welches Plastikflaschen-Wasser Janet Jackson unbedingt serviert werden muss, um nicht die Durchführung ihres Auftrittes zu gefährden, sind das doch nur unzulässige Lästereien von Schreibern, die nervös werden, wenn die Redaktionskaffeemaschine wegen Milchschaumverstopfung in die Reparatur muss, der Kaltgetränke-Automat auf dem Flur keine Cola mehr ausspuckt und der Zigaretten-Automat im Foyer die gewünschte Sorte nicht mehr bereithält, nach der Wahl der ungeliebten Zweitsorte streikt und dann auch noch das Münzgeld behält. Man muss einfach verstehen, dass sich Musiker in einem reisenden Mikrokosmos durch das Land oder zwischen Kontinenten und Festivals bewegen und dabei ein paar wenige Verlässlichkeiten sehr willkommen heißen. Da zum Beispiel selten die Möglichkeit besteht selber einzukaufen, weil ein reisender Bus nicht an zig Geschäften anhalten kann, sondern vorankommen muss, schreibt man im Vorfeld einer Tournee auf die Cateringliste, was man gerne vor Ort vorfinden möchte. Getränke, Snacks, vegetarisches Essen, eine Zeitung, keinen Billokäse und bitte lieber frische Obstsäfte anstatt Fruchtsaftextrakte. Dass diese Listen vor Ort häufig vollkommen unterschiedlich interpretiert werden,

steht auf einem anderen Papier. Dass die Interpretationsfreiheit bedeuten kann, wir kümmern uns nicht um deine Liste, wir halten immer unser Standardprogramm vor, und das heißt frisch- und selbstgekochte Küche mit Herz, kann dann nur eine positive Überraschung sein. Reis-mit-Scheiß wird heute nur noch ausnahmslos in Jugendzentren serviert, diese Evolutionsstufe haben 30 Seconds To Mars allerdings lange hinter sich. Die Feldküchen, die bemühte Rock 'n' Roll- und Festival-Caterings aufbauen, um komplette Backstage-Landschaften zu ernähren, sind für einen kurzen Zeitraum vertretbar, für eine länger reisende Entourage aber recht bald mehr Qual als Qualität. Die Sehnsucht nach einem erhellenden Mahl reist mit, und das fahrende Volk beginnt Anstrengungen zu unternehmen, sie zu erfüllen. Die Gelegenheit eine Cateringliste schreiben zu dürfen ist nur ein kleines, aber wichtiges Privileg, das den tourenden Musiker vom Schauspieler unterscheidet. Am Film-Set geht es sozialistischer zu. In der Drehpause reihen sich Beleuchter und Schauspieler gemeinsam in die Schlange am Catering-Mobil ein und warten mit dem Pappteller in der

Dita von Teese überreicht 30 Seconds To Mars die Auszeichnung für das Video des Jahres (MTV Australia Video Music Awards 2007)

Auf der Taste Of Chaos-Tour

Hand auf ihre Zuteilung. Gegessen wird, was der Caterer kocht. Zur ausgleichenden Gerechtigkeit hat der Schauspieler einen Drehschluss und die Möglichkeit zum Rückzug. Der Musiker hat zwar auch irgendwann in der Nacht Feierabend, aber dann wartet der Bus mit den Kojen, und man rollt sich hinein, weil den Nightliner mit dem Doppelbett hinten oben eine andere Band weggebucht hat. Und während die Maschinen dröhnen, schaukelt man unsanft in den Schlaf und träumt davon, sich am nächsten Tag so viel Zeit herauszunehmen, wie es braucht, um in der Stadt ein tolles kleines Restaurant mit einer ehrlichen Küche zu entdecken. Glück kann manchmal sehr einfach zu haben sein. Während man es sucht, bleiben die Kollegen in der Venue, stimmen ihre Instrumente und verfallen in die Starre, die beim Warten auf den Auftritt langsam hochkriecht und sehr lähmend wirken kann. Um diese Langweile, die immer wiederkehrenden Stunden der Leere zu bekämpfen, sind sehr viele Rockbands in Drogenwelten getaucht und haben sich nur schwer wieder davon befreien können. Auch Alkohol und Unsinn können zu belastenden Gewohnheiten werden. Es bedarf hoher Selbstdisziplin und eines hochgradig sympathischen mitreisenden Teams, dass man sauber und geistig clean bleibt, um jahrelang in diesem Metier zu überleben. Und es hat nichts mit Arroganz zu tun, wenn man auf die Cateringliste schreibt, dass man Rohmilchkäse am Stück lieber hat als den eingeschweißten mit den ausgestanzten Löchern.

Zwischendrin fragen 30 Seconds To Mars via Website ihre jederzeit involvierte Fangemeinde, welcher Song die nächste Single-Auskopplung werden soll. Und greifen damit innerhalb des engen Band-Fan-Konglomerates einer externen Entwicklung vor. Fernsehsender, Radiostationen und relevante Internetportale machen ihre Programmgestaltung mittlerweile nur noch zur Hälfte selbst. Sie geben eine vorausgewählte Grundmenge vor und die Vollendung des Programmes in die Hände ihrer Hörer. Daraus folgt, dass jeder einzelne Sender nur noch das spielt, was seine Hörer sich anscheinend

Avril Lavigne und Jared Leto in Mexico City

This Is War ALBUM *(2009)*

Einmal zur Hölle und zurück – so beschreiben 30 Seconds To Mars die Arbeit und die Anstrengungen, die *This Is War* die Band gekostet haben. Da waren zum einen die Einflüsse von außen – die Klage der EMI über dreißig Millionen Dollar stand mehr als ein Jahr im Raum. Das hatte vorübergehend für den Zustand gesorgt, dass die Band ohne Plattenvertrag dastand, schlussendlich aber doch weiter mit der EMI zusammenarbeitete. Zusätzlich kamen die selbstgesteckten hohen Ziele und die aufwendigen Stunts, die 30 Seconds To Mars zum Beispiel mit ihren *Summits* selbst inszeniert hatten, mit ins Spiel.

«Wir haben zwei Jahre unseres Lebens an der Platte gesessen und haben uns dabei gefühlt, als müssten wir gegen den Rest der Welt kämpfen. Wir hatten weder Hilfe noch Einflüsse von außen, nicht mal ein Plattenlabel im Rücken, sondern einzig und allein uns selbst. Wir setzten alles auf eine Karte und trieben uns gegenseitig an.» Jared muss tief Luft holen. «Manchmal hat uns das überwältigt. Alles, was passierte, geschah auf grobe Art und Weise, aber es gab auch sehr erhellende Momente. Weil da draußen so viele Konflikte tobten, war die eigentliche Arbeit am Album fast schon friedbringend. Tatsächlich war es aber eine Frage des Überlebens.»

Die ursprüngliche Idee für das Album war, zu Beginn der Arbeit alle Schalter auf null zu stellen und einen radikalen Neubeginn zu wagen. Alles anders zu machen und die eigene Kreativität neu zu definieren. *This Is War* sollte nicht weniger als ein Album sein, das so klingt, als höre man einen Film. Eine der tragenden Ideen war, das Mikrofon des Sängers nicht nur vorgeblich für einen Sekundenbruchteil in das Publikum zu halten – wie es Tausende von Bands bei jedem Konzert, bei dem mitgesungen wird, täglich machen –, sondern ernsthaft das Mikrofon umzudrehen und ausgewählte Fans mitsingen zu lassen. Die Idee wuchs und wuchs, aus der *The Summit* genannten Aufnahmesession in Los Angeles, zu der sich zweitausend

Jared Leto spielt Gitarre, Bass, Keyboards und Gesang

auf

This Is War von 30 Seconds To Mars

erschienen 2009 bei Virgin, EMI
produziert von Flood, Steve Lillywhite,
  30 Seconds To Mars
weitere Musiker: Shannon Leto,
  Tomo Miličević
Laufzeit: 60 Minuten
weltweit über 1 Mio. verkaufte Einheiten,
  außerdem Gold in 5 Ländern, Platin
  in 3 Ländern und Doppel-Platin in
  2 weiteren Ländern
Quelle: Wikipedia

stimmgewaltige Menschen einfanden, wurde sukzessive ein *Global Summit*, der zunächst auf acht Länder weltweit ausgedehnt wurde, um dann, der digitalen Technik sei Dank, in alle Winkel der Erde vorzudringen. Wer auch immer ein Aufnahmegerät und einen Internetanschluss auftreiben konnte, war eingeladen, seine Stimme, seine Hände, seine Füße einzusetzen und auf der nächsten 30 Seconds To Mars-Platte mitzusingen und mitzuklingen. Das erklärt den massiven Einsatz der Chöre und Sounds auf dem Album.

Jared: «Der *Summit* war ein wesentlicher Bestandteil bei der Entstehung dieses Albums. Es war ein interaktives Aufnahmeexperiment, dessen Erfolg unsere Hoffnungen weit übertroffen hat, und avancierte zu einem prägenden Element der Aufnahmen. Es war eine so spannende wie einzigartige Möglichkeit für uns, diese Erfahrung mit unserer weltweit verstreuten Familie zu teilen.»

Wer die Geschichte dieser ultimativen Einbindung des Publikums in den Entstehungsprozess des Albums nicht kennt, wird ein wenig irritiert sein, warum die Chöre bereits nach zwei Minuten des Albums einsetzen und nicht einen singulär gesetzten Peak markieren, sondern über fast alle Songs hinweg mittragendes Element sind. Erfährt man jedoch den Hintergrund, erkennt man zum einen den Grund und anerkennt zum anderen die künstlerische Idee. Hut ab!

Für *A Beautiful Lie* hatte Josh Abraham die Produktion übernommen, ein Mann der neben Film-Soundtracks jede Menge Bands vom Schlage Limp Bizkit und Linkin Park produziert hat. Da nach neuen Möglichkeiten gesucht wurde, sollte abermals ein anderes Produzenten-Team das neue

Album bearbeiten. Die Wahl fiel auf Mark «Flood» Ellis, der seinen alten Mitstreiter Steve Lillywhite mit ins Boot holte. Verbindendes Element zwischen den beiden britischen Chef-Produzenten ist deren wegweisende Arbeit für die irische Band U2. Steve Lillywhite war derjenige, der mit der noch unbekannten, aber hoch talentierten Band U2 auf ihren ersten drei Platten einen unverwechselbaren Rocksound erarbeitete. Seine Referenzen sind beinahe unschlagbar und verweisen auf Alben von Ultravox, The Smiths, The Pogues, den Thompson Twins, Morrissey, den Rolling Stones sowie den Simple Minds bis hin zu Beady Eye.

Mark «Flood» Ellis übernahm U2 in der zweiten Phase der Bandgeschichte und verpasste ihr den musikalischen Wandel ab der *Joshua Tree*-Platte. Seinen Spitznamen «Flood» hatte er als junger Spund im Studio erhalten, als er bei den Aufnahmen zu einem The Cure-Album zusammen mit einem Kollegen dazu angehalten war, die konzentriert arbeitenden Künstler vor und hinterm Pult fortwährend mit Tee zu versorgen. Während sein Kollege nie ausreichend Tee heranschaffte und «Drought», also Dürre genannt wurde, konnte Ellis immer ausreichend liefern und wurde fortan nur noch «Flood» gerufen.

Shannon gesteht: «Flood begab sich mit uns auf eine lange Reise, und es wurde eine unvergessliche Erfahrung. Er half uns bei der Suche, genauer herauszufinden, wer wir wirklich sind als Band und als Musiker. Steve half uns, die Sache zu Ende zu bringen, was oft der schwierigste Teil am Aufnahmeprozess ist. Wir sind an ihrer Seite in den Krieg gezogen und empfanden am Ende nur noch Liebe und Respekt für die beiden.»

Flood und Lillywhite schenken der Band die Freiheit und das Selbstvertrauen, ganz andere Sounds, Strukturen und Ideen zu erkunden. «Das ist ein Prozess, der Wahrheit, Ehrlichkeit und eine Menge harter Arbeit erfordert», erklärt Flood, als er der Presse erzählt, dass die Band sich zum Ziel gesetzt hatte, einen Albumklassiker zu schaffen und sich dabei bis über die Grenzen des bisher Erreichten hinaus zu verausgaben. «Das sind genau die Dinge, die ich als bereichernd empfinde», fügt er hinzu.

«Diese Platte zeigt wirklich das Maximum dessen, was wir aus uns her-
ausholen konnten. Da steckt alles drin, was wir haben, unser komplettes
Commitment. Mehr noch, unsere totale Verausgabung, unser Blut, unsere
Knochen, unser Herz und unsere Seele. Alles, was wir haben, steckt in der
Platte, und es spielt gar keine Rolle, was andere dazu sagen werden, denn
wir haben zielstrebig die Platte gemacht, für die wir am Anfang losgezogen
sind», haut Jared in die Runde. Und: «Wir hatten einen Zettel an der Wand
hängen: ‹Kill yourself to finish.› Denn es gab keine andere Lösung. Also
haben wir das getan. Weißt du, Musik kann einfach Spaß machen, aber es
kann auch noch eine Menge mehr bedeuten. Ein bissiges mehr an Bedeutung, und das trifft für uns auf jeden Fall zu.»

Jared mit seinem Freund, dem Regisseur Darren Aronofsky, und Marisa Tomei
auf der Premiere von The Wrestler

Ob unsere Kritiker-Freunde vom *RockHard* abermals neun von zehn Punkten vergeben werden?

Zweitausend Fanclub-Mitglieder durften die (ziemlich oft auftauchenden) Chöre für *This Is War* einsingen, des Weiteren gibt's jede Menge Kleingeräusche zu hören, die 30 Seconds To Mars-Supporter online einreichen konnten, und produziert haben neben der Band Mark «Flood» Ellis (u.a. U2, Depeche Mode, Nine Inch Nails) und Steve Lillywhite (u.a. U2, The Rolling Stones). Leider machen Masse und Namedropping noch lange keine herausragende Platte, und dass viele Köche den Brei verderben, ist ebenfalls nix Neues.

Das Schlimme an *This Is War* ist nicht die auffällige Richtungsänderung: Während das Debut melancholisch-progressiven Alternative Rock für die

Jared beim Versuch, inkognito einen Fuß vor die Tür zu setzen. Doch Fans & Fotografen sind überall ...

Zielgruppe zwischen Filter und Vauxdvihl (!) bot und der Song orientiertere, aber nicht schwächere Follow-up *A Beautiful Lie* die Band als die legitimen Nachfolger der oft vergessenen Stabbing Westward präsentierte, ist *This Is War* eine große weitere Annäherung an den pseudo-anspruchsvollen Rock-Mainstream; der Name U2 ist in diesem Review nicht umsonst schon zweimal gefallen. Das Schlimme an *This Is War* ist der Hang zur Selbstüberschätzung: Die Konzeptplatte (Amerika, Krieg, Politik, Soziologie, Emotion, Philosophie, einfach alles) wirkt unsympathisch aufgebläht und pathetisch, man will auf einmal ganz viel mitteilen und hat doch nichts zu sagen, und mit dem Titelsong erreicht kompositorisch darüber hinaus nur ein einziger Track das Niveau der Vorgänger. Der Rest des Albums ist (immerhin perfekt produzierter und erarbeiteter) Lulli-Rock für «wache Geister», denen Bob & Bono schon viel zu alt sind.

Sie tun es nicht. Boris Kaiser vergibt in *RockHard* Nr. 271 nur noch 6 Punkte. Damit hat er stellvertretend für alle anderen Rezensenten etwas herausgefunden: 30 Seconds To Mars haben einen Wandel vollzogen – und alle haben es gemerkt.
Das International Centre For The Advancement Of The Arts And Sciences Of Sound in Los Angeles ist das offizielle Studio, in dem 30 Seconds To Mars *This Is War* aufgenommen haben. Die Spatzen pfeifen es bereits von den Dächern, das ist nichts anderes als das Haus der Letos.

Aber wenn Männer mit Ideen, Fantasie und Vorstellungskraft gleichzeitig auch noch Künstler sind, ist es doch eigentlich logisch, dass ein Album nicht wie das vorhergehende klingt. Und nicht nur die Sounds werden weiterentwickelt, sondern auch die Beziehung zu den Anhängern.

Closer To The Edge VIDEO (2010)

directed by Bartholomew Cubbins

Zehn Jahre lang sind 30 Seconds To Mars bereits unterwegs und von Anfang an verstand sich die Band als Projekt für die Fans, um sich mit den Fans weiterzuentwickeln und sich durch die Fans vorantreiben zu lassen. Ohne Masterplan, es sei denn, der hieße: Renn, renn immer weiter, dann wirst du sehen, was dahinten ist! Die Konstellation Mars und Army sind eine Symbiose, um sich gegenseitig immer weiter zu steigern, in einen Wahn hineinzumanövrieren, der eine sektenhafte Zugkraft entwickelt, einen Suchtfaktor, eine Flucht aus dem Gewöhnlichen hinein in das Unbekannte.

Nach all den Jahren bedingungslosen Commitments und voll unbeschreiblichem Engagement ist immer noch Raum vorhanden, die Schraube weiter anzuziehen. Was ist folgerichtiger, als sich selbst und der Außenwelt zu demonstrieren: Wir sind ihr, ihr seid wir. Wenn wir in das Wilde gehen, dann schließt sich ein Kreis, dann gibt es die endgültige Verschmelzung von vor und auf der Bühne, weltumspannend, in stylischen Bildern, bestens ausgeleuchtet, eine Kernschmelze missionarischer Anziehungskraft.

Wer sich nur Sekunden auf das Video *Closer To The Edge* einlässt, wird als neutraler Betrachter unmittelbar in die Bewegung mit hineingesogen. Die Kraft der Bilder überstrahlt ihre eigene Ironie – Yes this is a cult. Und wer möchte nicht teilhaben an diesem schweißtreibenden Enthusiasmus? Hormonexplosionen bis ans Ende aller Tage. Spüren anstatt davon zu hören. Mit Instanterinnerungen, die länger halten werden als jedes Tattoo. *Closer To The Edge* ist das finale Statement einer Band, ist kein Schulterschluss mit den Fans, sondern ein Treueschwur auf immer und ewig. Das Video ist das Plädoyer für eine Verbrüderung bis zum letzten Tag mit einer Liebe, die auch eine zehnjährige Pause überstehen kann. *Closer To The Edge* ist ein demagogisches Meisterwerk in eigener Sache. Aber nicht vergessen: It's just a band.

Zwei Singles und entsprechende Videos hat *This Is War* schon hervor-
gebracht. Der überwältigende Verkaufserfolg erlaubt noch ein drittes
Video.

Jared Leto besucht gerne die Fashion Shows von Calvin Klein.

Hurricane VIDEO (2010)

directed by Bartholomew Cubbins

Hurricane ist der nächste Dreizehn-Minuten-Videoclip aus dem Hause Cubbins/Leto. Ein Film in drei Akten, die mit nichts weniger als Geburt, Leben und Tod betitelt sind. Gleich zu Anfang wird festgestellt: Das ist nicht die Realität. Das ist ein Traum. Ausschließlich im nächtlichen New York spielend steht Sexualität im Vordergrund. Das Video beginnt mit einer ausgiebigen Zurschaustellung von Jareds nacktem Oberkörper und endet in Zensurtafeln, die die etwas zu versexten Subliminals wegen zu viel Nacktheit überdecken.

Wir sehen in Geburt, Leben und Tod Fenstersprünge, die an den 11. September erinnern, hier allerdings glimpflich ausgehen, Bücherverbrennungen, mit der Star-Spangled-Banner bedeckte Särge sowie Jareds Kumpel Star-Fotograf Terry Richardson als Cameo. Essentielle Elemente oder doch nur Ablenkungsmanöver von der Maskerade, die sonst das Geschehen beherrscht? Es geht um Gewalt, Sex, Gewalt und Sex, vielleicht auch um Sexualität als Spielfeld für die Ausübung von Macht und Dominanz. Die Botschaft bleibt wie die Geschichte im Dunkeln. Es drängt sich der Gedanke auf, dass hier ein kalkulierter Tabubruch vorliegt. Die Sexszenen sind jedoch nicht pure Provokation, sondern mit Lack und Leder angereichert, um noch verstörender, vielleicht aber auch nur verruchter zu wirken.

Keine fünf Wochen bevor die finale Version des Films offiziell erscheint, zeigt Jared einer ausgewählten Schar von Journalisten mitten in der Nacht in Madrid in seinem Hotelzimmer eine zwanzig-minütige Rohversion von *Hurricane*. James Montgomery vergleicht das, was er zu sehen bekam, mit dem, was am Ende übrig geblieben ist, und ist immer noch beeindruckt: «Leto versucht in drei Erzählsträngen die Bandmitglieder von 30 Seconds To Mars miteinander zu verweben, indem er sie mit ihren Dämonen kämpfen lässt und ihnen den Schlüssel zu neuen, geheimen Fantasien in die Hand gibt. Dazwischen all der Sex und das Blut, die Bücherverbrennung und die Beerdigungsvorbereitung. Und das hat er alles geschnitten, während er auf Tour war und ein Editor-Team hat mitreisen lassen?

Hurricane muss für Jared wie ein Monster gewesen sein, aber auch eine Ode an sein Ego, und er hat das Monster mit seinem unerreichten Enthusiasmus und seinem unnachgiebigen Streben besiegt – wie noch jede Herausforderung, die er mit 30 Seconds To Mars gesucht hat.

Hurricane hätte auch der eine Schritt zu viel sein können, Leto die letzte Grenze aufzeigen können, weil es einfach zu monströs schien, um tatsächlich umgesetzt zu werden.

Aber genau wie *Hurricane*-Gastsänger Kanye West (nicht auf der Video-Version vertreten) ist Jared Leto nie von seinem Weg abzubringen und noch Ende November 2010 liefert er *Hurricane* ab. Ein dreizehn-minütiger Trip, der verschlossene Bereiche offenlegt: dunkle Ängste, Untreue, Verführung, Unterwerfung, den Cameo-Auftritt einer Kakerlake, ein Sexspielzeug auf einem Silbertablett und genügend Masken, um damit Slipknot das Fürchten zu lehren.

An dem Abend in Jareds Hotelzimmer hat niemand von uns daran geglaubt, dass er das Ding sicher in den Hafen bringt. Außer Jared selbst.»

Bei AOL-*Spinner* äußert sich Jared wie folgt: «Ich war überhaupt nicht darauf aus, der schlichten Provokation wegen zu provozieren. Ich bin einfach nur meiner kreativen Muse gefolgt und hierhin hat sie mich geleitet: einen Film zu machen, der zu den dunkleren Ecken unseres Universums und unserer Psyche führt. Mehr nicht. Die Reaktionen waren jetzt kein Schock für mich, aber schon etwas überraschend. Aber das mag daran liegen, dass ich mich zuletzt so intensiv damit beschäftigt habe, dass ich sehr vertraut mit der Materie wurde.»

Jared kommt nicht umhin, sich bei MTV über die Zensurbalken zu äußern, die er nachträglich einfügen musste: «Zu einem anderen Zeitpunkt hätte ich gesagt, auf gar keinen Fall verändere ich auf Druck der TV-Sender mein Werk. Dieses Mal war ich unsicher, ob ich mir damit nicht ins eigene Fleisch schneiden würde.» So findet man also im guten alten Internet unzensierte Versionen von Hurricane, die jeden gefilmten Nippel im

Close-up zeigen – vorausgesetzt man spielt die Videodatei in Super-Zeitlupe oder Einzelbildmodus ab.

Dass noch ein viertes Video zum Album erscheint, liegt daran, dass es schon viel früher hätte fertiggestellt sein sollen und im Laufe des Prozesses durch ein anderes ersetzt wurde. Dadurch, dass es erst 2011 erscheint, erregt es erneute Aufmerksamkeit für das Album, das mittlerweile weltweit die Charts erobert.

This Is War VIDEO

directed by Édouard Salier

Erhebliche Verzögerungen sind nichts Unbekanntes im Universum von 30 Seconds To Mars. Dem eigenen Hang zum Perfektionismus bei dann aber manchmal doch zu vielen parallelen Aufgaben geschuldet werden Dinge erst fertig, wenn sie fertig sind. Weil man im Hause Leto alles selber macht und unter Kontrolle haben möchte, erinnert das oft an die Schwierigkeiten, die inhabergeführte kleine Agenturen haben: Der Chef will

Jared bei Alan Carr

alles selbst kontrollieren und tut sich schwer zu delegieren. Und wenn er es doch einmal wagt, wird er prompt enttäuscht, als hätte er es nicht vorher bereits geahnt. Der Franzose Édouard Salier gilt offiziell als Regisseur für das Video, aber noch bevor es endgültig erscheint, formuliert Jared nur leicht diplomatisch gegenüber *MTV News*: «*This Is War* ist das erste Video, an das ich jemanden anderes herangelassen habe, und sagen wir es mal so: Das machen wir so schnell nicht wieder.»

Den Querelen zum Trotz ist *This Is War* ein traditionell episches Werk geworden, das in den typischen Super-Zeitlupen Statements setzt und Emotionen visualisiert. Der Clip erklärt sich gleich zu Beginn als Anti-Kriegsvideo und feiert dann drei Minuten lang feuernde Soldaten in Zeitlupe vor dem Sonnenuntergang. Erst nach der Hälfte der sechs Minuten Spielzeit löst sich die heroisierende Darstellung auf, wenn das Video in seine fantastische Phase eintritt. Sämtliches Kriegsgerät fliegt durch die Luft und landet auf dem Schrottplatz der Geschichte, einer überdimensionierten Pyramide von unwiderstehlicher Anziehungskraft. Eine versöhnliche Lösung für einen etwas zweifelhaften Kriegsfilm, der zum einhundertsten Mal die Frage aufwirft: Kann man Krieg angemessen darstellen? Auch nach diesem Musikvideo bleibt die Frage ungeklärt.

Haiti (2010 *und danach*)

Im Januar 2010 zerstört ein verheerendes Erdbeben weite Teile der Infrastruktur eines der ärmsten Länder der Erde. Hunderttausende Menschen sterben oder werden verletzt. Die Überlebenden sehen sich einer noch dramatischeren Situation ausgesetzt als der, in der sie ohnehin schon lange leben. Die politische Landschaft Haitis wird mit dem Beben ebenfalls endgültig zerstört, das Land befindet sich am Rand des Untergangs. Viele Organisationen und Menschen sehen sich berufen zu helfen. Es kommt dabei auch zu zweifelhaften Aktionen, unschöne Meldungen über die Ausbeutung hilfloser Kinder machen die Runde. Nun ist es ein Leichtes, Personen zu kritisieren, sie wollten sich mit wie auch immer gearteter Hilfe nur selbst profilieren. Gerade Prominente geraten in die Kritik.

Jared Leto ist es eine Herzensangelegenheit dennoch etwas zu unternehmen. Er unterstützt Spendenaufrufe in Fernsehshows und reist anschließend in das Land seiner Kindheit, weil er sich genau erinnert, welche Zeit er als Zwölfjähriger zwischen Armut und Schönheit verbracht hat. Es ist eine höchst persönliche Angelegenheit sich daran zu erinnern, wie man als Kind in den Mangobäumen Haitis kletterte, und welchen Schmerz man empfindet, sich vorzustellen, dass die Dinge nie wieder so friedvoll sein werden, wie sie es in der Erinnerung noch sind.

Jared lässt es sich auch nicht nehmen nach Haiti zu reisen. Die bei seinem Besuch entstandenen Fotos stellt er in einem Bildband zusammen. Das soll sein winzig kleiner Beitrag zur Unterstützung sein. Um Bewusstsein zu schaffen und auf die Notwendigkeit von Hilfe für den Wiederaufbau hinzuweisen. Es ist ein persönlicher Beitrag, der die eigene Bekanntheit ausnutzt, um als Multiplikator zu wirken.

Opinio.de fasst zusammen, was Jared für Haiti tun kann:
Jared Leto hat als Kind selbst eine Zeit lang mit seiner Familie auf Haiti gelebt, weshalb er eine sehr persönliche Beziehung zu diesem Land hat. So war es für ihn vor einem Jahr eine Selbstverständlichkeit, einer der Ersten

zu sein, der sich in den USA an der CNN-Spendenaktion *Haiti – How You Can Help* von Talk-Ikone Larry King sowie einige Tage später an der weltweiten Aktion *Hope for Haiti* zu beteiligen und sowohl eine Spende, als auch seine Zeit in den Dienst der guten Sache zu stellen.

Wie er in einem Radio-Interview in Arizona erzählte, musste er während seines Aufenthaltes zu seinem Bedauern feststellen, dass sich auf Haiti vieles verschlechtert hat, seit er als Kind dort lebte, und das, obwohl es damals bereits schlimm war.

Bei seiner Reise durch das zerstörte Land dokumentierte er seine Eindrücke in Film und Fotos, unterhielt sich mit vielen Leuten und fand heraus, dass es eine wichtige Frage ist, ob man Menschen hilfloser machen kann, wenn man ihnen hilft, dass es Dinge gibt, die großartig erscheinen und

Leto an der Seite von Talk-Legende Larry King bei einer Benefizgala für Haiti

andere nicht. Jared Leto lernte, dass es Verschwendung gibt und eine Menge Bürokratie. Er lernte auch, dass die Einheimischen inzwischen die UN «Useless Nation» anstelle von «United Nations» nennen, was ja schon für sich selbst spricht.

Angesichts der Tatsache, dass Haiti immer noch ein wirklich verwüstetes Land in einer absolut schlimmen Situation ist, und in dem Bewusstsein, dass er selbst weder ein Heilberufler, Katastrophenhilfe-Experte, Arzt oder Krankenpfleger, sondern Künstler ist, beschloss Jared Leto seine Fähigkeiten zu nutzen, um so seinen Beitrag zu leisten, indem er ein limitiertes Fotobuch herausbringen wird, um damit Geld für Haiti aufzubringen. Das *Jared Haiti Photo Book* kann für den symbolischen Preis von hundert Dollar vorbestellt werden, ist aber bis dato noch nicht erschienen.

«Normalerweise behalte ich meine privaten Geschichten für mich. Ich muss etwas für mich selbst zurückhalten, weil ich nicht alles im Leben preisgeben kann.» Im Fall der Ereignisse in Haiti entscheidet er anders und teilt seine Erinnerungen: «Es war eine magische Zeit. Stell dir vor, welchen Einfluss es auf mich gehabt hat, als Kind eine Zeit an so einem exotischen Ort zu verbringen. Es hat mir die Augen geöffnet. Und es hat mein weiteres Leben entschieden beeinflusst.» Noch mehr als der Ort haben dies die Menschen getan: «Sie haben sich ihren starken Geist, ihre wunderschöne Kultur und die Lebensfreude immer bewahrt, egal wie viele Schwierigkeiten sie zu bewältigen hatten. Die Menschen in Haiti sind sehr widerstandsfähig und wissen zu überleben. Und das sage ich im Bewusstsein, dass hier nichts über Nacht wieder heil werden wird.»

What else in 2011, Mr. Leto?

Mit der Eröffnung eines Twitter-Accounts 2009 sind die Online-Aktivitäten von Jared Leto und 30 Seconds To Mars explodiert. Gab es früher eine Website und den sich dort meldenden Crash Minister of Propaganda, ist spätestens seit Twitter alles anders. Myspace, Blogs, Webunterseiten, Fan-Foren, separate Websites zu Videos, Facebook und alle weiteren nur denkbaren Online-Kanäle wollen bedient und gefüttert werden. Hinter allen Unterbereichen sitzt Jared Leto selbst und füttert sie. Oder es sind bestens instruierte Helferlein, denn in der Anonymität des Internets ist seit mehr als fünfzehn Jahren nichts so sicher wie eine der damals von Paul Steiner mit einer Karikatur aufgestellten Online-Grundregeln: On the Internet nobody knows you're a dog. Aber Scherz beiseite, heute meldet sich der Propaganda-Minister kaum noch mit Worten, sondern überwiegend mit Fotos aus der mobilen Kamera, aber dies in unerreichter Frequenz. Niemand im Business versorgt seine eng verzahnte Fangemeinde mit direkteren und persönlicheren Botschaften als Jared Leto. Das permanente Feuer an Tweets erreicht seinen Zweck, kann aber auf die Dauer auch ermüdend wirken. Und dann fragt man sich, wann bleibt diesem Mann eigentlich mal ein bisschen Zeit für frische Ideen oder die Gelegenheit, einfach mal einen Gang runterzuschalten, um zu relaxen.

Sie bleibt, denn hinter der großen Wand der Mitteilungsfreude passieren immer noch Dinge, mit denen man nicht rechnen konnte.

Zum Todestag von Kurt Cobain kursiert plötzlich ein unprätentiöses Homevideo in den Medien, das Jared dabei zeigt, wie er einen Nirvana-Song akustisch interpretiert. «Unglaublich!» und «Wer hätte das gedacht?» rauscht es durch den digitalen Blätterwald. Nur wenn man noch einmal das erste Album aus dem Regal zieht und sich auf die ersten Gesangszeilen konzentriert, dann sollte man sich schon fragen, warum nicht bereits damals jemand den Vergleich zu Kurt Cobain gezogen hat. Sobald Jared zu *Capricorn* anhebt, muss man doch zwangsläufig an Nirvana denken.

Selbst wenn diese Assoziation sich ein paar Zeilen später schon wieder verflüchtigt. Tatsächlich war Jared Kurts Witwe Courtney Love begegnet und hatte mit ihr über die Verfilmung von Cobains Leben gesprochen. Ein paar Tage später hatte sich Jared mit der Gitarre vor die Kamera gesetzt, um für sich selbst auszuprobieren, wie er als Cobain wirken würde. Mit der Veröffentlichung des Bewegtbildschnipsels entstehen massive Spekulationen darüber, das Video wäre eine Bewerbung für das Casting. Dabei ist den meisten wohl entgangen, dass Jared in zwanzig Jahren Schauspielkarriere eine Entwicklung vom Seriendarsteller über einen Neben- bis hin

Jared Leto zusammen mit Anthony Kiedis, dem Sänger der Red Hot Chili Peppers

zum Hauptdarsteller nehmen konnte, weil er alle seinen Rollen akribisch durchgeprobt und entwickelt hat. Nichts anderes sieht man in dem zweiminütigen Video. Das ist Jareds Hommage an den verehrten Kurt Cobain.

Und dann war da noch die Geschichte mit Hugo Boss. Während andere Musiker als sogenannte Vanityprojekte Solo-Alben einspielen, Klamotten-Labeln ihren Namen leihen oder durch andere Eskapaden auffallen, schafft es Jared tatsächlich, einen Deal mit Hugo Boss an Land zu ziehen. Und zwar als Repräsentant. Beziehungsweise als das neue Gesicht der Marke, wie es so schön heißt. Das ist in zweierlei Hinsicht schmeichelhaft. Zum einen wird Jared als einer von weltweit drei Milliarden Männern herausgepickt – es hätte auch jeden anderen erwischen können –, und zum anderen muss er nicht so tun, als hätte er in der Schneiderstube an einer neuen Unterhosenkollektion mitgearbeitet. Er muss auch nicht behaupten, er hätte in langen olfaktorischen Testreihen höchstpersönlich exakt den Duft komponiert, der seine eigene Persönlichkeit unverwechselbar repräsentiert. Als «neues Gesicht von ...» muss Jared tatsächlich nur sein Gesicht hinhalten, um auf Fotos und in Videos eine Marke zu repräsentieren. Dass der dazugehörige Werbespot nicht annähernd so interessant ist wie auch nur eine Sequenz aus seinen Musikvideos, steht auf einem anderen Blatt. Werbung zwingt sich selbst dazu, möglichst glatt und massenkompatibel zu sein. Ecken und Kanten sind nicht gefragt. Die bringt in diesem Fall Jared als «Träger des Gesichtes» mit und wertet somit unterschwellig die Kampagne auf.

Die alte Tante MTV gibt es ja auch immer noch.
Obwohl die Bedeutung des Musikfernsehens heute eine ganz andere ist als noch vor zehn Jahren, inszeniert sich die Mutter allen Musik-TVs immer noch selbst am besten und verleiht nach wie vor Preise, die in bombastischen Shows rund um den Globus überreicht werden. 30 Seconds To Mars haben in den letzten Jahren etliche der verschiedensten Music und Video Awards abgeräumt. Wenngleich Kategorien wie Beste Band, Bester Newcomer oder Best Rock immer den Beigeschmack haben, einen Wettkampf

zu suggerieren, wo keiner ist, und allenfalls Videos den Oscars, Goldenen Bären, Palmen und Globes ähnlich miteinander vergleichbar sind, so ist es doch der eigenen Publicity nicht abträglich, wenn man sich eine solche Trophäe in den Schrank stellen kann. Respektive in die Online-Galerie, denn dort werden die Trophäen bei 30 Seconds To Mars abgestellt, weil die Band sämtliche errungenen Auszeichnungen ihren Fans widmet.

Als besonderes Unikat hat MTV heute noch seine *Unplugged*-Reihe im Programm, die die eingeladenen Künstler vor die Aufgabe stellt, ihre Songs neu zu arrangieren. Eine *Unplugged*-Show nimmt man nicht mal eben so mit, weil sie sich nicht ohne Weiteres aus dem Ärmel schütteln lässt. Für die *MTV Unplugged Session* haben 30 Seconds To Mars *Hurricane*, *Kings And Queens*, *Closer To The Edge* und *Night Of The Hunter* ausgewählt. Als besonderer Höhepunkt gibt es eine Cover-Version von U2s *Where The Streets Have No Name* – mit der sagenhaften Unterstützung eines Gospel-Chores. Wenn jemand sich der Wirkung von Sound und Musik bewusst ist, dann Jared und seine Männer, die auch hier wieder das Messer an der richtigen Stelle ansetzen, um eine Operation am offenen Herzen vornehmen. Das Vitamin-String-Quartet beflügelt die Performance ebenso wie ein Mini-Summit, den eine kleine Echelon-Delegation bestreitet.

«Das war die Church of Mars. Oh Mann, war das großartig mit unserer verkorksten Familie von Freaks und Fans zusammen aufzutreten.» Und um ehrlich zu sein, ergänzt Jared: «Wenn man von MTV zu *MTV Unplugged* eingeladen wird, dann ist das ein rite de passage, ein Übergangsritus. So viele unserer Lieblingsbands haben *MTV Unplugged* bereits gemacht, und wir waren völlig aus dem Häuschen, als wir gefragt wurden.»

Jared auf einer Modenschau

Jared Letos Geheimnis gelüftet

Begibt man sich auf die Suche nach dem Mann hinter Jared Leto, kann man sich tief hineinarbeiten in die Spuren, die dieser Mensch in den vergangenen vierzig Jahren auf der Erde hinterlassen hat. Durchforstet man seinen künstlerischen Output, seine Interviews, seine Taten und seine Äußerungen, dann findet man eine Person, die sich verschlossen zeigt und außerordentlich öffentlich lebt. Es kristallisiert sich bald heraus, dass hinter der Person Jared Leto nicht nur ein Künstler oder Mensch steckt, sondern ein vielköpfiges, mystisches Gesamtkunstwerk. Oder anders ausgedrückt: Jared Leto, das sind viereinhalb Männer. Mindestens.

Imagine 4½ Men

1. Schauspieler

In erster Linie ist Jared Leto ein Schauspieler, der in Hollywood Karriere gemacht hat. Schon das ist aber nur die halbe Wahrheit und eine oberflächliche Sichtweise, denn die meisten seiner Arbeiten hat Leto eben nicht in oder für Hollywood abgeliefert, sondern in sogenannten Independent-Filmen, also unabhängigen Film-Produktionen. Einige der besten sind gar im europäischen Kino entstanden. Ob nun Hollywood oder Non-Hollywood ist aber nicht entscheidend. Maßgeblich sind die individuellen

Jared Leto in New York

Leistungen des Schauspielers Jared Leto vor der Kamera. Erfolg ausschließlich an der Kinokasse zu messen ist nicht richtig. Interessant sind die Fähigkeiten eines Darstellers, sein Entwicklungspotential und die Freude, die er jedem einzelnen Betrachter bereiten kann. Als Teenieheld hat Jareds Karriere begonnen und sein gutes Aussehen war dabei keine Hürde, sondern ein Türöffner. Sehr früh allerdings ist Jared dazu übergegangen, sich nicht auf die Wirkung seiner blauen Augen zu verlassen. Die sind ihm ohnehin mit auf den Weg gegeben worden. Sie stellen gewiss einen Vorteil da, aber nichts, woran man arbeiten könnte. Keine Substanz, von der man zehren kann, und kein Potential, das man ausbauen könnte. Just a feature, das ihm in die Wiege gelegt wurde. So wie Jareds Körper, der meistens schlank und muskulös auch alles andere als ein Nachteil ist. Aber Muskeln wollen trainiert werden, damit sie vorzeigbar sind, und es dauert nicht allzu lange, bis Jared herausfindet, dass man seinen Körper auch Veränderungen durchmachen lassen kann. Der Mut zur Veränderung setzt allerdings einen starken Willen voraus. Und das Abmagern oder Zunehmen für eine Rolle diente niemals dem Effekt als solchem. Es gehörte unumstößlich zur Rolle des Harry Goldfarb dazu, ausgehungert zu sein, denn nur auf diese Weise gelangte Jareds Geist in einen Zustand, der die Sehnsucht des Charakters tief nachempfinden ließ. Für die Rolle des Mark Chapman war es unabdingbar, ebenso schwerfällig und behäbig wie das lebende Vorbild zu werden. Nur echte Korpulenz konnte die Einsamkeit und Verwirrung des Einzelgängers Chapman glaubwürdig unterstreichen. Hundertachtzehn Jahre Lebensalter kann die Maskenbildnerin äußerlich simulieren, aber der Schauspieler, der unter der künstlichen Haut sitzt, muss diese auch glaubwürdig bewegen können – um nicht albern zu wirken, sondern authentisch. Um Authentizität zu transportieren, muss ein Schauspieler sich in eine Rolle tief einarbeiten. Er muss lesen, was er zum Thema bekommen kann, sich an die Plätze begeben, die den Charakter geprägt haben, denn nur so kann er unter Einsatz von viel Leidenschaft und Engagement die Rolle ausfüllen. Das alles geht nur mit dem viel zitierten Commitment. Weil Jared Leto unglaubliches Commitment in jede seiner wohl gewählten Rollen einbringt. Beziehungsweise sich

Gedanken darüber macht, bevor er eine Rolle zusagt, ob es ihm möglich ist und er gewillt ist, volles Commitment in den Ring zu werfen. Nur deshalb ist Leto in seinen Filmen so gut. Ob Adelssohn oder Schulabsolvent, ob Langstreckenläufer oder Heiratsschwindler – keine dieser Rollen studiert man im Vorübergehen. Und keine dieser Rollen gleicht der nächsten. Das ist das Geheimnis des Schauspielers Jared Leto: Er hat eine Methode entwickelt, sich in ausgewählte Personen hineindenken zu können. Das hat ihm die Zusammenarbeit mit einigen der besten und stilprägendsten Regisseure eingebracht. Von deren Fähigkeiten er immer alles aufgesogen hat, um es für sich selbst und seine anderen Lebensaufgaben umzusetzen und weiterzuverwenden.

2. Star

Als halbwegs erfolgreicher Schauspieler hat Jared immer auch mit den zum Geschäft dazugehörenden Randerscheinungen zu tun. In Interviews macht er Promotion für das letzte Werk und zwangsläufig für sich selbst. Er ist angehalten, über Gefühle, Einschätzungen, die Arbeit und die Kollegen zu reden. Und über die eigene Persönlichkeit. Es gibt, wie Aronofsky gesagt hat, Schauspieler, die nur in Filmen mitwirken, um in die Medien zu kommen und in ihnen zu bleiben. Die Medien sind voll von ihnen, ein jeder dieser Kandidaten findet auch seinen Platz: freiwillig und unfreiwillig, mit waghalsigen PR-Stunts oder durch unvorsichtige Allianzen mit gewissen Medien. Es gibt Prominente, die sich wirkungsvoll und dauerhaft komplett dem Öffentlichkeitsgeschäft entziehen. Es gibt einige, die es schaffen, ganz klare Trennlinien zu ziehen, und es managen, dass das Private unangetastet bleibt. Andere lassen keinen Furz, wenn nicht ein Berichterstatter in der Nähe ist. Aber diese Menschen sind es, die zuerst hochgejazzt, an irgendeinem Punkt fallen gelassen und zu guter Letzt zum Abschuss freigegeben werden. Selbst wenn sie das überleben, müssen sie doppelte Anstrengung unternehmen, um mithilfe der unmoralischen Medien erneut nach oben zu kommen. Andererseits weckt man ebenso Begehrlichkeiten, wenn man den Weg wählt, nur wenig über sich preisgeben

zu wollen. Jared Leto datet Scarlett Johansson? Verfolgen wir sie, versuchen wir ein Foto zu ergattern. Jared Leto war mit Cameron Diaz verlobt? Mag sein, nur reden beide nicht darüber. Was kann dahinterstecken? Jared Leto hat sich als introvertierter Mensch immer schon von denen ferngehalten, die die falschen Fragen gestellt haben. Mein Film, mein Song, mein Album? Gerne, darüber reden wir. Was ich mache, wenn ich nicht filme oder singe – geht dich und alle anderen Menschen gar nichts an. Als Sänger und Songschreiber einer zunehmend bekannter werdenden Band gerät man in einen doppelten Konflikt. Promotion muss sein, okay. Die Fragen in Interviews wiederholen sich umso öfter, je mehr Sprachräume man erobert. Wenn in Amerika schon alle Fragen gestellt und beantwortet sind, kommen auf einmal deutsche Interviewer oder österreichische, Schweizer, dann Franzosen, Südamerikaner etc. Unterschiedliche Kulturkreise, unterschiedliche Interessen. Sicher entstehen dabei auch gewinn-

Jared Leto inmitten von Stars und Sternchen, v.l.n.r. Porcelain Black, Bam Margera, Jard Leto und Lydia Hearst

bringende Konstellationen, aber der Prozentsatz der sich ständig wieder-
holenden Fragen wächst. Jared fängt an, Geschichten zu erzählen, die gut
klingen. Beginnt Unsinn zu erzählen. Fährt Leuten über den Mund, die
immer noch nicht verstanden haben, dass diese Frage seit jeher in den
Tabubereich fällt. Jared bricht Interviews ab, weil es ihm zu dumm wird,
und gleich gilt er als arroganter Schnösel. Die Medienvertreter schlagen
sofort zurück. Also berät sich Jared mit seinen Vertrauten, schult sich in
Demut und bleibt beim nächsten Mal sitzen. Lässt Humor oder gut ver-
steckten Zynismus walten. Mit einem Lächeln oder einem guten Scherz
lässt sich fast alles überspielen. Doch dann kommt die nächste Stufe der
Last des Auskunft-geben-Müssens. Die Oberflächlichkeit nimmt zu. Die
Fragesteller sind miserabel vorbereitet, Gespräche sind keine Gespräche,
sie haben weder Informationsgehalt noch kann man sonst etwas aus
ihnen mitnehmen. Jared möchte wieder aufstehen und gehen, aber auf
keinen Fall der arrogante Arsch sein. Er beginnt seinen Humorlevel merklich zu erhöhen. Es ist nicht immer leicht. Aber es gibt auch Schlimmeres.
Zum Beispiel die selbst ernannten Hollywood-Reporter, die in Scharen mit
ihren semiprofessionellen Kameras so lange vor dem Restaurant warten,
bis Jared es verlässt, um im Laufschritt neben ihm her bis zum Parkplatz zu eilen. Sie rufen Fragen zu und heucheln Kumpelei. Jared hat sich
daran gewöhnt und bleibt professionell ruhig, bedankt sich artig (für den
Fisch), steigt ein und rauscht davon. Das peinlichste an dieser Szene ist,
dass die selbst ernannten Hollywood-Reporter ihren völlig belanglosen
Mist im Internet verbreiten und gar nicht merken, wie dumm sie dabei
aussehen. Jared versucht sich schon lange keine Gedanken mehr darüber
zu machen.

3. Musiker

Ein Star wollte Jared nie werden, es ist eine Randerscheinung, die mit
seinem künstlerischen Werdegang einhergeht. Was Jared schon immer
machen wollte, ist Musik. Als gelernter Schauspieler ist das nicht ganz
einfach. Da ist die Messlatte, die das Musikbusiness anlegt, und da sind

die ganzen gerissenen Latten, die Kollegen vor ihm hinterlassen haben. Das kümmert Jared erst einmal wenig, denn er hat den festen Willen, sein Hobby, seine Leidenschaft zum Beruf zu machen. Talent ist vorhanden und mit Bruder Shannon hat er ein wichtiges Back-up im Rücken. Vielleicht würden es die Brüder nie zugeben, aber ohne ihre gegenseitige Unterstützung hätten sie das Projekt Band wohl nie so weit vorangetrieben. Jareds Naturell entsprechend war aber genau dieses Sichselbstvorantreiben der Schlüssel zum Erfolg, der sich nach viel Blut, Schweiß und Tränen eingestellt hat. Das Verfolgen eines Traumes mit aller Macht. Denn während zunächst die Eingangshürde dank Schauspielerei, guter Connections und gewissenhafter Vorbereitung im Untergrund niedrig angesiedelt war, hat die Doppelbelastung zweier Berufe und die fiese Gazillionen-Klage der Plattenfirma zu einem späteren Zeitpunkt viel Tribut gefordert. Durchhaltevermögen hat sich für Jared in der Musik aber immer gelohnt. Sicherlich gibt es größere Musiktalente als Jared Leto. Sein Genie aber zeigt sich bei der Arbeit im Studio, wenn er Instrumente einspielen kann und mit hervorragender professioneller Hilfe von Produzentenseite zu ausgereiften Produkten formen kann. Und er hat das Verständnis sowie die Fähigkeiten alle Randerscheinungen des Musikbusiness bestens zu bedienen. Er weiß sich in Mythen zu hüllen und mit Pathos um sich zu werfen. Er weiß eine Band visuell bestens ins Licht zu rücken und scheut sich nie davor, einen Schritt weiterzugehen als alle vor ihm. Denn er schaut nicht auf die anderen, sondern verfolgt mit Tunnelblick seine eigenen Ideen. Jared Leto legt mindestens so viel Commitment in seine Band wie in seine besten Rollen. Insbesondere hat er begriffen, dass Rock 'n' Roll auf der Bühne gemacht wird und nicht im Studio. Die Reise zum Mars war allerdings lang und anstrengend. Die Band geht auf dem Zahnfleisch und macht ihre immer wieder angedeutete Ankündigung wahr: Wir sind angekommen, wir brauchen eine ausgedehnte Pause. Im Moment fühlt es sich nach zehn Jahren Pause an. Es sieht so aus, als ob nur noch bis Ende 2011 die Chance besteht, 30 Seconds To Mars live abzufeiern.

4. Entertainer

Seine Rolle als Bandleader führt Jared noch vor dem ersten Plattenvertrag auf die Bühnenbretter von Clubs und Kneipen. Jeder Mensch erinnert sich an die ersten Konzerte, die er erlebt hat, und jedes Kind träumt davon, einmal im Leben auf der Bühne zu stehen und beklatscht zu werden. Statt Luftgitarre zu spielen tatsächlich abzulärmen, aus sich rauszugehen und damit andere zu begeistern. Ein nahezu natürliches Verlangen. Man bewundert die Bands, die einen begeistern, und eines Tages versucht man sich selbst. Das Showelement lässt niemanden kalt. Interaktion mit dem Publikum betreiben viele Bands. Manche zurückhaltend, manche halbherzig, manche aufgesetzt und viele peinlich. In den letzten fünfzig Jahren haben sich Posen und Verhaltensweisen eingebürgert und manifestiert. Jared Leto bedient sich jeder greifbaren und verwertbaren Rock 'n' Roll-Zutat. Ästhetisch hat er an Frisuren, Styling und Kleidung schon alles auf die Bühne gebracht, was man sich denken kann. An Stage-Acting gibt

Jared und Scarlett Johansson

es kaum etwas, das er nicht perfektioniert hätte. Fäuste werden gereckt, Fahnen geschwungen, an Rigs hochgeklettert, Mosh-Pits und Circle Dances initiiert und kaum eine Ansage ohne F-Wort zu Ende gebracht. Es wird für den Effekt Mehl auf die Snare gestreut und unerschrocken Stage-Diving oder Crowd-Surfing bis zum Äußersten betrieben. Ganz sicher, Jared hat seinen Bono Vox studiert und weiß seit den Bildern von *Live Aid*, wie man ein Publikum weltweit für sich gewinnt. Plus, und hier wird es spannend, Jared hat immer seine eigenen Ideen hinzugefügt. Yes this is a cult. Im Rock 'n' Roll-Business hat Jared Leto nichts erfunden außer einer Sache: der ungebremsten Verbrüderung mit dem Publikum und der Integration der Fans in allen denkbaren Bereichen – unter der professionellen Ausnutzung von Licht wird jede Show zu einem besonderen Erlebnis. Da zudem alles immer und hochauflösend aufgenommen und reproduziert

Jared Leto überlebensgroß auf der Bühne mit 30 Seconds To Mars

wird, multipliziert sich ein stylischer Eindruck der Erlebnisse und zieht neue Interessenten in die Fänge des Kultes.

4½. Regisseur

Als Schauspieler hat Jared Leto mit stilprägenden Regisseuren zusammengearbeitet und ihnen immer sehr genau auf die Finger gesehen. Er hat von Aronofsky gelernt, dass das Ensemble einen Film ausmacht. Man braucht eine Geschichte, die Darsteller, perfekte Kamera und Licht. Aber sowohl Musik als auch die Soundeffekte sind essentiell. Von Fincher hat er gelernt, wie wichtig subliminale Botschaften sein können, und damit ist nicht gemeint, einen nackten Mann unmerklich zwischen die Bilder zu schneiden. Sondern all das, was sich unterschwellig in das Gehirn des Betrachters schleicht, die neue noch unbekannte Ebene der Macht der Bilder als eine der zahllosen Fertigkeiten, die man sich von David Fincher abkucken kann, wenn man nur nahe genug herankommt. Von Oliver Stone und Jaco van Dormael hat Jared mitgenommen, wie wichtig es ist, unbeirrbar an große Projekte heranzugehen und sie bis zum Ende durchzuziehen. Mit seinen Musikclips und den digitalen Summits hat Jared Leto bereits Gesellenstücke abgeliefert. Spannend wird sein, wann er bereit ist, seine Meisterprüfung abzulegen. Die angekündigte Eigen-Dokumentation *Artifact* wird das noch nicht sein. Das Unbekannte, was noch dahinter liegt, wird eines der spannendsten Projekte des Regisseurs Jared Leto werden.

Provehito in altum – rückwärts nimmer, vorwärts immer

Kann es eine Quintessenz aus den kreativen Errungenschaften, ein Fazit aus den künstlerischen Leistungen eines gut aussehenden Mannes, der tatsächlich viereinhalb Männer ist und sich immer schon hinter einem mystischen Schleier verborgen hat, geben?

Man kann Jareds Arbeit betrachten und daraus seine Schlüsse ziehen. Jeder für sich, individuell und ungezwungen. Jared Leto ist vielleicht der

Auch die Performance bei Jay Leno beeindruckte

konsequent modernst lebende Mensch der gegenwärtigen Öffentlichkeit. Er ist so augenblicklich, wie man sein kann, weil er alle Errungenschaften der Moderne einsetzt und miteinander verbindet. Er handelt nie retro, denkt nie rückwärts, sondern verbindet Kommerz immer mit Gewissen. Als Mann ohne Wurzeln, ohne Heimat ist er ruhelos und immer auf der Suche näher an die Kante, closer to the edge, zu kommen.

Er sieht und beobachtet Entwicklungen und das Können der Meister. Sein Lernethos lautet kapieren – kopieren – besser machen. Alles, was möglich ist in Kunst und Kommerz, wird radikal ausgereizt. Ist es nicht on the edge, dann ist wohl noch Luft weiterzugehen.

Nur nach außen wirkt Jared Leto gelegentlich glatt und gefällig, seine Kanten liegen im Inneren. Wer gut aufgepasst hat und zwei und zwei zusammenzählen kann, weiß, welches Drehbuch man Jared Leto vorlegen oder schreiben muss, damit er zuschlagen wird. Denn dass er nach dem kaum zu toppenden Höhepunkt mit 30 Seconds To Mars einen nächsten großen Film machen muss, liegt in der Luft. Seien wir gespannt, was der Meister der Akribie, der Leidenschaft und Hingabe, was der Großmeister des Commitments uns als Nächstes präsentieren wird.

Dank & Quellen

Ohne die Expertise und tatkräftige Unterstützung von Petra Machulla-Meier wäre dieses Buch nicht möglich gewesen. Petra hat in jahrelanger Kleinarbeit ein unerreichtes Jared Leto-Wissen zusammengetragen und auf *www.jaredleto-germany.de* veröffentlicht. Die weiterführenden Informationen rund um *Chapter 27* hat Petra Machulla-Meier aus zahlreichen Quellen wie *hollywoodreporter.com*, *latimes.com*, *festival.sundance.org*, *angelikablog.com*, *fest21.com*, *blogcritics.org*, *moviemaker.com* und *mtv.com* zusammengetragen. Ihr gilt mein aufrichtig herzlicher Dank.

Danke auch an Marie und Nadine. Weiterhin unterstützt haben mich Olli, Thimo, Bernhard, Freedoel, Thees, Nagel, Karl Nagel, Rainer, Max, Heike, Philipp, Sascha, Svana, Torsten, Henna, Jan, Stefan, Fränk, Jürgen, meine Frau Nina und mein Verleger Andreas.

Jared Leto hat über die Jahre zahlreichen Magazinen, Zeitungen, Radio-, Video- und Online-Sendern Interviews gegeben. Diese Interviews erwiesen sich als unschätzbar wertvoll, als es daran ging, die verschiedenen Ereignisse in Jareds Leben chronologisch zu ordnen. Die Zitate und Interviews stammen aus vielfältigen Quellen, wobei nicht immer eindeutig zuzuordnen ist, welches Interview die grundlegende Quelle ist und wer daraus zitiert hat. Viele Informationen stammen aus den Making-ofs der Filme. Eindeutig zuzuordnende Quellen sind:

Lars-Olav Beier im Spiegel 19/2011

www.rottentomatoes.com

www.imdb.com

Rebecca Murray in About.com

Mark Gado und Katherine Ramsland in der crime library von www.trutv.com

Peter Uehling in der Berliner Zeitung 22.02.2007

Esther Buss im Film-Dienst 04/2007

Tony Rennell in Mail Online, Dezember 2010

www.forbes.com

John Calapinto im Rolling Stone, Januar 2005

Steve Head in uk.movies.ign.com, November 2004

Zak Santucci in www.thecinemasource.com

Hot Magazine 1997

Rob Larsen, www.DrunkenFist.com
MTV News presents *Frame By Frame* by Matt Harper
www.bicyclefilmfestival.com
James Montgomery, MTV
Ulrich Behrens in www.filmstarts.de
Michael Rensen in RockHard Nr. 185
Peter Mühlbauer in www.telepolis.de
Michael Roither in Visions, November 2002
Matthias Weckmann in Metalhammer, Dezember 2005
Boris Kaiser in RockHard Nr. 224 und RockHard Nr. 271
Torch liest Tsunetomo Yamamoto: Hagakure, Der Weg des Samurai
http://en.wikiquote.org/wiki/Talk:Jared_Leto
www.zweitausendeins.de/filmlexikon
David Kleingers in Spiegel Online, Januar 2009
Simon Colin, Ines Walk in www.film-zeit.de
Mrs. Bluesky in Opinio.de, Januar 2011
Marc Malkin in E! Online, Dezember 2010
hollywoodreporter.com
AOL Spinner
mtv.com
www.soulshine.at
www.olympia72.de (dokumentiert die Schönheit der Sportstätten und das Drama
der Geiselnahme)

Einige Textpassagen des Buches sind ohne explizite Erwähnung www.*jaredleto-germany.de* entnommen. Diese Textpassagen sind seit Oktober 2008 online auf
www.*jaredleto-germany.de* zu lesen. Vielen Dank an Petra Machulla-Meier für die
generöse Erlaubnis die Passagen so übernehmen zu dürfen.

Warum, Frankenfish ? 2 Nemesis

Christoph Straßer

WARUM, FRANKENFISCH?2
CHRISTOPH STRASSER

Warum, Frankenfish? ist wieder da! Wäre dieser Roman ein Film, man hätte längst ein Buch daraus gemacht!
Größer als Ben Hur, futuristischer als Star Trek und witziger als Love Story hat dieser Roman alles, was einen preisverdäch-tigen Streifen ausmacht: eine halbwegs schöne Frau, keinen Sex und einen Helden, der eigentlich nur seine Ruhe und Hartz IV haben möchte.
Doch stattdessen muss er in seinen alten Job und in die kleine Videothek zurückkehren. Und damit fangen die Probleme an, denn *Benny's World of Movies*, eine riesige Videotheken-Kette, hat eine Filiale in unmittelbarer Nachbarschaft eröffnet. Und was mit gesundem Konkurrenzdenken und Sticheleien begin-nt, gerät bald völlig außer Kontrolle, denn:
Es kann nur einen geben!

FRANKENFISH 2 – NEMESIS
CHRISTOPH STRASSER

Taschenbuch
12 x 18 cm, 288 Seiten
ISBN: 978-3-939239-07-9
9,95 Euro [D]
10,30 Euro [A]

wünschen. Im Gegenzug erhalten die sendereigenen Websites Voting-Klicks und Aufrufe ohne Ende, was wiederum eine Relevanz bei der Vermarktung von Werbung hat. Ambitionierte Bands sind in diesen Zeiten auf eine wie wild votende Fangemeinde angewiesen. Wie gut, dass 30 Seconds To Mars schon lange ein treues Publikum haben. Die Integration des Publikums als künstlerisch, aber auch kommerziell relevanten Faktor in die Band hatte Jared bereits sehr früh erkannt. Bedauernswert an der Voting-Manie der Sender ist eigentlich nur, dass die Medien grundlegende Ideen der Musik zu einem Wettkampf pervertiert haben. Musik an und für sich ist kein Kräftemessen. Emotionen sind das, was zählt. Musik ist und bleibt eine Herzensangelegenheit.

Der Herbst 2007 führt 30 Seconds To Mars nach Süd- und Mittelamerika; für den Fuse-Award wird sagenhafte sieben Millionen mal der Voting-Button gedrückt und das beginnende Jahr 2008 führt 30 Seconds To Mars abermals *Into The Wild* ins Vereinigte Königreich, außerdem nach Paris, Mailand, Köln, Dublin und Lissabon. Mit der Premiere des *A Beautiful Lie*-Videos wird eine eigene Website zum Video freigeschaltet, um dem Sendungsbewusstsein der Band und der Ernsthaftigkeit der Problematik der globalen Erwärmung mehr Nachdruck zu verleihen. Weitere sozial motivierte Aktionen lassen Tomo, Jared und Shannon handwerklich an Habitat for Humanity-Häusern mitarbeiten. Dabei nutzen sie ihre Position als Multiplikatoren, um die Bekanntheit des Projektes zu fördern und Spendenfreudigkeit anzuregen. Soziales Engagement und Stellungnahme waren für 30 Seconds To Mars immer Selbstverständlichkeiten, für die sie sich nicht zu schämen brauchen. Ein Bundesverdienstkreuz würden sie sich dafür allerdings auch nicht ans Revers heften lassen.
Anschließend geht es endlich wieder ins Studio. Und obwohl die Arbeit immer wieder durch Jareds Filmengagements unterbrochen wird, kann Ende des Jahres Vollzug gemeldet werden. Der Tiger kann endlich losgelassen werden.

CELEBRITIES

HARRY S. MORGAN
CHRISTOPH STRASSER

HC, 15 x 21 cm, 288 S.
erschienen Mrz. 2010
ISBN: 978-3-86608-125-3
19,95 Euro [D]
20,30 Euro [A]

«Ein sündiger Schatz und
ein Muss für Freunde des
anregenden Kurzfilmes
für schnelle Sinnesfreu-
den.» **bild.de**

CELEBRITIES

BRAD PITT
BRIAN J. ROBB

TB, 15 x 21 cm, 336 S.
erschienen Sep. 2008
ISBN: 978-3-86608-098-0
~~14,95 Euro~~ **4,95 Euro** [D]
5,10 Euro [A]

«Die bislang ausführ-
lichste Pitt-Biografie.»
Adam
«Eine umfassende, aktu-
elle Biografie, mit mehr
als 100 Bildern.»
Frizz

CELEBRITIES

CHRISTOPHER WALKEN
ROBERT SCHNAKENBERG

TB, 15 x 21 cm, 232 S.
erschienen Aug. 2009
ISBN: 978-3-86608-116-1
14,95 Euro [D]
15,40 Euro [A]

«Über 200 Seiten stark
ist dieses Buch und nicht
selten grinst man vor
sich hin aufgrund der Ei-
genarten von Christopher
Walken»
monstersandcritics.de

CELEBRITIES

HEATH LEDGER
BRIAN J. ROBB

TB, 15 x 21 cm, 248 S.
zweite Auflage erhältlich
ISBN: 978-3-86608-103-1
14,95 Euro [D]
15,40 Euro [A]

«Eine kurzweilig und
einfühlsam zu lesende
Mischung aus vielen
Fakten und Anekdoten.
Der Spagat von Nähe
und kritischer Distanz ist
gelungen!» **Freie Presse**

CELEBRITIES

JOHNNY DEPP
BRIAN J. ROBB

TB, 15 x 21 cm, 296 S.
dritte Auflage erhältlich
ISBN: 978-3-86608-087-4
14,95 Euro [D]
15,40 Euro [A]

«Flott! Eine wahre Berei-
cherung!»
MDR Radio JUMP
«Diese Biografie macht
Spaß!»
**Cuxhavener Nachrich-
ten**

CELEBRITIES

**MARILYN MANSON –
SEZIERT**
GAVIN BADDELEY

TB, 15 x 21 cm, 280 S.
erschienen Jul. 2009
ISBN: 978-3-86608-121-5
14,95 Euro [D]
15,40 Euro [A]

«Wer Manson verstehen
möchte, sollte hier
zuschlagen!»
KinKats
«Ein wahrer Anlass zur
Freude.»
webcritics.de

COMIC

LENORE – NOOGIES
ROMAN DIRGE

TB, 16 x 24 cm, 384 S.
erschienen Mrz. 2009
ISBN: 978-3-86608-099-7
12,95 Euro [D]
13,40 Euro [A]

«Ich habe mein Herz an
Lenore verloren. *Emily
Strange* schieb ab.»
KinKats
«Empfehlenswert für
Freunde des abseitigen
Humors.» **Doppelpunkt**

COMIC

NEMI – BAND 1
LISE MYHRE

HC, 19 x 22,5 cm, 144 S.
erschienen Mai 2006
ISBN: 978-3-86608-045-4
~~19,95 Euro~~ **9,95 Euro** [D]
10,30 Euro [A]

«Man muss Nemi ins
Herz schließen!»
media-mania.de
«Ein Schnuckstück!
Nemi ist eine echte
Persönlichkeit!»
Gothic-Magazine

COMIC

NEMI – BAND 2
LISE MYHRE

HC, 19 x 22,5 cm, 144 S.
erschienen Mrz. 2008
ISBN: 978-3-86608-091-0
19,95 Euro [D]
20,30 Euro [A]

«Der Triumphzug unserer
liebsten Norwegerin ist
nicht aufzuhalten! Teils
brüllend komisch, teils
leise zynisch.»
Orkus

CELEBRITIES

**WILLIAM SHATNER VON
A BIS Z**
ROBERT SCHNAKENBERG

TB, 15 x 21 cm, 208 S.
erschienen Mai 2011
ISBN: 978-3-86608-152-9
9,95 Euro [D]
10,30 Euro [A]

«Dieses Buch ist
verblüffend genial!» auf
amazon.com

CELEBRITIES

**DIE GESCHICHTE VON
KREATOR**
HILMAR BENDER

HC, 15 x 21 cm, 224 S.
erschienen Mrz. 2011
ISBN: 978-3-86608-144-4
19,95 Euro [D]
20,30 Euro [A]

«Pleasure to read!»
Visions
«Das Buch steckt voller
Enthusiasmus und ist
herrlich nah am Leben!»
Sonic Seducer

ZEITLOSE ENGEL – OBSOLETE ANGELS
ANNIE BERTRAM & V.A.

Nach dem großen Erfolg ihres ersten Bild- und Erzählbandes «Wahre Märchen», der unter anderem zum Buch des Jahres 2008 von den Lesern des Orkus-Magazins gewählt wurde, präsentiert Annie Bertram mit ihrem neuen Buch erneut eine gelungene und faszinierende Symbiose aus ausdrucksstarken Fotografien und fesselnden Texten.

Dieser prächtige Bildband erzählt fantasievolle Geschichten über Orte und ihre geheimnisvollen Bewohner, verletzbar zarte Maschinenwesen oder einsame Seelen, die sich schon lange aus der Welt, wie wir sie kennen zurückgezogen haben.

Er beinhaltet exklusive Geschichten bekannter Autoren und entführt uns in die Traum- und Gedankenwelt einer der wohl beeindruckendsten Fotografinnen der jüngeren Zeit.

«Schonungslos, anspruchsvoll
und nachvollziehbar.»
Allgemeine Zeitung Coesfeld

«Herzmassaker fängt dort an,
wo Dirk Bernemann aufhört, ist
kompromissloser als ein über-
wältigender Teil der jungen
Gegenwartsliteratur.»
Orkus

«Ein Pageturner, der kaum
mehr aus der Hand zu legen
ist! Neben bereits namhaften
Schriftstellern muss sie sich mit
diesem Debüt definitiv nicht
verstecken.»
literatopia.de

HERZMASSAKER
INA BRINKMANN

Gelangweilt warf ich das sterbende Ding in die Büsche, lehnte mich
zurück und wartete – auf den Regen, der nicht kam.
Patrick Fechner bekommt Hausverbot im städtischen
Schwimmbad und will dafür Rache nehmen. Ob Rasierklin-
gen in Wasserrutschbahnen versteckt wirklich das ultimative
Blutband anrichten würden?
Patrick ist der Schrecken der Kleinstadt, schafft es aber immer
wieder, die Leute um den Finger zu wickeln; er ist clever, geris-
sen und scheut auch vor großen Aufgaben nicht zurück. Zum
Beispiel wenn es darum geht, es dem Mädchen heimzuzahlen,
das eigentlich ihm gehört ...
In mir ist alles ruhig. Das Wunderland schweigt.
Ich freue mich auf das Fegefeuer.

HERZMASSAKER
INA BRINKMANN

Taschenbuch
12 x 18 cm, 240 Seiten
ISBN: 978-3-939239-10-9
9,95 Euro [D]
10,30 Euro [A]